Carmen Rohrbach

Unterwegs sein ist mein Leben

Carmen Rohrbach

Unterwegs sein ist mein Leben

Geschichten aus aller Welt

Mit 52 Farbfotos

Mehr Bäume.
Weniger CO₂.
www.cpibooks.de/klimaneutral

Mehr über unsere Autoren und Bücher:
www.malik.de

Bibliografische Information der Deutschen Nationalbibliothek
Die Deutsche Nationalbibliothek verzeichnet diese Publikation in der
Deutschen Nationalbibliografie; detaillierte bibliografische Daten
sind im Internet über http://dnb.d-nb.de abrufbar.

MALIK NATIONAL GEOGRAPHIC

Originalausgabe
August 2012
© Piper Verlag GmbH, München 2012
Umschlaggestaltung: Dorkenwald Grafik-Design, München
Umschlag- und Innenteilfotos: Carmen Rohrbach
Satz: Fotosatz Amann, Aichstetten
Litho: Lorenz & Zeller, Inning
Papier: Naturoffset ECF
Druck und Bindung: CPI – Clausen & Bosse, Leck
Printed in Germany   ISBN 978-3-492-40445-7

Das Papier wurde aus chlorfrei gebleichtem Zellstoff hergestellt.

INHALT

VORWORT

Die hier versammelten Geschichten erlebte ich bei Reisen während der letzten drei Jahrzehnte. Bei meinem ersten größeren Unternehmen – einer Expedition in den Himalaja – war ich noch unerfahren, musste mich erst erproben und meine Art des Unterwegsseins finden. Neugierig machte ich mich auf den Weg ins Unbekannte. Wie damals reise ich noch heute aus Leidenschaft, weil ich Neues entdecken, erkunden und beobachten will. Mich interessieren Menschen, Tiere, Pflanzen, Steine. Doch die Natur allein genügt mir nicht, ich möchte wissen, was sich früher in diesen Gebieten, die ich besuche, abgespielt hat. Über die Gegenwart hinaus fasziniert mich die Vergangenheit. Auf der Suche nach Geschichte und Geschichten befrage ich Menschen, die mir begegnen. Deshalb dauern meine Reisen meist sehr lange. Es braucht nicht allein Zeit, sondern Zuwendung und innere Anteilnahme, um das Vertrauen der Gesprächspartner zu gewinnen. Deshalb ist es für mich wichtig, möglichst die Sprachen der Menschen zu lernen, bei denen ich zu Gast bin. Englisch und Spanisch beherrsche ich gut, zudem habe ich Arabisch und Mongolisch gelernt. Zwar kann man das, was man braucht und möchte, mit Zeichen mitteilen oder aufmalen, aber erst wenn ich mit den Leuten in ihrer Sprache kommuniziere, öffnet sich ein Weg zu ihren Herzen.

Die Erzählungen in diesem Sammelband beginnen mit meiner ersten Reise, die mich als Mitglied einer Bergsteigerexpedition nach Nepal führte. Im Weiteren sind die Geschichten nicht chronologisch geordnet, sondern nach Landschaftsformen, wie Wüsten, Gebirge,

Flüsse, oder nach Schwerpunkten, zum Beispiel Begegnungen mit Menschen und Erlebnisse mit Tieren. Jeder Geschichte habe ich eine Erläuterung vorangestellt, wann die Reise stattfand, warum ich dieses Gebiet auswählte sowie interessante Begleitumstände. Am Ende des Buches folgt ein Anhang mit Erläuterungen zu den einzelnen Reisen, Informationen zu Land und Leuten oder Kommentare, die sich der Gegenwart der besuchten Länder und Regionen widmen.

Von einigen wenigen Erlebnissen in diesem Band habe ich bereits in meinen Büchern berichtet, von der großen Mehrzahl erzähle ich hier zum ersten Mal.

BERGE

Gipfel über den Wolken

NEPAL
GRIECHENLAND
MAROKKO
SPANIEN
PHILIPPINEN

NEPAL
Heimat des Schnees

Sta-Jub-Kang, »Starnberger-Jubiläums-Berg«, hieß die Expedition, an der ich als Mitglied des Starnberger Alpenvereins teilnahm. Ich war neu im Verein. In der DDR aufgewachsen, war ich nach einem Fluchtversuch und zwei Jahren Gefängnis im Juni 1976 in Westdeutschland eingetroffen. Schüchtern und beeindruckt von den gestandenen Mannsbildern in Tracht und mit Maßkrügen in der Hand, hatte ich mich an meinem ersten Vereinsabend in eine Ecke gesetzt. Doch meine Zurückhaltung musste ich noch am selben Abend aufgeben, denn die Starnberger planten eine Expedition in den Himalaja. In einem halben Jahr schon sollte es losgehen. Da will ich mit, war mir sofort klar. Der Himalaja war mein Traumziel, seitdem ich vor Jahren ein Buch über den Nanga Parbat gelesen hatte. Wer an der Expedition im Frühjahr 1977 teilnehmen durfte, stand bereits fest. Doch ich ließ nicht locker, brachte mein Anliegen bei jedem Vereinsabend erneut vor und nahm an allen Bergtouren teil. So gelang es mir, in die urbayerische Gruppe aufgenommen zu werden.

Gigantisch ragen die höchsten Berge unserer Erde in den Himmel. In der altindischen Sprache Sanskrit bedeutet Himalaja »Heimat des Schnees«. Viele Gesichter besitzt dieses Gebirge, eine Natur voller Gegensätze und Extreme. Der märchenhafte Anblick rot blühender Rhododendronbäume kontrastiert mit zerklüfteten Gletschern. Neben lieblichen Almwiesen, geschmückt mit Enzian und Edelweiß, ragen Eisbarrieren empor und brechen tausend Meter tiefe Schluchten hinab, wo wilde Flüsse tosen. Über geheimnisvoll nebelverhangenen Wäldern mit tropfnassen Bartflechten thronen Bergriesen, von denen immer wieder Lawinen donnernd herabstürzen. Mit diesen Beschreibungen hatte ich meine Phantasie gefüttert und brannte vor Ungeduld, mit eigenen Sinnen die Berge meiner Sehnsucht erleben zu dürfen.

Nach einem Zwischenstopp in Delhi landen wir in Kathmandu, der Hauptstadt Nepals. Das Land ist winzig im Vergleich zu den großen Nachbarn China und Indien. Es liegt an der Südflanke der majestätischen Bergkette und misst der Länge nach kaum 800 Kilometer; die Breite variiert zwischen 144 und 244 Kilometer.

Wir sind in einem für meine Begriffe luxuriösen Hotel im englischen Kolonialstil untergebracht. Erst seit Kurzem sind die Grenzen Nepals für Reisende geöffnet. Wir sind privilegierte Gäste, die zuvorkommend, sogar devot bedient werden. So hatte ich mir eine Expedition nicht vorgestellt. Komfortabel zu reisen bin ich nicht gewohnt. Eigentlich bin ich überhaupt noch nie gereist, kenne nur Exkursionen durch Mecklenburg und an der Ostseeküste während meiner Studentenzeit. Schon jetzt merke ich, dass ich mich meinen Mitreisenden nicht anpassen kann.

Neugierig auf die Menschen in Nepal und ihre Lebensweise verlasse ich am nächsten Morgen das Hotel, vergeude keine kostbare Zeit mit einem üppigen Frühstück und Stadtbesuch in der Gruppe. Als ich aus der Hoteltür ins Freie trete, hält sofort ein Rikschafahrer. Doch ich muss ihn enttäuschen, ich möchte lieber zu Fuß gehen. Nur so kann ich einen ersten Einblick in das Leben der Nepali bekommen.

Ich lenke meine Schritte aus dem Zentrum hinaus zu einem Vorort Kathmandus. Es ist noch sehr früh. Der Himmel schimmert gelb und rot, die Bewohner wachen gerade auf. Da es in den Häusern keine Wasserleitungen gibt, wäscht man sich am Straßenrand mit selbstverständlicher Würde, die keinen Gedanken an Scham aufkommen lässt. Die Sonne steigt höher und beleuchtet enge Gassen. Frauen sitzen mit entblößtem Oberkörper vor ihren niedrigen Häusern. Sie ölen ihre Haut ein oder lassen sich von ihren Töchtern eincremen, ohne dass Nachbarn mit Blicken daran Anstoß nehmen würden. Dann kommen die Kinder dran und werden am ganzen Körper eingesalbt.

Die Männer widmen sich derweil ihrem Handwerk. Einige schmieden, andere nähen, schustern oder verkaufen Stoffe, Lederwaren und Tongefäße. Zwei Männer sagen Bretter aus einem Baumstamm. Mit einer einfachen Handsäge bearbeiten sie den Stamm der Länge nach, die mühevollste Weise, Bretter zu sägen, die ich mir vorstellen kann. Frauen beobachte ich beim Spinnen, Weben, Wasserholen und Wäschewaschen. Bei all den vielseitigen Tätigkeiten wirkt das Leben geruhsam und voller Harmonie. Auf den Gesichtern der Menschen liegt ein freundliches Lächeln. »Namaste«, grüßen sie mich.

Das Kathmandu-Tal umfasst etwa 600 Quadratkilometer, liegt auf einer Höhe von 1300 Metern und ist der zentrale und kulturell wichtigste Teil Nepals. Eine Legende erzählt, dass einst der Bodhisattwa Manjusri aus China in diese Gegend kam, die von einem riesigen See erfüllt war. Es war der berühmte Schlangensee Nag Hrad. In der Mitte des Sees wuchs eine wunderschöne Lotosblüte und strahlte ein göttliches Licht aus. Der Bodhisattwa – ein Heiliger, der bereits die Vollkommenheit erreicht hat, um ins Nirwana einzugehen, aber freiwillig darauf verzichtet, um Gutes zu tun und den Menschen zu helfen – nahm sein Schwert und schlug eine tiefe Bresche in die versperrenden Berge, sodass die Wasser auslaufen konnten. Bald kamen Menschen und besiedelten den fruchtbaren Seegrund. Geologen stellten fest: Einst war hier tatsächlich ein Gewässer gewesen.

Bei einem Erdbeben hatte sich eine schmale Schlucht geöffnet, aus der heute noch die Wasser abfließen.

Im Tal, früher ein wichtiges Handelszentrum zwischen Indien, Tibet und China, gab es drei Königsstädte: außer Kathmandu noch Patan und Bhaktupur. Die Orte wurden reich und berühmt, entwickelten Glanz und Prunk.

An Reisfeldern entlang schlage ich den Rückweg ein, nähere mich wieder dem Zentrum Kathmandus. Mich überrascht diese exotische und pulsierende Stadt voller Gegensätze. Rikschas bahnen sich klingelnd ihren Weg. Durch enge Gassen zwängen sich Autos und hupen ununterbrochen. Heilige Kühe stehen mitten auf der Straße. Stoisch ertragen sie den Lärm und rühren sich nicht vom Fleck. Frauen in blütengleichen Saris schreiten an Bettlern vorbei, die in elende Lumpen gehüllt sind. Verkäufer breiten ihre Waren auf der Straße aus. Herrliche Seiden- und Brokatstoffe stapeln sich neben Abfallhaufen. Ein Kaleidoskop menschlichen Lebens in all seinen Erscheinungsformen. Weit öffne ich meine Sinne, begierig nehme ich die vielfältigen Eindrücke in mich auf. Unvergesslich prägen sich mir die Bilder ein.

Dem äußeren Erscheinungsbild nach gehören die Bewohner verschiedenen Völkergruppen an. Da sind sehr schlanke, grazile Menschen, deren Vorfahren, wie ich gelesen habe, aus Indien stammen. Zur ältesten Bevölkerung gehören die eher kleinen und dunkelhäutigen Newar tibeto-birmanischer Herkunft. Sie sind geschickte Handwerker, vor allem Holzschnitzer, und wurden sogar am chinesischen Kaiserhof beschäftigt. Über hundert verschiedene ethnische Volksgruppen soll es in Nepal geben mit mindestens ebenso vielen Sprachen und Dialekten.

Das geräuschvolle und bunte Treiben auf den Straßen hat mich abgelenkt, erst später nehme ich die kunstvollen Tempel und Pagoden wahr. Sie sind in die verwirrende Architektur der Stadt eingewoben. Nur der Hanuman Dhoka, der Komplex um den alten Königspalast, hebt sich heraus. Andächtig bewundere ich die prächtigen Gebäude, lasse meine Augen immer wieder über die bilderreichen Schnitzereien schweifen. Es gilt als gesichert, dass der Pagodenbau in Nepal erfunden wurde. Newarische Holzschnitzer und Baumeister waren es, deren Kunst sich in ganz Asien verbreitete. Reich geschmückt sind die Bauwerke mit Skulpturen der hinduistischen Götterwelt.

Da ich so früh aufgestanden bin, dauert der Vormittag noch an. Mit einer Rikscha lasse ich mich zum buddhistischen Heiligtum Swayambhunath bringen. Außerhalb der Stadt liegt es auf einem Hügel. Es ist das früheste buddhistische Bauwerk in Nepal und eines der ältesten in ganz Asien. Vermutlich hat Buddha diesen Ort besucht und hier meditiert. Der Name *Swayambhu* bezeichnet das magische Licht der Lotosblüte, die inmitten des Ursees Nag Hrad wuchs. Um das göttliche Licht zu schützen, baute man eine kuppelförmige Stupa. Diese Bauform entwickelte sich aus einfachen Steinanhäufungen, den Tschörten, in denen die Reliquien eines Heiligen aufbewahrt werden. Diese schlichten Gebilde säumen später unseren Weg in den Bergen. Die Stupa von Swayambhunath dagegen ist ein Sakralbau, dessen Architektur eine komplizierte Symbolik beinhaltet. Mein Blick wird zuerst von einer riesigen weißen Halbkugel gefesselt. Aus ihrer Mitte erhebt sich ein viereckiger Aufbau, dem auf jeder Seite die allsehenden und allwissenden Augen Buddhas aufgemalt sind. Als ich die 365 Stufen zum Heiligtum hinaufsteige, kann ich mich ihrer Wirkung nicht entziehen, fühle mich beobachtet von dem übergroßen Augenpaar.

Neun Altäre mit Buddhafiguren gruppieren sich um die Stupa. Im Osten der Altar für den östlichen Buddha. Ihm sind die blaue

Farbe, das Element Luft und als Reittier der Elefant zugeordnet. Der Buddha im Westen ist in Meditationshaltung dargestellt. Sein Reittier ist der Pfau, seine Farbe ist Rot und sein Element die Erde. So hat jede der neun Buddhafiguren ihre eigenen Farben, Reittiere und symbolischen Elemente. Rund um die Stupa hängen 211 bronzene Gebetsmühlen. In tiefer Andacht umkreisen Gläubige den Bau und drehen mit der Hand die Mühlen. In ihnen eingeschlossen befindet sich ein Schriftstück mit den Worten: »*Om mani padme hum*«. Dieses heilige Mantra lässt sich übersetzen mit: »Oh, du Juwel in der Lotosblüte«. Hinter diesen einfachen Wörtern verbirgt sich das Glaubensbekenntnis der Buddhisten. Gemeint ist die universelle Macht mit ihrer göttlichen Unendlichkeit und der allumfassenden Liebe.

Glaube und Wirklichkeit sind in Nepal eng miteinander verwoben. Zum Tagesablauf der Menschen gehören die Götter. Ich sehe eine Frau, die tief versunken das Antlitz einer Götterstatue mit Butter einreibt. Ein Mann schüttet rotes Pulver auf einen Gott, ein anderer bewirft eine Statue mit Reis. Kinder spielen Verstecken hinter dem Reittier des Buddha.

Die beiden Hauptreligionen Nepals, Buddhismus und Hinduismus, existieren scheinbar friedlich nebeneinander. Ich miete erneut eine Rikscha und fahre in das nahe gelegene hinduistische Heiligtum Budhanilakantha. Dort besichtige ich den schlafenden Vishnu. In einem künstlichen Teich ruht der Gott auf steinernen Kobras. Die Skulptur wurde wahrscheinlich im 7. Jahrhundert aus einem einzigen Gesteinsblock gemeißelt. Hinduistische Gläubige bestreuen die Figur mit rotem und gelbem Farbpulver und überhäufen sie mit Blumen. Sie trinken sogar von dem algengrünen Wasser des Teiches, um die Kraft des Gottes in sich aufzunehmen.

Mittag ist vorbei, aber den Nachmittag will ich für weitere Besichtigungen nutzen. In der Nähe liegt die Ortschaft Daksin Kali, hier opfern die Hindu der Göttin Kali. Die schwarze Göttin mit den vielen Armen schenkt Fruchtbarkeit, dafür fordert sie Blut. Ihr werden Ziegen und Hunde geopfert. Die Opfertiere müssen schwarz sein, und sie sollen freiwillig in die Opferung einwilligen. Deshalb werden sie mit Wasser bespritzt. Die Tiere schütteln sich. Da Kopfschütteln in Nepal »ja« bedeutet, werden sie sofort geschlachtet.

Viele Sehenswürdigkeiten an einem Tag, aber da alle nahe beieinanderliegen, hatte ich Muße, sie auf mich wirken zu lassen. Inzwischen aber senkt sich die Sonne schon dem Horizont zu, gerade noch Zeit, Pashupatinath, den Hauptsitz der brahmanischen Priester, zu besuchen. Am Ufer des heiligen Flusses Bagmati steht der älteste und heiligste Hindutempel. Hier wird das Holz für die Scheiterhaufen Gestorbener aufgeschichtet: neun Lagen für die männlichen und sieben für die weiblichen Toten. Die Asche streuen die Angehörigen in den Fluss, damit sich die Seele vom Körper lösen kann. Unter den Arkaden der Tempelanlage sitzen alte Menschen. Sie sind gekommen, um zu sterben. In sich versunken, mit entrückten, schon vom Erdenleben gelösten Gesichtern, warten sie auf den Tod.

Spät kehre ich ins Hotel zurück. Meine Reisegruppe sitzt beim Abendessen, mein Gruß wird mit Schweigen beantwortet. Da habe ich mich also gleich zu Beginn der Reise unbeliebt gemacht. Reden hilft bei Verstimmung, denke ich, erzähle von meinen Eindrücken und betone, dass ich meinen freien Tag vorher angekündigt hatte.

»Gib nicht so an mit deinen Besichtigungen«, kontert einer. »Wir haben auch Sehenswürdigkeiten besucht, aber deine Begeisterung können wir nicht teilen. Armut und Dreck überall. Und dann trinken sie noch das verseuchte Wasser und schmeißen mit Reis um sich, statt ihn zu essen.«

»Aber darüber dürfen wir doch nicht urteilen! Wir teilen nicht ihr

Leben. Sie haben eine ganz andere Kultur, einen anderen Glauben, das muss man doch respektieren«, entgegne ich verblüfft.

»Unsinn, andere Kultur! Es gibt Grundsätze, die für alle Menschen gültig sind. Du akzeptierst wohl alles, ohne dir groß Gedanken zu machen, wie man es dir in der DDR beigebracht hat.«

Ich schaue in die Runde, die meisten erwidern meinen Blick nicht. Aber ich hoffe trotzdem, dass nicht alle so denken wie der Sprecher. Na gut, tröste ich mich. Morgen geht es in »meinen« Himalaja. Da werden die eindrucksvollen Erlebnisse alle Unstimmigkeiten vergessen lassen.

Wir fliegen mit einer Propellermaschine auf 3500 Meter Höhe nach Lukla. Womit ich nicht gerechnet hatte: Zwanzig Träger stehen bereit, die unsere Ausrüstung auf dem Rücken transportieren sollen. Zu allem Überfluss müssen für unsere Bequemlichkeit Stühle und ein Tisch mit auf die Tour, und nicht aus leichtem Plastik, sondern aus Holz. Ich hatte mit harten Entbehrungen gerechnet, schließlich war eine Expedition angekündigt. Stattdessen stellt sich unser Unternehmen als wenig abenteuerliche Trekkingtour dar.

Die Route führt durch den Khumbu-Himal, den Gebirgsteil, in dem sich auch der Mount Everest befindet. Der Pfad windet sich am Berghang entlang, tief unten rauscht der Dudh Kosi in seinem steil eingeschnittenen Tal. Der Himalaja ist ein heiliges Gebirge, allerorten finden sich Zeichen tiefer Religiosität: Steine mit dem Mantra *Om mani padme hum* sind zu Mani-Mauern aufgeschichtet, Gebetsfahnen flattern im Wind und Gebetsmühlen werden von Bergbächen angetrieben. Tschörten säumen den Weg, und Klöster scheinen hier dem Himmel näher zu sein als der Erde. Den Menschen im Himalaja sind die Götter so allgegenwärtig wie das Gebirge. In ihrer Glaubensvorstellung sind die Berge lebende Wesen in ständig wechselnder Gestalt, mal Gott oder Göttin, dann böser Dämon oder Zauberer.

Drei Tage später senkt sich der Pfad hinunter zum Fluss. Wir erreichen das Ziel der heutigen Etappe. So wie auch an den Tagen zuvor sind unsere Zelte bereits aufgebaut. Mir fällt es schwer, mich mit dieser Praxis abzufinden. Wir werden mit heißem Tee begrüßt, und bald steht das Essen auf dem Holztisch. Der Koch gibt sich größte Mühe und zaubert aus den zahlreichen, von den Trägern transportierten Lebensmitteln abwechslungsreiche Mahlzeiten. Ich muss einsehen, dass ich völlig falsche Vorstellungen von dieser Expedition hatte. Umsonst habe ich mir zuvor ein paar zusätzliche Kilo angegessen, weil ich mit einer kargen Verpflegung gerechnet hatte.

In der Mitte des wild tosenden Dudh Kosi liegt ein flacher Stein. Ich schaffe es, durch die Wasserflut zu ihm zu gelangen. Dort sitze ich lange, eingehüllt vom starken Rauschen inmitten der Bergwelt des Himalaja, und fühle mich dazugehörend. Als ich aus meinen Gedanken und dem gefühlsmäßigen Verstehen der Natur und dem Verschmelzen mit ihr wieder auftauche, sehe ich einen schieferblauen, etwa sperlinggroßen Vogel. Er schwirrt über das kristallklare Gebirgswasser, spreizt dabei die zinnoberroten Schwanzfedern zu einem Fächer, ein weithin sichtbares Signal, um eine Partnerin anzulocken und mögliche Rivalen zu warnen. Nach seinen Flugkapriolen ruht sich der Vogel auf Flusskieseln am Ufer aus, wippt lockend mit seinem roten Schwanzfächer. Er trägt den passenden Namen Wasserrötel. Als er sich in meiner Nähe niederlässt, vernehme ich trotz des tosenden Wassers seinen Gesang, der aus sehr hohen und zugleich melodischen Tönen besteht. Den optischen und akustischen Reizen kann ein Weibchen nicht widerstehen und flattert herbei. Sie wiederum macht mit leuchtend weißen Schwanzfedern auf sich aufmerksam.

Weiter wandern wir ins Gebirge hinein. Barfuß oder in ausgetretenen Turnschuhen gehen die Träger mit ihren schweren Lasten auf steinigen Pfaden. Nachts suchen sie Schutz unter einem Felsüberhang. Wir dagegen übernachten in Zelten und warmen Schlafsäcken. Eine fragwürdige Art des Unterwegsseins, wie ich sie von Reisebeschreibungen aus der Kolonialzeit kenne. Die Träger gehören zum Volk der Sherpa, sie zeichnen sich durch Ausdauer und Kraft aus und sind gut an die Höhe angepasst. Der Name bedeutet »Volk aus dem Osten«. Vor etwa 500 Jahren begaben sich Clans aus dem Gebiet Kham im östlichen Tibet auf Wanderschaft und fassten den kühnen Entschluss, von der Nordseite des Everest-Massivs über den vergletscherten, 5716 Meter hohen Pass Nagpa La auf die Südseite nach Nepal zu wechseln und sich dort niederzulassen. Als Tibet noch nicht durch China besetzt und die Grenze offen war, schleppten sie schwere Lasten, vor allem Salz, aber auch Stoffe und Wollballen über den Himalaja. Das Gepäck liegt zwar auf dem Rücken, aber die Nackenmuskeln leisten die meiste Arbeit, weil ein breites Trageband über die Stirn gelegt wird.

Ein Wettersturz! Eisige Kälte. Der Wind pfeift, und Schneeregen peitscht unsere Gesichter. Der Pfad steigt jetzt besonders steil an. Die Höhe von über 4000 Meter strengt an, wir atmen heftig. Unsere Schritte werden langsamer. Immer wieder müssen wir stehen bleiben und Luft holen. Plötzlich höre ich helle Stimmen. Schon überholt uns ein Trupp Jungen und Mädchen. Sie sind kaum älter als acht Jahre. Jedes hat eine Last auf dem Rücken, die sie wie die Erwachsenen mit einem Band über der Stirn tragen. Und sie singen! Wenig später sind sie in Regen und Schnee nicht mehr sichtbar, nur ihr heiteres Lied klingt aufmunternd zu uns herunter.

Vor uns liegt Namche Bazar, ein Sherpa-Dorf und früher wichtiger Handelsort, denn die Grenze nach Tibet liegt hinter dem nächsten Gebirgskamm. Häuser aus Bruchsteinen drängen sich an den Berghang. Terrassenfelder, sorgsam mit Steinmauern umgrenzt, wurden der unwirtlichen Natur abgetrotzt. Auf einem Feld arbeiten Frauen, stoßen mit einem Grabstock Löcher in die harte Erde und legen Saat-kartoffeln hinein, Sorten, die der extremen Witterung in 3800 Meter Höhe angepasst sind. Auch im Ursprungsgebiet der Kartoffeln, in Südamerika, gedeihen die Knollen in dieser Höhe. Auf anderen Feldern wächst Getreide; die grünen Halme haben gerade handhoch den Erdboden durchbrochen. Die schmalen Äcker werden von Frauen und Kindern bestellt, die Männer gehen anderen Arbeiten nach, verdingen sich beim Häuserbau oder als Träger bei Expeditionen. Nur das Pflügen übernehmen meist die Männer. Vor den Pflug spannen sie Yaks. Diese Hochgebirgsrinder werden schon seit Jahrtausenden gezähmt und gezüchtet. Sie liefern den Menschen wichtige Produkte: Wolle und Milch, Fleisch und Fett, Leder, Sehnen und Knochen.

Die nächsten Tage geht es immer höher hinauf. Vor uns liegt der Ama Dablam. Mit seinen 6856 Metern ist der Berg keiner der ganz hohen Gipfel, dafür einer der schönsten. Einem Turm ähnlich ist die gleichmäßig aufragende Form mit weit vorgewölbten Schnee-balkonen verziert. Wenn die Sonne hinter dem Berg steht, wird er von einem Lichtkranz umspielt und wirkt wie eine überirdische Erscheinung. Für die Sherpa ist Ama Dablam ein heiliger Berg. Sie nennen ihn »Mutter Schatzkästchen«.

Am Wegesrand häufen sich Tschörten, Gebetsfahnen wehen, und Steintafeln mit Mantras sind zu Mauern aufgeschichtet. Die Sherpa beachten die Rituale, die sie von Kindheit an kennen. Sie gehen an diesen Orten immer links entlang, weil die Sonne so ihren Lauf nimmt – und Buddha, der Erleuchtete, ist die spirituelle Sonne im Herzen der Menschen. Bald zeigt sich, warum gerade hier so viele heilige Symbole versammelt sind: Vor uns liegt das Kloster Teng-poche. Es thront nahe den Wolken auf 3867 Meter Höhe. Auf einem Plateau, umgeben von schneeweißen Bergriesen, wirkt es märchen-haft verwunschen in seiner Weltabgeschiedenheit und Einsamkeit.

Auf einer Almwiese unterhalb des Klosters stehen unsere Zelte. Man sagt uns, am nächsten Tag dürften wir das Kloster besichtigen.

Bei Sonnenaufgang beginnen die Mönche zu trommeln und in Hörner zu blasen. Weit hallen die dumpfen Töne wie archaische Urlaute durch die schweigsame Landschaft.

Die Mönche begrüßen uns höflich, gewähren uns Einblicke in ihre Räume. In der Bibliothek zeigen sie die in Seidentücher gehüllten, kostbaren Bücher, führen uns an goldglänzenden Buddhastatuen und Butterlampen vorbei. Sie lächeln höflich und verziehen keine Miene, als sie unsere neugierigen, aber wenig verständnisvollen Blicke bemerken.

An diesem Tag kommen wir nicht weit. Am Mittag schon müssen die Zelte aufgebaut werden, wieder bricht Schlechtwetter über uns herein. Es regnet, schneit und graupelt abwechselnd. In der Nacht kann kaum jemand schlafen, weil der Sturm die Zeltplanen geräuschvoll flattern lässt und das Zeltgestänge verbiegt. Am nächsten Morgen liegt der Schnee fast einen halben Meter hoch. Die Sherpa haben wie immer die Nacht notdürftig eingehüllt in Decken draußen verbracht. Sie müssen unter der Kälte gelitten haben, aber nun scheint die Sonne, und sie freuen sich über das blendende Weiß. Wie Kinder springen sie im Schnee herum, bewerfen sich mit Schneebällen, spielen Jagen und Fangen. Unsere Gruppe schaut erstaunt und fragend zu. Wie können Menschen so heiter sein, wenn sie tagelang schwerste Lasten schleppen müssen, das Nachtlager kalt und hart, die Kleidung unzureichend und die Nahrung eintönig ist? Woher rührt ihre seelische Kraft? Sind es die Berge, die positive Kräfte freisetzen und inneren Frieden geben?

In 5000 Meter Höhe mit Blick auf den Mount Everest errichten wir unser Basislager. Von hier aus wollen wir einen noch namenlosen 7000 Meter hohen Gipfel besteigen, der nach dem Gipfelsieg

Sta-Jub-Kang heißen soll. Eine Gipfelmannschaft wird bestimmt. Meine Kondition und Höhenanpassung sind hervorragend, doch die Gruppe ist der Meinung, mir fehle die notwenige Erfahrung im Eis. Was natürlich nicht stimmt, denn ich habe als Vorbereitung zahlreiche Eistouren in den Alpen absolviert, und alle Teilnehmer sind Neulinge im Himalaja. Wir haben also die gleichen Erfahrungswerte.

Statt auf meinem ersten Siebentausender zu stehen, werde ich mit einem anderen, unvergesslichen Erlebnis beschenkt. Es ist noch Nacht. Schimmernd heben sich die Schneeberge gegen den dunklen Himmel ab. Ich spüre Kraft und Energie, die von den Bergen auf mich überströmen. Der Boden ist vom Reif überpudert, und der silberweiße Vollmond lässt die Landschaft in überirdischem Licht erstrahlen. Über mir wölbt sich ein unendlich weiter Sternenhimmel. Wie in Trance steige ich einen Berghang hinauf. Langsam wird es heller, und dann übergießt die Sonne die Erde mit ihren Strahlen. Ich setze mich auf einen mit Flechten geschmückten Stein und nehme Abschied von meinem Himalaja, denn morgen schon soll es zurück nach Kathmandu gehen, weil ein Teilnehmer unter beginnender Höhenkrankheit leidet und die anderen die Entbehrungen leid sind. Und dann sehe ich ihn – einen azurblauen und grün schillernden Vogel! Ich habe gehört, dass es ihn gibt: den Himalaja-Glanzfasan. Aber dass es mir vergönnt sein sollte, diesen seltenen und scheuen Vogel zu sehen, damit hatte ich nicht gerechnet. Mit seinem farbenprächtigen Gefieder wirkt er wie eine märchenhafte Erscheinung in der Einöde der grauen Steine. Fast möchte ich glauben, er hat sich mir nur gezeigt, um mich zu trösten, und als Zeichen, dass ich wiederkommen soll.

Dann zieht Nebel herauf und deckt wie mit einem Vorhang alles zu.

GRIECHENLAND
Klöster, die im Himmel schweben

Die Felsen von Meteora waren in Deutschland nahezu unbekannt, als ich an Ostern im Jahr 1978 dorthin reiste. Kletterfreunde aus München, die diese bizarre Felsenlandschaft erschlossen hatten, luden mich ein, sie zu begleiten. Das Klettern an den bislang unbestiegenen Felswänden war eine spannende Erfahrung und eine ungewöhnliche Herausforderung. Beeindruckt haben mich die Klöster, die auf den Felsgipfeln gebaut wurden, und die einzigartige Pflanzen- und Tierwelt. Ein besonderes Erlebnis war es für mich, die Osterbräuche zusammen mit den Griechen feiern zu dürfen.

Es knistert und glüht im dürren Geäst. Hohe Reisighaufen wurden aufgeschichtet und angezündet. Mit Holzknüppeln schlagen Männer in die Flammen, damit sie nicht zu hoch lodern. Herausleckendes Feuer wird mit Wassergüssen gelöscht. Graue Rauchschwaden schweben über dem kleinen Ort Kastraki und verhüllen die Felskulisse von Meteora. Immer wieder legen die Männer neue Zweige dazu. Es braucht viel Glut, um die Lämmer zu grillen. Balken werden im Geviert gelegt und daran Spieße befestigt, an denen die Osterbraten hängen. Nun beginnt die Hauptarbeit. Drei bis vier Stunden müssen die abgehäuteten Tiere über der glühenden Asche gedreht werden. Jede Familie hat ihren eigenen Bratplatz, an dem die Angehörigen sich beim Drehen des Festschmauses abwechseln.

Der Anblick der aufgespießten Tierkörper erschreckt mich, als würde ich ein archaisches Ritual beobachten, eine kannibalische Opferszene. Ich kann mir nicht vorstellen, dass ich von dem Braten kosten werde; schon der Geruch nach Fett und geschmortem Fleisch verdirbt mir den Appetit. Aber den freundlichen Zurufen der Griechen kann ich mich nicht entziehen. Ich werde eingeladen, beim Drehen mitzuhelfen, und gebe mir Mühe, damit das Osterlamm gleichmäßig goldbraun brät. Zum Lohn schenkt man mir Ouzo ein, den köstlichen Anisschnaps. Die Großmutter trägt einen bis zum Rand mit knallroten Ostereiern gefüllten Korb herbei. Ich soll meine Fähigkeit beim »Kicken« unter Beweis stellen. Sieger wird der, dessen Ei beim Aneinanderschlagen nicht zerbricht. Ringsum frohe Heiterkeit. Die Kofferradios sind auf volle Lautstärke gestellt und dudeln griechische Musik. Und immer wieder Ouzo. Die frische Frühlingsluft, das helle Sonnenlicht, die blühenden Gärten und die fröhlichen Menschen vermischen sich für mich zu einem Erlebnis, das ich für immer mit Griechenland verbinde.

Die Felsen von Meteora, an deren Fuß Kastraki liegt, befinden sich östlich des Pindosgebirges im Nordwesten der Thessalischen Tiefebene. Die höchsten Felsen ragen über 300 Meter empor. Sie bestehen aus Konglomerat, das ist Sandstein, der mit kiesel- bis metergroßen Steinen durchsetzt und fest verbacken ist. Vor etwa 25 Millionen Jahren transportierte ein wilder Bergstrom Massen von Geröll heran und häufte es hier auf. Bei späteren Gebirgsbildungen geriet die Aufschüttung unter Druck und verfestigte sich zu einer einzigen Felsmasse. Durch Spannungen entstanden Bruchlinien, an denen später die Erosion ansetzte. Wasser und Wind zerklüfteten das Gestein und modellierten diese einmalige Felsenlandschaft.

Beim ersten Morgenlicht bin ich unterwegs. Das Dorf Kastraki erwacht gerade. Ältere Frauen in schwarzen Kleidern und mit schwarzen Kopftüchern treten als Erste aus dem Haus. Sie versorgen die Hühner, beladen Esel mit Säcken, Wasserkrügen und Hacken, dann machen sie sich auf zu ihrer Arbeit in den Gärten und auf den Feldern. Die Wege außerhalb der Ortschaft sind gesäumt von blühenden Obstbäumen. Weinfelder dehnen sich über die hügelige Ebene. Aus den knorrigen Wurzelstöcken sprießt schon das frische Laub. Wie eine Fata Morgana liegt Meteora vor mir. Unwirklich ragen die Felsgebilde aus dem Morgendunst. Bodennebel hängt über der Ebene, deshalb scheinen die dunkelgrauen Steinmassen in der Luft zu schweben. Die aufgehende Sonne streift die Felsspitzen, übergießt sie mit goldenem Licht, während sie an ihrer Basis geheimnisvoll in graues Düster getaucht sind.

Ich trete ein in einen steinernen Wald aus gewaltigen Säulen und bizarren Felsnadeln, wandere durch ein Labyrinth enger Schluchten, begrenzt von senkrechten Wänden. Efeuumschlungene alte Eichen krallen sich in den felsigen Boden. Zwischen ihnen murmelt ein Bach. Seine Ufer sind geschmückt mit Anemonen. Die handtellergroßen Blüten leuchten weiß, zartrosa und blutrot bis dunkelviolett. Vogelgezwitscher erfüllt die Luft. Ich erkenne die Lieder von Nachtigall, Zippammer und Mönchsgrasmücke. Einem mit Brombeerranken verwachsenen Pfad folge ich durch den Irrgarten der Felstürme, fühle mich in eine andere Zeit entrückt und kann nachempfinden, warum Eremiten in diese Gegend kamen. Hier konnten sie sich in Stille zurückziehen und ihr Leben Gott weihen.

Ab dem 9. Jahrhundert benutzten Einsiedler die Grotten und Höhlungen in den Felsen als Behausung. Hart und entsagungsvoll muss dieses asketische Dasein gewesen sein. Trotzdem oder gerade deshalb übten die Felsen eine magische Anziehung auf Menschen aus, denen Einsamkeit, Schweigen, Mangel und Entbehrung der Weg zu höchster seelischer Läuterung, Weisheit und ewiger Seligkeit in Gott zu sein schien. Viele verbrachten ihr ganzes Leben in den Felslöchern, die oft gleich Adlerhorsten in luftiger Höhe lagen. Reste verwitterter Leitern, Holzverstrebungen und zerfallene Lagerstätten künden aus dieser Zeit.

Im 12. Jahrhundert begann man mit dem Bau des ersten Klosters, die meisten der damaligen 24 Klöster entstanden im späten 14. Jahrhundert. Die Felsen mit ihren allseits senkrechten Abstürzen wurden von kühnen Mönchen erklommen und dann mit Seilzügen und Strickleitern zugänglich gemacht. Im steinernen Wald von Meteora versuchten sie, einen »Gottesstaat« zu errichten. Damals entstand auch der Name Meteora, »Das im Himmel Schwebende«. Als Gründer und Initiator gilt der heilige Athanasios, der im Jahr 1334 vom heiligen Berg Athos nach Meteora kam. Er gründete das Kloster Metamórphosis und legte die Klosterregeln fest. Nach seinem Tod wurde er seliggesprochen. Trotz der Eroberung durch die Türken konnten die Klöster während der osmanischen Herrschaft mittels Tributzahlungen zunächst weiterexistieren.

Im 17. Jahrhundert setzte der Niedergang der Klöster ein, obwohl sie reich geworden waren. Ausgedehnte Ländereien gehörten den Mönchen, die Bauern mussten hohe Abgaben entrichten. Doch mit dem Reichtum entstanden Neid und Missgunst zwischen den einzelnen Konventen. Sie stritten sich um die fruchtbaren Felder in der Ebene. Kleinere Klöster verfielen, größere übernahmen deren Besitz, wobei neue Zwietracht entstand. Das harte Regiment des Despoten Ali Pascha, der immer höhere Geldforderungen stellte, trug letztlich zum Ruin fast aller Klöster bei.

Von den ehemals 24 Klöstern sind vier als Ruinen zu sehen, drei sind noch intakt und von Mönchen, eines von Nonnen bewohnt. Noch bis in unser Jahrhundert waren sie nahezu unbezwingbar. Strickleitern, die bei Gefahr eingezogen werden konnten, und Seilwinden mit Tragkörben ermöglichten nur dem willkommenen Besucher den Zutritt. Die moderne Zeit drang jedoch auch in diese abgeschiedene Welt ein. Eine asphaltierte Straße führt nun bis zu den Felsen, und über neu erbaute Brücken und Treppen können die Klöster bequem und gefahrlos besichtigt werden.

Das Konglomeratgestein ist hart und eignet sich besonders gut zum Klettern. Große und kleine Kiesel ragen aus der Wand heraus. Sie sind fest im Gestein verankert, als wären sie einzementiert. An ihnen kann man sich immer höher hangeln, indem man sie als Griffe und Tritte benutzt. Schwierig aber ist die Sicherung, denn es gibt kaum Nischen, Löcher, Vertiefungen, in denen man Schlingen oder Keile befestigen könnte. Deshalb müssen Löcher geschlagen und darin Ringe und Haken einbetoniert werden. Entsprechend lange dauert es, bis unsere Seilschaft den Gipfel erreicht. Dort erwartet mich ein Blütenmeer. Im Frühling sind die sonst kahlen Felsgipfel von Blumen und Gräsern bedeckt. Anemonen, Orchideen, Lilien, Hyazinthen und Affodill mit seinen meterhohen weißen Blütendolden gedeihen hier oben geschützt vor hungrigen Schafen und Ziegen.

Vom Gipfel des Doupianifelsen blicke ich hinüber zum Pindosgebirge mit seinen noch schneebedeckten Hängen. Vom Dorf dringt ab und zu der Ruf eines Esels bis auf meine Höhe. Die sanft geschwungenen Hügel um Kastraki sind mit hellen Punkten weidender Schafe gesprenkelt. Die Wasser des Flusses, der in seinem weiten Kiesbett ungestört mäandriert, leuchten herauf. Beim Blick zum Himmel entdecke ich Schmutzgeier, die über den Felsen kreisen. Trotz ihres abschreckenden Namens sind es schöne Vögel mit blendend weißen Federn, eidottergelber Kopfhaube und schwarzer Flügelzeichnung.

Aber man muss nicht unbedingt klettern können, um solche Ausblicke zu genießen. Auch wandernd kann man sich Meteora erschließen. Zahlreiche Steige und schmale Pfade durchqueren und kreuzen das Felsrevier. Bewachsen sind die Schluchten mit immergrüner Macchia aus Stechpalme, Mäusedorn und Ginster.

In den Dörfern scheint die Zeit stehen geblieben zu sein. Das Leben verläuft in friedvoller Stille und einfacher Genügsamkeit. Während Kastraki sich eng an die dunkelgrauen, gewaltigen Felstürme schmiegt, als wolle es unter ihnen Schutz suchen, liegt Kalambaka in der Ebene vor der Felskulisse. Der Name des Landstädtchens mit seinen kaum 8000 Einwohnern ist türkischen Ursprungs und bedeutet »Schwarze Burg«. Den Türken müssen die Felsen wie eine drohende, uneinnehmbare Festung erschienen sein.

In Kalambaka ist jeden Freitag Markt. Die Bewohner der umliegenden Dörfer strömen zusammen, um ihre Produkte anzubieten, zu verkaufen und einzukaufen. Obst und Gemüse werden feilgeboten, aber auch Ziegen, Schafe, Eier, Kleidung und Schuhwerk.

In der Nacht vor meiner Abreise regnet es leise, und am Morgen umgibt die Felskulisse eine geheimnisvolle Stimmung. Es duftet nach Erde und frischem Grün. In der Erinnerung bleibt Meteora für mich eine Welt der Ruhe und des Friedens, als würde die Zeit stillstehen.

MAROKKO
Toubkal, der höchste Berg Nordafrikas

Im Jahr 1988 reiste ich zum Hohen Atlas, um dort zu wandern und auf den Gipfel des Toubkal zu steigen. Da ich zum ersten Mal in einem arabischen Land unterwegs war, stand ich der Lebensweise in Marokko relativ unerfahren gegenüber. Zwar war ich bemüht, mich unvoreingenommen den Menschen zu nähern, aber mir fehlte meine, im Lauf der späteren Jahre gesammelte Erfahrung.

Nebelschleier füllen die tiefe Schlucht. Die Strahlen der aufgehenden Sonne schimmern golden durch den Dunst. Ich folge einem kaum sichtbaren Pfad im lockeren Geröll. Disteln blühen zwischen rotbraunem Gestein. Das leise Zwitschern eines Steinschmätzers verstärkt den Eindruck von Stille und Einsamkeit.

Ich bin unterwegs im Hohen Atlas. Von Marrakesch war ich mit einem Bus bis Asni gefahren, einem Bergdorf, in dem sich Leute aus Marrakesch ihre Sommerhäuser gebaut haben. Von dort wandere ich auf einer schmalen Fahrstraße das Bergtal hinauf nach Imlil, dem Ausgangspunkt für den Aufstieg zum Gipfel des Toubkal. In dem dicht besiedelten Tal errege ich unter den Einheimischen merkwürdig viel Aufmerksamkeit. Sobald sie mich erblicken, kommen Frauen, Männer und Kinder angerannt, wollen meine Uhr haben, den Sonnenhut, die Brille, sogar mein Sporthemd möchte eine Frau gegen ihre Bluse eintauschen. Kinder betteln um Geld und Zigaretten. Da ich ihnen das Gewünschte nicht geben kann, werfen sie mit Steinen nach mir.

Mir ist klar, warum sie sich so verhalten: Wir, die Fremden, kommen in ihr Land und wecken Bedürfnisse. Doch diese Erklärung nützt mir nichts, denn es fällt mir schwer, unbefangen zu bleiben. Besonders schlimm empfinde ich es, dass keine Verständigung möglich ist. Niemand in den Bergdörfern spricht Englisch und ich nicht Arabisch und erst recht nicht die Berbersprache. Ich fühle mich, als wäre ich vom Mond gefallen. Nach jeder Begegnung verstärkt sich meine Unsicherheit. Ich nehme mir vor, nie mehr in ein Land zu reisen, bevor ich nicht die Sprache der Bewohner gelernt habe.

Endlich liegen die Siedlungen hinter mir. Erleichtert atme ich auf und kann nun die Bergwelt genießen. Es sind karge und dunkle Felsen, in denen Pflanzen kaum einen Lebensraum finden. Der Toubkal ist mit 4167 Metern der höchste Berg im Atlasgebirge. Trotz seiner Höhe ist er für denjenigen, der die Höhe verträgt und trittsicher ist, leicht zu besteigen.

Unterhalb der Aufstiegsroute liegt auf einem Sattel in 3207 Meter Höhe die Neltner-Hütte. Ich hatte vorgehabt, dort zu übernachten. Doch eine französische Reisegruppe ist mit Führer und Maultieren von Imlil gestartet und hat alle vorhandenen Plätze belegt. Unweit der Hütte finde ich zwischen schützenden Felsen eine geeignete Stelle. Ein Zelt habe ich nicht dabei, doch mein Schlafsack wird mich vor der Nachtkälte schützen. Unter einem sternenklaren Himmel schlafe ich ein.

Am nächsten Morgen beginne ich mit dem Aufstieg. Der Hüttenwirt hatte mir erklärt, dass es keine Markierungen und keinen Weg gebe, ich solle nur einfach immer aufwärtssteigen. Das Geröll liegt so locker, dass ich bei jedem Schritt befürchte, der Hang könne abrutschen und mich unter sich begraben. Endlich gelange ich in felsiges Gelände. Riesige Gesteinsblöcke türmen sich auf. Von Felsblock zu Felsblock versuche ich, wie eine Gämse zu springen, was mir nur unvollkommen gelingt. Bei dieser Anstrengung in der Höhe von fast 4000 Metern wird mir die Luft knapp. Immer wieder bleibe ich heftig atmend stehen und betrachte die unwirtliche Gegend. Dornige Polsterpflanzen krallen sich in das brüchige Gestein.

Der Atlas, etwa zur gleichen Zeit entstanden wie die Alpen, ist extremem Klima ausgesetzt und stark von Erosion gezeichnet. Das Gestein zerbröckelt durch Sonnenglut und Nachtkälte unaufhaltsam in immer kleinere Steinchen und zerfällt letztlich zu Sand. Noch nie zuvor ist mir beim Anblick eines Gebirges sein Vergehen so deutlich bewusst geworden, stehen doch Berge sonst symbolhaft für Stabilität, Beständigkeit und Dauer. Es ist, als könne ich die geologischen Vorgänge im Zeitraffer sehen. Wie ein lebendes Wesen scheint der Atlas den Gesetzen von Geburt und Tod unterworfen zu sein.

An einer Quelle mit kristallklarem Wasser lege ich eine Rast ein. Das Wasser hat eine Vertiefung ausgehöhlt, die ringsum bewachsen ist mit gelben Astern, blauen Vergissmeinnicht und weißem Hornkraut – eine kleine Oase des Lebens. Es ist ein guter Ort für eine Rast, denn ich bin ohne Frühstück losgegangen. Ich koche Minztee und esse Fladenbrot mit Käse. Gestärkt fällt mir der Aufstieg leichter, auch liegen die Geröllhalde und die Felsblöcke jetzt unter mir. Ich erreiche die Toubkalscharte, von der es an einem Grat aufwärts zum Gipfel geht. Die Aussicht ist phantastisch: dunkle Abgründe, tiefe Schluchten, einsame Täler, wild gezackte Felsen – ein atemberaubender Anblick! Das fremdartige Gebirge zieht mich in seinen Bann. Es wirkt abweisend und gefährlich, aber gerade dadurch fühle ich mich herausgefordert und beschließe, tiefer in diese Felsenwelt einzudringen. Forschend wandert mein Blick über die Bergketten und steilen Abgründe. Einfach wird das Unternehmen nicht werden, aber ich will es versuchen.

Es fällt mir schwer, den höchsten Punkt des Atlasgebirges wieder zu verlassen. Lange sitze ich am Gipfel, lasse meine Augen immer wieder über die Berge schweifen, dann steige ich zur Neltner-Hütte ab und folge dem wild sprudelnden Mizane-Bach aufwärts in ein schmales Tal. Letzte Schneereste säumen die Felsen, liegen eingebettet im zerfurchten Gestein. Am Abend leuchten die Berge kupferrot im Licht der untergehenden Sonne. Rotschnäblige Krähen, die einzigen Lebewesen in dieser einsamen Welt, durchdringen mit ihren hellen Rufen die Stille. Nachdem die Sonne hinter einem zerklüfteten Grat versunken ist, legen sich Schatten dunkelviolett in das enge Tal des Mizane. Die Farben verändern sich abrupt. Sie werden hart, bekommen einen blauen Schimmer.

Es wird rasch kühl. In dem Tal, wo es kalt und feucht ist, will ich nicht übernachten und steige hinauf zu den Gipfelzacken des Tizi n'Ougane. Unter einem Felsen finde ich eine Nische, in die ich mit meinem Schlafsack passe. Schnell koche ich mir eine Suppe, bevor ich in mein Schlaflager husche, denn es ist eisig kalt geworden. Aus dem Felsspalt blicke ich wie durch ein Fenster nach draußen und beobachte das Farbenspiel des Himmels, das sich von Gelb und Orange in Rot wandelt bis die letzten violetten Töne von der Nacht ausgelöscht werden. Ein Schatten, schwärzer als die Nacht, fliegt über mich hinweg, streift fast mein Gesicht – eine Fledermaus. Sie bleibt nicht allein, bald sind es viele Flattertiere, die mit rasanten Flugmanövern nach Nachtinsekten jagen.

Ich will schon die Augen schließen, da breitet sich plötzlich ein eigenartiges Leuchten aus. Die Bergspitzen glänzen wie mit Silber übergossen. Ich muss nicht lange über die seltsame Lichterscheinung rätseln, denn da geht er schon auf – der Mond. Die Mondsichel ähnelt dem »arabischen Halbmond« und überzieht die Landschaft mit silberhellem Licht. So hell, dass ich mich zur Felswand drehen muss, um einschlafen zu können.

Kein Geräusch, nichts stört mich in der Nacht. So schlafe ich ruhig und fest. Beim ersten fahlen Morgendämmer bin ich wieder marschbereit. Frühstücken werde ich später, es ist noch eisig kalt. Schnell vergeht die Nachtkühle, als die Sonne über den Berggraten erscheint. Ich bin mit Karte und Kompass unterwegs und wähle einen Weg, der mich zuerst eine Scharte hinauf und dann hinab in eine Schlucht führt.

Die Sonne löst die Schleier der Morgennebel auf. Das dunkle Gebirge verzaubert mich, gerade weil alles so karg und dürr ist. Gesteinsblöcke liegen wild durcheinandergewürfelt da, als hätten Titanen ihre Kräfte ausgetobt. Einen Wanderweg gibt es nicht, manchmal folge ich einem Ziegenpfad oder ich steige einfach ein trockenes Bachbett hinab. Zwischen den Blöcken wachsen nur dornige Polsterpflanzen, die sich zäh im Gestein verankern. Es ist einsam und still. In Gedanken versunken wandere ich dahin. Ich fühle mich sicher. In diese abgelegene Schlucht wird sich kein Mensch verirren. Die Belästigungen auf dem Weg von Asni bis Imlil scheinen weit zurückzuliegen.

Endlich springt aus dem Felsgestein Wasser hervor, zunächst ein fadendünnes Rinnsal, das bald zu einem plätschernden Quellbach wird. Blumen und grüne Stauden säumen den Bach. Schmetterlinge gaukeln durch die Luft. Streifenhörnchen liegen auf Steinen und lassen sich den Pelz von der Sonne wärmen.

Zeit für eine Rast. Ich fülle den Topf mit Wasser. Bis der Tee kocht, werde ich mich am Bach waschen. Gerade noch rechtzeitig, bevor ich die Kleidung ablege, sehe ich den Hirten, hinter ihm seine Ziegenherde. Unerbittlich reißen die Tiere die karge Vegetation mitsamt ihren Wurzeln aus. Sobald der Mann mich erblickt, verlässt er seine Ziegen und kommt zielstrebig auf mich zu. Was kann er von mir wollen? Mich überfällt Angst, denn in dieser einsamen Gegend kann mir niemand zu Hilfe kommen. Ich bin unschlüssig. Soll ich schnell meinen Kocher einpacken oder unbefangen anfangen zu frühstücken. Aufdringlich nah stellt er sich neben mich. Ich zeige auf den Topf und biete ihm mit einer Handbewegung Tee an. Er bewegt ablehnend den Kopf und überschüttet mich mit einem unverständlichen Wortschwall. Er spricht sehr laut, wird immer lauter, schreit fast. Von seiner Rede verstehe ich nur ein Wort *dirham* – aha, er will also Geld. Ich schüttle den Kopf, hebe bedauernd die Hände, *no dirham,* und hoffe, ihm damit verständlich zu machen, dass ich im entlegenen Gebirge kein Geld herumtrage. Nun zeigt er auf meine Schuhe und dann auf sich. Erschrocken wehre ich ab, denn ich habe nur dieses Paar. Wenn er mir die Schuhe wegnimmt, wären meine Füße vom scharfkantigen Gestein bald blutig geschunden. Die Ziegenherde ist inzwischen den Steilhang hinaufgezogen. Ich mache ihn darauf aufmerksam. Er zögert, schaut unschlüssig zwischen mir und der Herde hin und her. Ich grüble verzweifelt, was ich tun soll. Wenn ich doch wenigstens seine Sprache könnte, dann würde ich mich nicht so ausgeliefert fühlen. Der Hirte schaut wieder zum Berghang, jetzt ist nur noch eine einzige Ziege zu sehen. Auf einmal verabschiedet er sich höflich auf Französisch: »*Au revoir, Madame!*« Verblüfft murmele ich: »*Au revoir, Monsieur.*«

Befreit atme ich auf, als ich wieder allein bin. Aber ich spüre noch den Angstknoten in meinem Herz, den beengenden Druck, als der Mann immer näher an mich heranrückte und ich befürchten musste, dass er mich niederschlägt, mir die Schuhe auszieht und mir alles nimmt, was ich besitze.

Der Ziegenpfad führt nun hoch über der Schlucht dicht an der Felswand entlang und ist gerade breit genug für eine Person. Endlich erreiche ich das Ende der Schlucht. Ein türkisgrüner, von rostroten Felsen umgrenzter See liegt vor mir – der Lac d'Ifni. Was für ein märchenhafter Anblick! Ich bin tief berührt. Ein Gewässer in diesem kargen und trockenen Gebirge ist so unerwartet. Natürlich wusste ich durch die Karte von diesem See, aber nicht, wie schön er sein würde. Bald dunkelt es, und ich suche mir wieder einen Unterschlupf.

Am nächsten Morgen beobachte ich, wie hier und dort dünne Rauchsäulen aufsteigen, die Feuer der Hirten, die sich Tee bereiten. Wie ein Indianer auf Kriegspfad schleiche ich an ihren Rastplätzen vorbei und finde mithilfe der Karte den Weg ins besiedelte Tifnout-Tal. Hier könnte ich die Tour abbrechen und einen Bus zurück nach Marrakesch nehmen, doch meine Liebe zu dem wilden Atlasgebirge ist eher noch größer geworden und verdrängt meine Angst vor Begegnungen mit den Bergbewohnern.

Bei der Ortschaft Amsouzart führt der Wanderpfad erneut in eine einsame Gegend hinein, in das Tissaldai-Tal. Über die Gebirgskämme des Tizi n'Terhaline und des Tizi n'Terharate gelange ich nach fünf Tagen am Bergdorf Sidi Chamharouch vorbei wieder auf den Weg nach Imlil.

Jedes Mal, wenn ich unterwegs Menschen treffe, durchströmt mich ein ungutes Gefühl. Immer bin ich auf das Schlimmste gefasst. Erst allmählich lerne ich, souverän mit der mir fremden Wesensart umzugehen. Was ich als aufdringlich empfinde, ist für sie nur Neugier. Vielleicht provoziert es sie auch, dass ich als Frau allein durch die Berge wandere. Sie wollen mich anfassen, berühren und feststellen, was für ein Wesen ich bin. Möglich, dass sie mitunter glauben, ich sei ein Geist oder Dämon, deshalb bücken sie sich und werfen Steine in meine Richtung. Aber nie trifft mich einer, sie zielen bewusst daneben. Das beruhigt mich etwas. Ich bekämpfe meine Angst, gehe lächelnd auf sie zu und grüße freundlich, dann sind die Leute wie verwandelt, grüßen herzlich zurück, und ich habe den

Eindruck, sie würden mich am liebsten zum Tee einladen. Deshalb bin ich überzeugt, dass die Steine nicht in feindlicher Absicht geworfen werden. Es mag vielfältige Gründe für das Steinewerfen geben: Unsicherheit, Imponiergehabe, der Wunsch, auf sich aufmerksam zu machen, ein Fernwillkommensgruß oder ein Spiel, um zu sehen, wie die Fremde reagiert. Mir fällt auf, dass die marokkanischen Berber überhaupt gern schauspielern. Einmal kommt mir ein Mann mit einem Beil entgegen. Plötzlich hebt er es drohend empor und macht ein wildes Gesicht. Er schwingt die Axt, als wolle er sich auf mich stürzen, wirbelt sie dann kunstvoll durch die Luft und lässt sie mit Schwung über seinem Kopf kreisen. Ich mustere schnell die Umgebung, niemand ist da, der mich vor dem Wilden retten könnte. Ich entschließe mich, das Ganze für einen Spaß zu halten und mitzuspielen. Als wäre ich hellauf begeistert, klatsche ich Beifall und belohne seine Kunstfertigkeit mit einem entzückten Lächeln. Nun strahlt er übers ganze Gesicht. Vielleicht hätte er sich ebenso gefreut, wäre ich vor Schreck davongelaufen wie ein Hase. Er hat mir die Wahl gelassen. Wir begrüßen uns freundschaftlich und gehen froh unserer Wege.

Jede Begegnung stellt wieder eine neue Herausforderung dar, und immer lerne ich hinzu, vor allem, nicht mich selbst mit meiner Angst und den falschen Rückschlüssen als Maßstab zu setzen. Nicht die anderen sind fremd, sondern ich bin es, die sich durch Einfühlung und Beobachtung anpassen muss.

Dass ich mich während meiner Wanderung irgendwie verändert habe, merke ich, als ich auf der Bergstraße nach Asni zurückgehe. Wo mich beim Hinweg zahlreiche Menschen belästigt hatten, grüßen sie mich nun: »La bas – wie geht's.« Als wäre ich eine vertraute Bekannte.

SPANIEN
Und am Abend trinken die Männer Mosto

Im Januar des Jahres 1982 wanderte ich durch die Sierra Nevada im Süden Spaniens, bestieg den mit 3482 Meter höchsten Berg der iberischen Halbinsel, den Mulhacén. Bei der Überquerung der Sierra Nevada von Nord nach Süd entdeckte ich beim Abstieg die Alpujarras – ein Bergland, wo es mir schien, als sei die Zeit stehen geblieben.

Die Madonna schwankt, bis die vier Männer die Stangen über die Schultern gelegt und den Gleichschritt gefunden haben. Sie ist klein wie ein Mädchen, mit einer Goldkrone auf dem Kopf, aber sonst einfach und bescheiden – eine Dorfmadonna aus bunt bemaltem Holz. Die Männer haben sie aus der Kirche geholt und auf ein Gestell gehoben, auf dem sie jetzt durch das Dorf getragen wird. In der Kirchenpforte erscheint eine zweite Gestalt – ein rosiges Kind, die Ärmchen rührend emporgestreckt –, es ist das Jesuskind, der Padrón des Dorfes Yegen.

Yegen liegt am Südabhang der Sierra Nevada und ist eines der 22 Gebirgsdörfer, die sich wie eine leuchtend weiße Perlenkette aneinanderreihen. Am Jahresanfang, wenn die Arbeit auf den Feldern ruht, wird gefeiert. Höhepunkt ist das Fest des Padrons am 3. Januar.

Die Tage im Wintermonat sind kurz, schon senkt sich die Dämmerung herab. Schweigend ordnen sich die Dorfbewohner zur Prozession, einige tragen brennende Kerzen. Männer eilen mit selbst gefertigten Feuerwerkskörpern dem stillen Zug voran. Zischend fahren die Raketen in den lilafarbenen Abendhimmel. Am Dorfrand, wo Hunderte Feuerwerkskörper mit Zündschnüren über eine freie Fläche gespannt sind, halten die Menschen an. Mit einer Kerzenflamme wird die Schnur an einem Ende angezündet, und in einem rasenden Lauffeuer bricht die Explosion los. Das Blitzen und Knallen ist furchterregend, die Menschen aber stehen unbeweglich vor diesem Inferno, eine schweigende Menge, starr wie eine Mauer. Sie wussten, was sie erwartet. Ich war mit Fotografieren beschäftigt, als der Höllenlärm losbrach, und warf mich instinktiv zu Boden. Da lag ich nun auf dem Bauch, sah über mir lächelnde Gesichter und war beschämt, weil ich einen Moment gedacht hatte, es sei Krieg. Dann setzt sich der Zug wieder in Bewegung, die Prozessionsfiguren hoch erhoben. Abziehende Rauchschwaden umhüllen sie.

Jeder Einwohner hat Geld für das Fest gespendet, obwohl die Leute kärglich leben und hart für ihren Lebensunterhalt arbeiten müssen. Sie und ihre Vorväter haben die Felder der rauen Gebirgswelt abgetrotzt und Terrassen angelegt, ohne Maschinen, nur mit Spitzhacke und Muskelkraft. Auch heute noch werden die schmalen Äcker mit Hacken bearbeitet, und der Pflug wird von Kühen, Eseln oder Maultieren gezogen.

Die Alpujarras, so heißt das Gebirgstal am Südabhang der Sierra Nevada, zeichnet sich aus durch sanft gerundete Höhenzüge, die im Morgenlicht bläulich getönt schimmern. Es ist ein fruchtbares Gebiet, aber durchzogen von Steilwänden und Abgründen. Mich beeindruckt der Kontrast zwischen dem von Kakteen und Disteln überwucherten Ödland und den Terrassenfeldern. Auf ihnen gedeihen Getreide und Wein, Olivenbäume mit silberglänzendem Laub und goldfarbene Apfelsinen, Kirschen und Esskastanien, und im Februar blühen die Mandelbäume rosafarben.

Die Gebirgstäler der Sierra Nevada waren jahrtausendelang von der übrigen Welt weitgehend isoliert. Noch Anfang des 20. Jahrhunderts gab es keine Straßen, und man konnte nur zu Fuß, mit Maultieren oder Pferden über gefährliche Gebirgspfade zu den Dörfern gelangen.

Dreimal im Laufe der langen Geschichte wurde die Bevölkerung der Alpujarras in Eroberungskriegen ausgelöscht. Bereits in der Jungsteinzeit lebten Menschen hier, wie durch Felsmalereien und Ausgrabungen in der Fledermaushöhle, der *Cueva la murciélago,* bewiesen wurde. Es war ein hamitischer Stamm aus Nordafrika, der während der Steinzeit eingewandert ist und sich in Südspanien angesiedelt hatte. In der Bronzezeit trieb diese Bevölkerung Handel mit den Phöniziern. Die seefahrenden phönizischen Händler landeten etwa 2000 v. Chr. an der Küste der Iberischen Halbinsel und gründeten Handelsorte wie Cádiz. An der Mündung des Guadalquivir entstand sogar ein Stadtstaat, das reiche Tartesien, von dem jedoch keine Spur mehr zu finden ist. Der phönizische Kontakt mit den Bergbewohnern beschränkte sich auf den Handel mit wertvollen Erzen: Gold, Kupfer, Eisen, die damals reichlich in der Sierra Nevada vorkamen. Die Alpujarrar konnten ihre Unabhängigkeit bewahren, auch als Griechen und Karthager an der spanischen Küste landeten. Die Gebirgsmauer der Sierra Nevada und die Unwegsamkeit der wilden Gegend schützten die freiheitsliebenden Bewohner.

Dann aber kamen die Römer. Nach harten und verlustreichen Kämpfen wurde ganz Spanien um 60 v. Chr. römische Kolonie. Die Alpujarrar kämpften mit wildem Mut gegen die Eroberer, doch gegen die kampferprobten Legionen hatten die Bergbewohner keine Chance. Dennoch wehrten sich die Menschen verzweifelt, sie wollten lieber sterben als unfrei leben. Vergessen sind die Opfer, versiegt die Ströme von Blut, die Toten nach 2000 Jahren längst zu Erde geworden. Niemand und nichts bewahrte ihr Andenken. Die Römer schickten neue Siedler in das entvölkerte Gebirgsland. Obwohl es nun Menschen anderer Herkunft waren, die Alpujarrer blieben freiheitsliebende Menschen.

Die Geschichte wiederholte sich, als Araber im 8. Jahrhundert in Spanien eindrangen und die romanische Bevölkerung auslöschten. Wieder hat kaum jemand das Gemetzel im Jahr 711 überlebt. Arabische Siedler, vor allem aus dem Atlasgebirge, wanderten in die menschenleere Gegend ein. Sie kultivierten die Ödnis, legten Terrassen an und bauten raffiniert einfache und effiziente Bewässerungssysteme. Noch heute funktionieren die Sammelbecken, die Rinnen und Gräben, die das Schmelzwasser der Sierra Nevada auffangen und von einer Terrasse zur anderen leiten. Bis in unsere Zeit wurde nichts an diesem System geändert, nur immer wieder erneuert und erhalten.

Die Araber oder Mauren, wie sie in Spanien genannt werden, ließen die Alpujarras erblühen. Von der übrigen islamischen Welt isoliert, meisterten sie ihr arbeitsames Dasein. Sie blieben vorerst unbehelligt, als 1492 die katholischen Könige Isabel und Ferdinand siegten und der letzte maurische Herrscher Boabdil mit seinen Truppen und Gefolgsleuten Granada verlassen musste. Erst knapp hundert Jahre später, als Philipp II. strenge Gesetze erließ, mit denen er die Araber zur Abkehr von ihrem Glauben und sogar zur Annahme christlicher Namen zwingen wollte, entschlossen sich die Alpujarrer zum Widerstand. Wieder kämpfte die Bergbevölkerung wild und verzweifelt um ihre Freiheit, und zum dritten Mal unterlag in diesem Gebiet ein Volksstamm der Willkür. Die Männer starben im Kampf, Frauen und Kinder wurden aus dem Land vertrieben, das 800 Jahre lang ihre Heimat gewesen war.

Die Vorfahren aller heutigen Bewohner sind Neusiedler, die der König anwerben ließ. 2423 Familien sind urkundlich erwähnt, arme Bauern aus den spanischen Nordprovinzen, die in die verlassenen

Dörfer mit ihren weißen Häusern einzogen. Es fließt also kein maurisches Blut in den Adern der heutigen Bevölkerung, jedoch die Erinnerung an die Araber lebt fort und wird beim alljährlichen Spektakel *Moros y Christianos,* Mauren und Christen, in spielerischen Kampfszenen nachgestellt.

Die Alpujarrer sind offene Menschen. Ich komme schnell mit ihnen ins Gespräch, doch ihre Freundschaft schenken sie mir nur zögernd. Erst als ich in Yegen Quartier nehme, werde ich zu ihnen eingeladen. Die würfelförmigen Häuser mit Flachdach, die früher einstöckig waren, haben heute fast alle ein zweites Stockwerk aufgesetzt. Unten sind die Stallungen, Vorratsräume und die Küche. Die Wände der Wohnküche sind weiß gekalkt, die Decke wird von grob behauenen Balken getragen und ist deshalb wellig und bucklig. Ein Tisch mit dicker Holzplatte und Stühle mit Flechtwerk, ein Schrank und Vorratskisten stehen in der Wohnküche. Abends nach der Arbeit sitzt die Familie am offenen Kamin. *Mosto,* selbst gemachter Wein, wird mir angeboten. Die Hausfrau bringt Weißbrot, Früchte und Scheiben eines köstlichen, langsam geräucherten und in Gebirgsluft abgehangenen Schinkens. Meine Gastgeber interessieren sich für Deutschland, fragen nach Köln, Bochum, Darmstadt. Woher sie diese Städte kennen? Überrascht erfahre ich, dass fast alle männlichen Einwohner des Dorfes einige Jahre in der Bundesrepublik gearbeitet hatten; nur die alten Leute, Frauen und Kinder waren zurückgeblieben. Nun sind die Männer heimgekehrt und haben vom ersparten Geld Grundbesitz gekauft. Heute gibt es niemanden mehr, der auf fremdem Land arbeiten muss. Bevor ich gehe, zeigt mir die Hausfrau das obere Stockwerk. In den Räumen stehen teure Möbel mit glänzendem Furnier, alles wie neu, weil man sich nur selten hier aufhält. Die Augen der Frau leuchten vor Stolz auf den durch harte Arbeit errungenen Besitz.

Bei Sonnenaufgang gehen die Bauern zur Arbeit auf die Terrassenfelder. Maultiere schleppen Tragkörbe, Esel sind bepackt mit Säcken und Geräten für die Feldarbeit. Hirten ziehen mit ihren Herden in die Berge. Der Himmel ist wolkenlos und leuchtet azurblau. Am Abend, wenn die Dämmerung herabfällt und den Himmel in aprikosenfarbene Töne taucht, kehren Bauern, Tragtiere und Tierherden in kleinen Trupps zurück ins Dorf.

Die Männer sitzen am späten Abend auf dem Dorfplatz und trinken ihren *mosto*. Der Tag geht zu Ende. Und so verrinnt die Zeit fast unmerklich. Das Leben der Menschen bewegt sich im Rhythmus der sie umgebenden Natur, ein sich ständig wiederholender Kreislauf, aus dem nur Geburt, Hochzeit und Tod als besondere Ereignisse herausragen.

Im Laufe der Jahre bin ich immer wieder in die Alpujarras zurückgekehrt. Inzwischen hat der Fortschritt auch diese einst abgelegene Gebirgsgegend erreicht. Teerstraßen wurden gebaut und verbinden die Alpujarras mit Granada und der Küste. Radio, Zeitungen und Fernsehen beeinflussen die Menschen und wecken Sehnsüchte. Schulen wurden gegründet; Analphabeten gibt es nur noch in der ältesten Generation. Die Kluft zwischen der archaischen Lebensweise der Alten und ihren Enkeln wird immer größer. Die Jugend zieht es in die modernen Städte und in die Touristenzentren am Mittelmeer, sie verachten das genügsame Dasein ihrer Vorfahren und wollen das entbehrungsreiche Leben nicht weiterführen.

Es gibt aber auch junge Menschen, die das Erbe bewahren wollen. In Yegen haben sich Jugendliche zusammengefunden, die auf Dachböden und in den Truhen ihrer Großeltern nach alter Kleidung stöbern. Sorgsam flicken sie die traditionellen Röcke, Blusen,

Hosen, Hemden, Jacken und tragen sie stolz an Festtagen. Ein Anfang ist getan, altes Kulturgut zu sammeln und zu bewahren.

Von Capileira, dem höchstgelegenen Ort der Alpujarras, wo ich dem Schnee der Sierra Nevada schon ganz nah bin, blicke ich hinaus aufs Mittelmeer und sehe einen Fischkutter, der wie ein dunkler Punkt über die Wellen tanzt.

PHILIPPINEN
Gastfreundliche Kopfjäger

*In den schwer zugängigen Bergen im Norden von Luzon, einer der 7107
philippinischen Inseln, sind Bergvölker beheimatet, die noch weitgehend
ursprünglich leben und ihre Traditionen bewahrt haben. Im Jahr 1984
wanderte ich durch das Hochland und besuchte drei verschiedene
Stämme: die Ifugao, die Kalinga und die Bontoc. Sie werden unter dem
Sammelbegriff Igoroten zusammengefasst, was bedeutet »Die in den
Bergen leben«.*

Acht braune Fäuste packen das Schwein, reißen es zu Boden und
fesseln seine Beine mit derben Stricken. Es ist ein riesiges Tier, und
die vier Männer haben Mühe, es aus der tiefen Schweinegrube, in der
es lebte, herauszuheben. Ein fünfter Mann eilt hinzu und stemmt
sich von unten gegen den runden Rücken des Tieres. Das arme Wesen quiekt gellend und schrill. Die Männer schleppen es zum Dorfplatz und schlachten es vor den Augen der Dorfgemeinschaft. Mit
ernsten Gesichtern verfolgen die Leute die Schlachtzeremonie. Die
Frauen tragen selbst gewebte Röcke, die bis zu den bloßen Füßen
reichen. Ihre langen, schwarzen Haare halten sie mit Bändern aus
Knochenperlen zusammen. Die Männer haben um die Hüften einen
Lendenschurz gebunden, den *bahag*. Auf ihren Köpfen sitzt ein Bast-
käppchen, in dem sie ihre wichtigsten Utensilien aufbewahren und
mit sich herumtragen.

Ich bin in einem Dorf der Bontoc zu Gast, einem Bergvolk auf den
Philippinen, und darf am Erntefest teilnehmen, das bedeutet für

mich: Ich muss vom Schweinefleisch essen. Bei dem Gedanken krampft sich mein Magen zusammen und sendet mir Warnsignale. Als Kind bin ich beinahe an einer Fleischvergiftung gestorben, seitdem erregt schon der Geruch von gekochtem Fleisch bei mir Brechreiz. Das Fleisch des toten Schweins wird in einem rußigen Kessel über offenem Feuer in viel Wasser mit etwas Salz gekocht. Inzwischen häufen die Frauen Reis in große Schüsseln. Mir reichen sie einen Löffel. Sie wissen, dass Ausländer nicht mit den Fingern essen. Als ich sehe, wie selbst die Kinder geschickt mit Daumen, Zeige- und Mittelfinger ein Essbällchen formen, es graziös auf den Fingern balancieren und mit dem Daumen in den Mund schnipsen, versuche ich es auch. Aber es ist schwer, den körnigen Reis in den Mund zu bekommen. Mein Bällchen zerbröckelt mir zwischen den Fingern, und meine Gastgeber lachen belustigt.

Die Menschen, die mich so friedfertig umringen und mit mir ihr Essen teilen, sind Bauern. Das sieht man ihren verarbeiteten Händen an, auch ihren von Wetter und Wind gegerbten Gesichtern. Was man aber nicht sieht: Sie waren Kopfjäger. Alte Männer berichten mir, nachdem ich ihr Vertrauen gewonnen habe, wie sie als Jünglinge in benachbarte Dörfer gezogen sind und dort Bewohner erschlugen, Frau, Mann, Kind oder Greis, und mit dem Kopf des Besiegten triumphierend ins heimatliche Dorf zurückkehrten. Sie glaubten, mit dem Menschenopfer die Fruchtbarkeit ihrer Felder zu verbessern, die Kinderlosigkeit von Frauen zu heilen und sich vor Dämonen und Krankheiten zu schützen. Heute gehe von ihnen niemand mehr auf Kopfjagd, beteuern meine Gastgeber, aber die Vergangenheit ist noch nicht erloschen. Sie lebt weiter in Geschichten und Liedern, und sie ist sichtbar am Körper der alten Männer; sie tragen Tätowierungen an Armen und am Oberkörper, die ihnen damals nach einer erfolgreichen Kopfjagd in die Haut geritzt wurden. Frauen wurden die Arme tätowiert, um sie vor Unfruchtbarkeit zu schützen. Bei den alten Frauen, die bei der Schweineschlachtung zuschauen, entdecke ich blassblaue Muster, die sich von den Handgelenken bis über den Ellenbogen erstrecken.

Nachdem das Schwein getötet und ausgenommen ist, betrachten die ältesten Frauen genau die Gedärme und die Leber des geschlachteten Tiers. Die Eingeweide geben Auskunft über die Zukunft des Dorfes und seiner Bewohner. Aufgabe der Frauen ist es nun, die Därme zu reinigen und mit dem vorher gesammelten Blut zu füllen. Als besondere Delikatesse wird das Kochwasser in eine halbierte, leere Kokosschale gefüllt. Auch mir wird eine Kokosschale mit Brühe gereicht. Ich halte die Luft an, um den Geruch nicht einzuatmen, und stürze die heiße Flüssigkeit auf einen Zug hinunter, damit sie mit meinen Geschmacksnerven nicht in Berührung kommt. Die Leute freuen sich, dass es mir so gut schmeckt, und füllen sogleich nach. Schon wird mir ein Stück Fleisch in die Hand gedrückt. Ich lasse es unauffällig in die Kokosschale mit der Brühe gleiten, die ich auf den Boden gestellt habe. Dankbar beobachte ich, wie sich ein Hund anschleicht und mich von Suppe und Fleisch erlöst.

Als weiblicher Gast habe ich den entscheidenden Vorteil, nicht im Mittelpunkt der Aufmerksamkeit zu stehen. Als Mann wäre ich Ehrengast und müsste neben den Männern sitzen. Sie würden mich mit Argusaugen beobachten, ob ich meinen Pflichten als Gast gerecht werde und dem Essen den nötigen Respekt erweise.

Meine Anreise war lang und beschwerlich gewesen. Von der Hauptstadt Manila war ich mit einem Bus bis zum Provinzort Baguio gefahren, von dort hatte ich mich zu Fuß auf den Weg gemacht. Je weiter ich auf meiner Wanderung nach Norden vordrang, umso wilder wurde die Landschaft. Hohe Berge, felsige Abstürze und tief eingeschnittene Täler machten das Wandern schwierig, belohnten mich aber mit phantastischen Ausblicken. Bevor es dunkelte, hielt ich Ausschau nach einem sichtgeschützten, möglichst ebenen Platz, baute mein Zelt auf und kochte mir eine Suppe.

Bis zur Ortschaft Bontoc konnte ich einer Piste folgen, die in abenteuerlichen Kurven an den Berghängen entlangführte. Dann gab es nur noch Pfade hinauf in die Berge. Ich folgte einem kaum sichtbaren Weg durch einen wild wuchernden Bergwald mit harzig duftenden Pinien und harten Gräsern. Dann nur noch Geröllfelder und Steinschutt. Ich glaubte mich verirrt zu haben, denn weit und breit war kein Anzeichen einer Siedlung zu sehen. Ich ging dennoch weiter, denn die Leute in Bontoc hatten mir den Weg genau beschrieben und erzählt, dass dort im Bergdorf noch ehemalige Kopfjäger leben, die in den nächsten Tagen ihr Erntefest feiern. Plötzlich senkte sich der Pfad hinab in ein Bergtal, und ich entdeckte die ersten steinummauerten Terrassenfelder. Die Igoroten betreiben Reisanbau und bauen Terrassen, in denen das Wasser stehen bleibt. Generationen dieser Bergbewohner haben in mühevoller Handarbeit die Terrassen in die Berghänge gehackt, Steinmauern zur Befestigung aufgeschichtet und ein effizientes Bewässerungssystem angelegt. Über Rohre, kleine Kanäle und Schieber wird der Zu- und Abfluss reguliert.

Gegen Abend, als das Licht die Berglandschaft in eine zauberhafte Stimmung taucht, erreiche ich die kleine Siedlung der Bontocs. Die Bewohner mustern mich, die Fremde, aufmerksam, halten sich aber höflich schweigend zurück. Zuerst verlieren die Kinder ihre Scheu und probieren an mir ihre englischen Sprachkenntnisse aus, denn selbst in dieser abgelegenen Gegend gehen die Kinder in die Schule. Jeden Morgen müssen sie zu Fuß einen weiten Weg bis zur Fahrpiste zurücklegen, wo sie mit einem Bus bis zum Ort Bontoc fahren, der so heißt wie ihr Stamm.

Die Kleinsten sind am mutigsten und üben gleich den Text für die morgige Schulstunde. Sie zeigen auf ihren Kopf und sagen: »*This is my head*«, dann auf die Augen, »*These are my eyes*«. Sobald sie am großen Zeh angelangt sind, beginnen die Kinder wieder am Kopf.

Die Häuser stehen auf Pfählen und sind mit Reisstroh gedeckt. Ich habe mein Zelt dabei und frage den Dorfältesten, wo ich es aufstellen darf. Er führt mich zu einem der Holzhäuser. Dort wohnt Prisca, eine alleinstehende Frau, mit ihren beiden Töchtern Kathleen und Sheryl. Er spricht mit der Frau, zeigt immer wieder auf mich. Sie nickt und lächelt mich an. Kathleen, die ältere der beiden Schwestern, sagt auf Englisch zu mir: »*You are welcome!*«

Das Haus hat nur einen Raum, in dem die kleine Familie lebt und der ich nun als Vierte zugeordnet bin. Da ich bei Einbruch der Dämmerung angekommen bin, ist es inzwischen bereits dunkel. In der Siedlung gibt es keine Elektrizität. Beim Schein einer Petroleumlampe rollt Prisca die Schlafmatten aus. Es sind fein geflochtene Schilfmatten, die sie auf den Boden legt. Der Raum, der tagsüber als Küche und Stube dient, wird nun zum Schlafzimmer.

Ich liege auf einer Matte zwischen den beiden Schwestern, die zehn und zwölf Jahre alt sind. Sie erzählen mir ihren Berufswunsch. Kathleen, die Ältere, will Ärztin werden und Sheryl Lehrerin. Später wollen sie auf keinen Fall in ihrem Bergdorf bleiben. Am liebsten würden sie nach Manila, in die Hauptstadt, ziehen. Wir plaudern lange. Von Prisca, der Mutter, kommt kein Einspruch, keine Ermahnung. Sie hört still zu. Bisher hat sie ihren Töchtern die Konversation überlassen und kaum etwas gesagt, dabei spricht sie besser Englisch als ihre Kinder, wie ich später erfahre. Sie hat als Sekretärin in einem Firmenbüro in der Provinzstadt Baguio gearbeitet und ist erst nach dem Tod ihres Mannes in den Heimatort zurückgekehrt. Auf Tagalog, der auf den Philippinen benutzten Sprache, sage ich: »Gute

Nacht.« Im Dunkeln spüre ich, wie ich rechts und links von beiden Mädchen einen Gutenachtkuss bekomme. Mich überrascht ihre Vertrautheit, schließlich kennen sie mich erst wenige Stunden. Sie kuscheln sich eng an mich. Aneinandergeschmiegt schlafen wir ein.

Am nächsten Tag frage ich Prisca, ob sie unser nächtliches Gespräch nicht gestört habe, und erfahre von ihr, dass die Igoroten ihre Kinder nicht mit Verboten, Vorwürfen und Strafen erziehen, sondern mit Verständnis und Rücksicht. »Wir befehlen unseren Kinder nie etwas. Wenn wir wünschen, dass sie etwas tun oder nicht tun sollen, bitten wir darum«, erklärt sie mir. Diese Methode scheint erfolgreich zu sein, denn während meines Aufenthaltes bei dem Bergvolk erlebe ich keinen Streit, niemand schreit oder wird laut. Eltern und Kinder gehen freundlich und rücksichtsvoll miteinander um.

Die beiden Mädchen führen mich am Morgen zur Quelle, wo wir Wasser holen und uns waschen. Die Morgenluft ist kühl, und das eisige Gebirgswasser jagt mir einen Schauer über die Haut. Die Mädchen sind nicht zimperlich, waschen sich von Kopf bis Zeh und bespritzen mich ordentlich mit Wasser.

Zum Frühstück essen wir Reis. Dann nehmen die Mädchen ihre aus Bast geflochtenen Schultaschen auf den Rücken und laufen den Berghang hinab zum Schulbus.

Ich begleite Prisca zu ihrem Terrassenfeld, wo sie außer Reis auch Camote und Kassava anpflanzt, beides stärkehaltige Knollengewächse. Später wandern wir zum Bach, um Wäsche zu waschen. Auf dem Weg durchs Dorf zeigt Prisca auf ein Gebäude, das sich von den anderen Häusern durch seine Länge unterscheidet. »Das ist der *ato,* das Männerhaus«, erklärt sie mir. „ Der Schlafplatz für unverheiratete Männer und Versammlungsort, um Zeremonien vorzubereiten.«

Einen Häuptling, der alles bestimmt, gibt es bei den Igoroten nicht, erfahre ich von meiner Gastgeberin. Jeder Mann kann sich zu

Wort melden und seine Meinung vorbringen, wobei die Ratschläge der Älteren besonderes Gewicht haben. Prisca hält nicht viel von den Versammlungen im Männerhaus. Sie meint: »Ach, die Männer, die verbringen den Tag mit Gelaber und betrinken sich mit Reiswein, während wir die Arbeit auf den Feldern machen, das Haus und die Kinder in Ordnung halten. Wir lassen die Männer reden und kümmern uns nicht darum, denn in Wirklichkeit bestimmen wir, wo es langgeht.« Sie scheint recht zu haben, zumal bei den Igoroten und auch bei den anderen Volksgruppen auf den Philippinen es die Frauen sind, die das Einkommen der Familie verwalten.

Es ist heute nicht mehr festzustellen, woher die Igoroten ursprünglich stammen. Wahrscheinlich kamen bereits in vorgeschichtlicher Zeit Menschen in mehreren Einwanderungswellen von Südchina und Indonesien zu den Philippinen. Mit kleinen Holzbooten landeten sie an den Küsten und siedelten sich im Land an. Kulturelle Parallelen lassen sich noch heute zur Bevölkerung Thailands, Borneos und Vietnams finden. Im zerklüfteten Bergland Nord-Luzons fanden sie günstige Lebensbedingungen und konnten durch die Abgeschiedenheit bis heute einige ihrer Traditionen bewahren. Durch den Einfluss der christlichen Missionare wurden jedoch die alten Riten verändert. Früher spielten die Schamanen eine wichtige Rolle innerhalb der Dorfgemeinschaft, heute ruft man sie nur noch selten zu Hilfe. Doch der Respekt und auch die Furcht vor ihren Zauberkräften ist geblieben, und nur heimlich zeigt man mir die am Dorfrand stehende Hütte eines Schamanen. Er sei gerade nicht zu Hause, flüstert man mir zu.

Die Ältesten erlauben mir, bis zum Erntefest im Dorf zu bleiben, und Prisca gewährt mir weiter Gastfreundschaft in ihrem Häuschen. Eines Morgens, als der Nebel die Täler mit dicken Wattedecken ausfüllt, ertönt das rhythmische Schlagen einer Trommel, das Klirren und Scheppern von Schlagstöcken und Rasseln. Die ungewohnten Geräusche haben mich aus dem Schlaf gerissen. Ich springe auf und schaue zur Tür hinaus. Durch das Dorf zieht eine Gruppe Männer. An der Spitze die fünf Ältesten, außer einem Lendenschurz sind sie nackt. Blassblaue Tätowierungen zieren ihre Oberkörper mit Mustern, die sich über Hals, Brust und Schultern schlingen. Drohend recken sie hohe Eisenspieße in die Luft. Auf dem Kopf tragen die Männer eine Art Krone aus roten und gelben Federn. Ihnen folgen die Musikanten. Trommelnd und rasselnd marschiert die Prozession aus dem Dorf hinaus und umkreist die umliegenden Felder. Inzwischen wird die Schlachtung des Schweins vorbereitet als Dank an die Götter für die gute Ernte und als Bitte, dass auch die zukünftige Ernte gut sein möge.

Prisca erzählt mir, dass früher das Schweineschlachten noch eine andere wichtige Bedeutung hatte – nämlich den Frieden zu sichern. »Bodong« nennt man dieses Friedenspaktsystem, wobei dem gemeinsamen Verzehr des Schweinefleisches eine entscheidende Rolle zukam. Zuvor musste aber ein Friedenshalter in Aktion treten, der aus der Gruppe der ältesten und weisesten Männer gewählt wurde. Beide Gruppen kamen unter der Leitung des Friedenshalters zusammen, wobei jede der verfeindeten Parteien Gelegenheit erhielt, ihre Argumente vorzutragen. Der Friedenshalter hatte dabei die Aufgabe, ausgleichend und versöhnend zu wirken. Die Streitgespräche dauerten so lange, bis der Konflikt gelöst war. Danach wurde gegessen und getrunken, und die Teilnehmer waren bei ihrer Ehre verpflichtet, den Friedenspakt einzuhalten. Wer gegen ihn verstieß, wurde von der eigenen Dorfgemeinschaft ausgeschlossen.

»Bei uns Bontoc gab es schon lange keinen Streit mehr zwischen unseren Dörfern. Ohne Gefahr können wir jede Bontoc-Siedlung besuchen. Früher war das nur zwischen Dörfern möglich, die einen

Friedenspakt hatten. Aber weiter nördlich leben die Kalinga. Sie sind die kriegerischsten von uns Igoroten und regeln noch heute ihre Auseinandersetzungen mit Friedenspakten und schlachten dabei viele Schweine«, erzählt Prisca.

Nach dem Essen bilden sich Gruppen, getrennt nach Alter und Geschlecht. Die alten Männer hocken im Kreis am Boden und singen monoton in einer Art Sprechgesang. Abwechselnd trägt jeder der Männer einige Verse vor, am Ende fallen die anderen ein und wiederholen einen Refrain. Die für mich unverständlichen Worte der Bontoc-Sprache könnten ungefähr so lauten: »Ja, ja, so war es gewesen, genau so, wie du gesagt hast.« Ich bin überzeugt, dass es gesungene Geschichten sind, die von wirklichen Begebenheiten und Ereignissen aus der Vergangenheit des Dorfes berichten. Ich bitte Prisca, mir einige der Lieder zu übersetzen, aber sie schüttelt bedauernd den Kopf. Nein, das dürfe sie nicht, es seien Stammesgeheimnisse. Dennoch höre ich fasziniert zu.

Am nächsten Tag verabschiede ich mich von meinen Gastgebern. Kathleen und Sheryl bestürmen mich: »Du musst wiederkommen! Versprichst du es?«

Ich wandere weiter nach Norden, um noch die Ifugao und Kalinga kennenzulernen. Unterwegs begegne ich Frauen, die mit Bündeln beladen oder mit Hacken auf den Schultern zu den Terrassen ziehen. Die Felder werden für die nächste Reissaat vorbereitet und mit Zwischenfrüchten wie Camote und Kassava bepflanzt. Ein friedliches Leben. Nur bei den alten Menschen sind noch immer die Angst und Erinnerung an die damalige Kopfjagd wach – wie bei der Großmutter, die mir auf einem schmalen Gebirgspfad entgegenkommt. Gebeugt unter einem schweren Sack mit Camote hält sie erschrocken inne, als ich ihr erzähle, dass ich in das benachbarte Gebirgstal wandere. Sie ist überzeugt, dort würden noch immer Kopfjäger leben.

WEGE

So weit die Füße tragen

SCHOTTLAND
DEUTSCHLAND
SPANIEN
ARGENTINIEN

SCHOTTLAND
Die Einsamkeit der Regenberge

Im Jahr 1979 konnte ich als Biologin an einem Erfahrungsaustausch mit englischen Wissenschaftlern in London teilnehmen. Anschließend wanderte ich in Schottland durch die Cairngorm Mountains. Ich wollte Erfahrungen sammeln und herausfinden, ob ich mit dem Alleinsein in einer mir unbekannten Gegend zurechtkomme. Meine Ausrüstung war nicht optimal, ein Zelt besaß ich damals noch nicht.

Platsch! Ein Wassertropfen klatscht auf mein Gesicht. Schlaftrunken wische ihn weg. Noch einer! Und dann prasselt der Regen auf mich herab. Unwillig ziehe ich mir die Plastikplane über den Kopf. Ich bin müde und will weiterschlafen. Den Schlaf habe ich mir hart verdient, denn am Tag zuvor bin ich mit schwerem Rucksack von morgens bis abends durch die Gegend gestapft. Selbst ein schottischer Landregen kann mich mitten in der Nacht nicht aus meinem warmen Schlafsack vertreiben. Aber das Wasser dringt unerbittlich von allen Seiten unter die Plane. Stur stelle ich mich schlafend, doch es nützt nichts. Als sich in einer Vertiefung eine Pfütze angesammelt hat, fließt das Wasser in meinen Schlafsack. Wie bin ich bloß auf den Gedanken gekommen, eine Wanderung durch Schottland zu machen? Dazu noch ohne Zelt, wo doch jedes Kind weiß, dass es dort so viel Regen wie Schafe gibt. Um nicht völlig durchnässt zu werden, stehe ich auf und packe meinen Rucksack. Der Regen hat mich munter gemacht, jetzt muss ich mich nur noch warm laufen. Jacke und Überziehhose sind wasserdicht, und den Rucksack schützt eine Hülle, aber in meine Wanderschuhe quillt das Wasser und bei jedem Schritt wieder hinaus.

Als Gebiet für meine Erfahrungstour habe ich die Cairngorm Mountains im Herzen Schottlands gewählt. Sie liegen zwischen Edinburgh im Süden und Inverness im Norden. Der höchste Berg ist der Ben MacDhui mit immerhin 1309 Metern. Nicht gerade hoch für jemanden wie mich, die schon im Himalaja war und am Wochenende in den Alpen wandert. Aber nicht die Höhe ist das Besondere an diesem Gebirge, sondern die Einsamkeit. Drei Wochen lang will ich einmal ganz allein sein, niemandem begegnen, unabhängig und frei umherstreifen, die Zivilisation und das tägliche Einerlei mit seinen Zwängen, Pflichten und Problemen hinter mir lassen und ein Teil der Natur werden. Karte und Kompass habe ich dabei, doch offizielle Wege, die auch andere Wanderer benutzen, meide ich. Ich will in Schottland so tun, als wäre ich in menschenleerer Wildnis unterwegs. Das ist ein Test. Ich möchte herausfinden, ob ich geeignet bin, später einmal auch abenteuerliche und harte Wildnistouren durchzustehen.

Scheinbar endlos reihen sich die Bergketten aneinander. Durch kniehohe, sperrige Heidebüsche und Farnkraut kämpfe ich mich mit schwerem Gepäck ohne Weg oder Pfad einen Hang hinauf. Oben schaue ich mich um und erblicke sanft geschwungene Hügel bis zum Horizont. Nach einer Wanderwoche habe ich den Eindruck, die Welt bestehe nur noch aus Bergkuppen, die sich endlos und ewig immer weiter schwingen.

Schottland, das mit einer Fläche von 78 770 Quadratkilometern, etwas größer ist als Bayern, hat nur fünf Millionen Einwohner. Sie leben vor allem in den *Lowlands*, den Tälern und Ebenen. Im Gebirge, den dünn besiedelten *Highlands,* findet man nur fünf bis sechs Menschen pro Quadratkilometer. Zum Vergleich: In Deutschland wohnen durchschnittlich 250 Personen auf gleicher Fläche.

Ich kann mir vorstellen, dass Besucher von Schottland enttäuscht sind, die mit dem Auto auf der von Touristen viel benutzten Strecke von Edinburgh nach Loch Ness unterwegs sind. Die kahlen Bergrücken bieten beim schnellen Blick kein landschaftliches Erlebnis, wirken langweilig und öde. Wer die wilden, rauen *Highlands* richtig erleben will, muss wandern. Mich begeistert das Panorama kahler Berge, die runden Kuppen, die weiten Kare, wo Steinadler ihre Horste bauen und der Seeadler auf Fischjagd geht. In den Trogtälern liegen schmale Seen, die von der Eiszeit ausgeschliffen wurden und hier *Lochs* genannt werden. Ich erfreue mich an den einsamen Heiden und Mooren, wo ich Wollgras, Fettkraut und Sonnentau bewundere und Moorschneehühner beobachte, die schwirrend vor meinen Füßen aufsteigen.

Obwohl die Berge niedrig sind – nur wenige erreichen eine Höhe von tausend Metern –, wirken sie alpin. Bäume gibt es nur vereinzelt und noch seltener kleine Waldinseln, stattdessen überall dürre Grasmatten, knorriges Heidekraut und Farne. Dort, wo gar nichts mehr wächst, haben sich Schutthalden und Erosionskegel gebildet mit weiten und tiefen Tälern.

Früher sah Schottland ganz anders aus. Dichte Wälder bedeckten 80 Prozent des Landes, heute sind es nur noch vier Prozent. Wo sind die Bäume geblieben? Sie wurden erbarmungslos abgeholzt. Angefangen mit dem Raubbau haben die Wikinger, die Holz für ihre Drachenboote benötigten. Danach rodeten die Kelten das Land, um Weiden für ihr Vieh zu gewinnen. Während der jahrhundertelangen, immer wieder aufflammenden Kämpfe zwischen Engländern und Schotten zündeten die verfeindeten Völker die Wälder an, um Übersicht und freie Flächen für die Schlachten zu haben. Im Zeitalter der Industrialisierung wurden riesige Mengen Holz für die Dampfmaschinen, den Bergbau, die Erzschmelzen benötigt. Und niemals wurde aufgeforstet.

Erst seit 1919 gibt es in Großbritannien eine Forstbehörde und ein Forstgesetz. Aber Bäume werden in den Cairngorms trotzdem nicht gepflanzt, denn Millionen Schafe streifen frei durch die Gegend. Nur zwei Mal im Jahr treiben Hirten mit ihren schwarz-weißen Collies die Schafe zusammen. Die Alttiere werden geschoren und die Lämmer gekennzeichnet, dann sind die Tiere wieder sich selbst überlassen und halten sich an der Vegetation schadlos. Da hat ein Baumschössling keine Chance.

Meine Route durch die Cairngorm Mountains führt von Aviemore im Nordwesten nach Braemar im Südosten. Um Gewicht zu sparen, habe ich zwar einen Kochtopf dabei, aber keinen Kocher. Wenn ich kochen will, muss ich also erst einmal Holz suchen gehen. In einer Landschaft, wo kaum Bäume und nur wenige Büsche wachsen, ein schwieriges Unterfangen, so hatte ich befürchtet. Aber weit gefehlt. Es gibt dürres Heidekraut, abgestorbene Wurzeln und Äste von Zwergsträuchern, und an den Flüssen und Seen finde ich angeschwemmtes Holz. Feuer zu machen ist für mich kein Problem. Denn ich habe vorausgedacht und war auf eine im wahrsten Sinne des Wortes zündende Idee gekommen: Mit Kerzen lässt sich Holz entflammen, selbst wenn es vom Regen feucht ist.

Gegen Mittag, nachdem mich der Regen mitten in der Nacht zum Aufstehen gezwungen hatte, klart es endlich auf. Mein durchnässter Schlafsack trocknet im heftig wehenden Wind. Inzwischen suche ich Feuerholz und beginne zu kochen. Während ich meine Suppe löffle, nähern sich neugierig und zugleich vorsichtig einige Schafe. Ohne Hund und Hirten und nicht durch ein Gatter eingezwängt, vagabundieren sie in kleinen Trupps umher. Als es nichts zu sehen gibt als einen essenden Menschen, ziehen sie wieder von dannen.

Ich befestige den rußgeschwärzten Topf außen am Rucksack und wandere weiter.

Abends suche ich nach einem geeigneten Platz für das Nachtlager. An einem Berghang finde ich eine flache Stelle, von Zwergsträuchern umwachsen, über die ich meine Plane spannen kann. Im Schlafsack liegend, müde von der Tour, sehe ich zu, wie der Tag langsam von der Nacht verdrängt wird. Die umgebenden Berge verschwimmen allmählich, sind in ein eigenartiges bläuliches Licht gehüllt. Unterhalb meines Lagers murmelt und gluckst ein Wildbach, ab und an dringen aus der Ferne die Rufe von Schafen durch die Stille.

In der Nacht regnet es wieder, aber am nächsten Tag strahlt die warme Augustsonne von einem leuchtend blauen Schottlandhimmel. Wieder kämpfe ich mich durch unwegsame Heide, oft ist der Boden weich und federt unter meinen Schritten. Ich gehe über Hochmoore, in denen sich Torf gebildet hat. Eidottergelb leuchtet es zwischen dem Heidekraut. Es sind Pfifferlinge, eine leckere Ergänzung für mein Mittagsmahl.

Am Spätnachmittag türmen sich blauschwarze Gewitterwolken auf. Ein berauschend schönes Schauspiel. Ich sehe den Wolken zu, wie sie drohend heranwogen und das letzte verbleibende Himmelsblau einschließen, den Kreis immer enger schnüren, bis sie schließlich die alleinige Herrschaft über den Himmel gewonnen haben. Das Sonnenlicht erlischt, und die Landschaft wirkt eigenartig verwunschen. Kein Geräusch, kein Laut ist zu hören. Die Luft selbst scheint den Atem anzuhalten. Ab und zu schießen noch einzelne Sonnenstrahlen durch die dicke Wolkenmauer, lassen das Wasser in den Seen und Bächen golden aufleuchten und verleihen dem Birkenlaub einen märchenhaften Schimmer. Einzelne dürre Bäume strecken ihre abgestorbenen Äste in die Düsternis.

Aber mir fehlt die Ruhe, um die eindrucksvolle Stimmung in mich aufzunehmen. Denn ich habe Angst, dass mich ein Blitz treffen und erschlagen könnte. An einem Hang finde ich Deckung unter den mächtigen Wurzeln einer umgestürzten Kiefer. Zwischen den Wurzeln kann ich die Plane wie ein Zelt aufspannen. Bangend hocke ich darunter und betrachte die Wolken, die bedrohlich über mir hängen, immer dicker und schwärzer werden und sich immer näher herabsenken. Wie von selbst fallen mir die bekannten Sprüche ein: Von den Eichen sollst du weichen, Buchen sollst du suchen. Beide Baumarten sind nicht vorhanden, am Berghang wachsen nur ein paar dünne Birken, und dann ist da noch die umgekippte Kiefer, deren Wurzelgeflecht mir Zuflucht bietet. Eine andere Warnung vor Blitzen lautet: Wasser zieht Blitze an. Wasser ist hier im Übermaß vorhanden: Bäche, Seen, und selbst der Boden ist mit Feuchtigkeit vollgesogen. So gesehen, bin ich nirgends vor einem Blitz sicher. Wie eine Maus, die schon in der Falle sitzt und nur noch wartet, dass die Tür zuschlägt – so hocke ich unter der Wurzel.

Noch immer höre ich keinen Donner und sehe keine Blitze, dafür tobt jetzt der Sturm. Vielleicht hätte ich ihn in sicherer Unterkunft als harmlos empfunden. Doch hier bin ich direkt mit den Naturgewalten konfrontiert, erlebe sie als ungebändigte Kraft, der ich schutzlos ausgeliefert bin. Der Sturm heult ungehindert weiter. Die Nacht beginnt. Eingerollt wie ein Embryo liege ich zwischen den Wurzeln und schlafe ein. Später wache ich noch einmal auf. Unter meiner Zeltplane liegend, blicke ich hinaus in die Dunkelheit und sehe Sterne leuchten. Der Nachthimmel ist klar, keine einzige Wolke mehr – der Sturm hat sie fortgeblasen. Beruhigt schlafe ich weiter.

Am nächsten Morgen wasche ich mich tapfer am kalten Bach und marschiere nach einem kräftigen Frühstück in Richtung eines Bergrückens, der weiter hinauf zum Ben MacDhui führt. Meine Schritte werden bald im wahrsten Sinne des Wortes gedämpft: Nebel! Watteweicher, die Sicht verbergender, milchweißer Dunst. Doch wozu habe ich den Kompass? Mithilfe der Karte lege ich die Marschrichtungszahl fest und gehe weiter. Oben auf dem Gipfel tanzen die Hexen, Nebelfiguren, die sich zu Säulen aufbauen, plötzlich zusammenfallen, um wallend in neuer Form wieder zu erscheinen. Ich warte, krame Essen aus dem Rucksack, hoffe, der Nebel verzieht sich, damit ich die Aussicht genießen kann.

Plötzlich braust Wind über die Berge. Zunächst freue ich mich, er wird den Nebel vertreiben, wie gestern die Gewitterwolken. Doch er bläst immer heftiger, beutelt mich erbarmungslos wie mit einer unsichtbaren Riesenhand. Regen peitscht mir schmerzhaft ins Gesicht. Doch dem Nebel kann all das nichts anhaben. Er wird immer dichter. Ich fühle mich wie in einer dampfenden Waschküche und kann kaum die Hand vor Augen erkennen. Eigenartig und beklemmend ist der Nebel, weil er die Sicht verbirgt und die Geräusche unhörbar macht. Ich kann nichts mehr sehen und hören und glaube mich ringsum von Gefahr umgeben. Sie umzingelt mich, rückt immer näher heran. Ich spüre den Impuls, in Panik davonzustürzen. Doch ich weiß, das wäre mein Verderben. Denn das breite Gipfelplateau ist an den Seiten von steilen Kliffs umgeben. Wenn ich im Nebel der Abbruchkante zu nahe käme ... Ein Schritt ins Leere, und ich würde die Felsen hinabstürzen. Fuß vor Fuß taste ich mich voran, bis ich hinter einigen größeren Steinen mein Lager einrichten kann.

Mit Regen werde ich in den nächsten Tagen noch reichlich überschüttet und vom Nebel immer wieder am Weitergehen gehindert. Keinem einzigen Menschen begegne ich bei meiner Wanderung – dafür vielen Tieren. Ich überrasche einen Hirsch mit herrlichem Geweih, als er an einem Bach seinen Durst stillt, stöbere Moorschneehühner auf und beobachte Fischadler, wie sie über der weiten Landschaft dahinschweben. Ich lerne, mich in der Natur zu bewegen und mit ihr zu leben. Immer mehr habe ich das Empfinden, in enge Beziehung und intensiven Austausch mit der Umwelt zu treten. Von Tag zu Tag erscheint sie mir vertrauter, aber gleichzeitig auch geheimnisvoller.

Oft wünsche ich mir jemanden, mit dem ich diese Erfahrungen teilen könnte. Aber ich weiß auch, dann wäre die besondere Stimmung, das Geheimnisvolle nicht so stark spürbar. Das Wandern über die Gipfelkämme in einer baumlosen, bis zum Horizont sich ausdehnenden Landschaft weitet meinen inneren Horizont. Die Mühe, mich täglich um Essen, Trinken, Feuerholz und den Schlafplatz zu kümmern, vermittelt mir eine elementare Freude am Leben, als würde mir ein neuer Daseinssinn geschenkt.

Und doch: Als ich nach meiner vierzehntägigen Wanderung die Türme vom Schloß Braemar erblicke, jubele ich innerlich. Wie froh bin ich, wieder in die Zivilisation eintauchen zu können. Nicht zuletzt, weil meine Vorräte bis zur letzten Haferflocke aufgebraucht sind. Meine Füße benötigen Ruhe, durch das Wandern mit schwerem Gepäck auf sumpfigweichem Boden sind sie wund gelaufen und schmerzen bei jedem Schritt. Dennoch, als ich in der Herberge unter der Dusche stehe, wird mir klar: Ich habe die zu mir passende Art des Unterwegsseins gefunden. Während das heiße Wasser über meinen Körper rinnt, denke ich daran, wie ich mich morgens an kalten Bächen gewaschen habe, und als ich im weichen Bett liege, erinnere ich mich an das Moorhuhn, das eines Abends herbeigeflogen kam, sich auf einen dürren Ast dicht über meinem Lager setzte und neugierig auf mich herabschaute, als wolle es meinen Schlaf bewachen.

DEUTSCHLAND
Winterwanderung im Hunsrück

In meiner Kindheit wünschte ich mir, dass wir das Weihnachtsfest drau-ßen im Wald feiern würden. Gern hätte ich sogar auf Geschenke ver-zichtet, wenn wir die Weihnachtsnacht in der Natur verbracht hätten. Meine Eltern konnte ich dafür nicht begeistern, aber sie erlaubten mir, bis zur abendlichen Bescherung mit meinen Skiern im Wald unterwegs zu sein. Sobald es dunkelte, kehrte ich zurück, so schwer mir der Abschied von der Winterwelt auch fiel. Wenn ich erwachsen bin, feiere ich Weih-nachten in der Natur, tröstete ich mich dann. Im Dezember 1986 verwirk-lichte ich endlich diese Idee.

Es ist still. Nur meine Schritte knirschen im Schnee. Ich bleibe stehen, lausche. Nichts. Stille. Eine Welt ohne Töne, eingehüllt in weichen, jeden Laut schluckenden Schnee. Ich schaue zurück über das freie Feld, dessen weiße Decke mit meiner Spur gezeichnet ist. Zwischen den schlanken Säulen des Waldes glüht es orange, flammt es in Rot, als brenne der Wald. Es ist die Sonne, die gerade aufgeht. Sehr spät an diesem Wintermorgen des 24. Dezember. Als habe die Sonne ein Zeichen gegeben, segeln Schneeflocken auf die Erde.

Seltsam fühlt es sich an, im verschneiten Winterwald zu wandern. Die Menschen scheinen weit weg zu sein. Als wäre ich allein in einem fernen Land und nicht im dicht besiedelten Deutschland. Die Tage zwischen Weihnachten und Neujahr will ich in der Natur ver-bringen. Für mein Wintererlebnis habe ich den Soonwald im Huns-rück gewählt. Da ich Kälte, Schnee und Wintereinsamkeit intensiv erleben möchte, bin ich nur mit Rucksack und Zelt unterwegs. Skier habe ich keine dabei, um unabhängig von der Witterung zu sein. Ich folge einem verschneiten Weg, der kaum noch sichtbar ist. Schritt für Schritt hinterlasse ich meine Spur im glitzernden Schnee. Unberührt liegt das Weiß vor mir. Kein Mensch ist vor mir hier gegangen. Dennoch bin ich nicht allein in dieser Winterwelt, wie mir andere Spuren zeigen. Ein Hase ist kürzlich vorbeigehoppelt, Rehe haben ihre Trittsiegel wie Tupfer in den Schnee gesetzt, und sogar ein Hirsch ist über den Weg gewechselt. Dort drüben, zwischen den Fichten, haben Wildschweine eine tiefe Rinne in den Schnee gepflügt, hinter dem Busch schmücken die zarten Eindrücke von Mäusefüßchen die weiße Pracht. Und hier ist ein Vogel gehüpft und hat ein filigranes Muster geschaffen, drei Krallenabdrücke vorn, einer hinten. Das dort kann nur ein Marder gewesen sein – runde Trittsiegel, gleichmäßig immer zwei nebeneinander. Auch der Fuchs war da, hat seine Anwesenheit in den Schnee »geschrieben«; gleich einer Perlenschnur reihen sich seine Pfotenabdrücke aneinander. Der Schnee ist wie ein Buch, das offen vor mir liegt und in dem ich lesen kann, welche Tiere in der vergangenen Nacht und am frühen Morgen hier waren.

Beschwingt wandere ich dahin. Bäume schneiden mit ihren kahlen Ästen einen schwarzen »Scherenschnitt« in das wolkenlose Blau des Winterhimmels. Allmählich steigt die Sonne immer höher, scheint warm auf das im Schnee versunkene Land. Ein Trupp Tannenmeisen zwitschert mit glockenhellen Stimmchen im Geäst. Ein rotbrüstiger Gimpel lässt sehnsuchtsvolle Töne erklingen, als würde er dem letzten Sommer nachtrauern. Den Schwanzmeisen dagegen scheint die Winterstimmung gerade recht zu sein. Lebhaft turnen sie zwischen den Zweigen, wippen mit ihren Schwänzen, doppelt so lang wie der übrige Körper. Im Volksmund tragen sie deshalb den Namen Pfannenstielchen. Ein Kleiber im elegant stahlgrauen und rostroten Federkleid läuft Baumstämme hinauf und kopfüber wieder hinunter. Von den Sonnenstrahlen hervorgelockt, springt ein kaffeebraunes Eichhörnchen von Ast zu Ast.

Eine frohe Stimmung, hell und licht, durchflutet mich. Noch eine leichte Steigung, dann stehe ich auf dem Gipfel des Hochsteinchen. Mit 684 Metern ist er die vierthöchste Erhebung des Soonwaldes. An höchster Stelle ragt das Gittergestell eines Aussichtsturms empor. Ich steige hinauf und erfreue mich an dem weiten Rundblick. Angefüllt mit Schnee ist die Welt, alle menschlichen Lebensspuren verbergend. Ich fühle mich, als wäre ich der letzte Mensch auf Erden.

Früher, als es tatsächlich noch keine Menschen gab, erstreckten sich hier überhaupt keine Berge, sondern ein Meer. Durch gewaltige Bewegungen der Erdkruste wurde Millionen Jahre später ein mächtiger Gebirgszug emporgepresst, das Variskische Gebirge, damals höher als heute der Himalaja. Über Jahrmillionen nagte die Erosion am Gestein und ebnete die Berge wieder ein. Nur die flachen Erhebungen unserer Mittelgebirge sind von dem einst riesigen Hochgebirge, das Höhen über 12 000 Meter erreichte, übrig geblieben. Irgendwann wird auch dieser letzte Rest verschwunden sein, und wieder werden Meereswogen rauschen.

Wie im Zeitraffer sehe ich in Gedanken die Epochen vorüberziehen, gemessen an der Kürze eines menschlichen Lebens sind es unbegreifliche Zeiträume. Während wir die Erde scheinbar unveränderbar fest und sicher unter unseren Füßen fühlen, ist sie doch in Wahrheit ständigem Wandel und Wechsel unterworfen. Gebirge entstehen und vergehen, Meere überspülen das Land, und neue Kontinente wachsen aus dem Wasser empor.

Zerzaust vom Wind stehe ich noch immer hoch oben auf dem Aussichtsturm. Gedankenschnell eilen Erdäonen dahin, und ich erblicke selbstvergessen Vergangenheit und Zukunft. Doch als ich hinabsteige, hat mich die Gegenwart wieder. Denn kurz sind die Tage im Winter, und bald muss ich mich nach einem Übernachtungsplatz umsehen. Die Dämmerung beginnt bereits am frühen Nachmittag. Sichtgeschützt baue ich in einer Fichtenschonung mein Zelt auf. Mir graut vor der langen Nacht, die am 24. Dezember 16 Stunden dauert. Um die Nachtzeit zu verkürzen, lasse ich mein Zelt allein zurück und steige auf den 650 Meter hohen Opel. Gerade als ich am Gipfel ankomme, geht die Sonne unter. Für einen Moment hängt sie wie eine glutrote Weihnachtskugel zwischen den Ästen einer Fichte. Ein leuchtender Weihnachtsgruß ganz speziell für mich, passend zu Heiligabend.

Der Himmel glüht kurz in Altrosa und Taubengrau, wenige Minuten später senkt sich die Nacht über die Erde. Ich steige hinab und suche den Weg zurück zum Zelt. Nachdem die Sonne verschwunden ist, wird es immer kälter. Eisig fühlt sich die Luft beim Einatmen an und lässt die Nasenlöcher zusammenkleben, ein Zeichen, dass es unter 10 Grad minus ist. Der Schnee knirscht hart unter meinen Tritten. Irgendwo bellt erschrocken ein Rehbock. Kein Stern leuchtet, auch der Mond bleibt hinter Wolken verborgen; es ist stockdunkel. Ich will mich nicht durch den Schein der Taschenlampe verraten und knipse sie nur hin und wieder an, um zu prüfen, ob ich noch der Spur folge, die ich zuvor in den Schnee getreten habe. Ich darf mein Zelt nicht verfehlen. Bei diesem Frost sind ein Zelt und ein warmer Schlafsack für mich lebensnotwendig, anders bei den Tieren des Waldes, die ohne diesen Schutz auskommen.

Erst als ich dicht davorstehe, erkenne ich mein Zelt. Erleichtert öffne ich den Reißverschluss und krieche hinein. Mein Körper ist vom Gehen warm, und ich kuschle mich gleich in den Schlafsack. Gern würde ich lesen, aber ich will die Batterie der Taschenlampe nicht unnötig verbrauchen. Im Dunkeln liege ich da und bin überhaupt nicht müde. Ich kann nichts anderes tun als nachdenken. Und ich stelle mir vor, wie jetzt an vielen Orten der Welt Menschen Weihnachten feiern. Von Licht und Wärme umgeben, in fröhlicher Gemeinschaft und mit einem guten Essen auf dem Tisch. Meine Freunde werden mich als verrückt bezeichnen, wenn sie erfahren, dass ich ausgerechnet an Heiligabend in einem Zelt allein im Wald übernachte. Trotz Matte und Schlafsack spüre ich die Kälte des vereisten Bodens. Ich denke zurück an die Weihnachten, die ich bisher erlebte, und irgendwann bin ich eingeschlafen.

Als ich wieder aufwache, ist es noch immer dunkel. Sehnsüchtig warte ich auf den neuen Tag. Will es denn überhaupt nicht hell werden? Endlich, gegen neun Uhr, verdrängt das Licht die Nacht. Es kostet Überwindung, den warmen Schlafsack zu verlassen, obwohl ich diesen Moment herbeigesehnt habe. Es ist nicht nur kalt, sondern auch feucht, die Zeltwände sind tropfnass von meinem Atem. Wenn ich daranstoße, regnen Tropfen auf mich herab. Meine Stimmung ist grau wie die tief hängenden Wolken. Die Erinnerung an den gestrigen Tag im Sonnenzauber liegt weit zurück.

Ich irre umher auf der Suche nach dem Wanderpfad, der auf meiner Karte eingezeichnet ist, kann jedoch keinen Weg erkennen. In der Nacht ist viel Schnee gefallen. Und es schneit weiter, mal dicht und flockig oder pappig feucht, sogar harte Graupelkörner prasseln auf mich herab. Der Winter zeigt sich experimentierfreudig. Eine Landschaft ist in dieser grauen Eintönigkeit nicht sichtbar. Völlig zerschlagen krieche ich am Nachmittag, als es schon wieder dunkelt, in Zelt und Schlafsack. Diesmal bin ich redlich müde; acht Stunden habe ich mich pausenlos durch weiße Massen gewühlt, von Tagesbeginn bis zur Dunkelheit, nirgendwo konnte ich mich ausruhen. Es rieselt sacht auf das Zeltdach, als wolle es nie mehr aufhören zu schneien.

Am zweiten Weihnachtstag ist von meinem Zelt nur noch die

Spitze zu sehen. Mit den Händen schiebe ich den Schnee vom Eingang weg, was mir keine Mühe macht, denn er ist locker und flockig. Der Himmel ist trübgrau wie gestern oder noch schlimmer. Weil die Wege meterhoch vom Schnee bedeckt sind, muss ich meinen Plan ändern und vom Sooner Höhenrücken in ein besiedeltes Tal absteigen. Ich studiere die Karte, und meine Wahl fällt auf das Gräfenbachtal. Es ist ein enges Tal, dessen Hänge beidseits mit Obstbäumen bewachsen sind, die sich unter der Schneelast biegen. Am mäandrierenden Gräfenbach wuchert sperriges Ufergebüsch. Lange Eiszapfen hängen bis zur Wasserfläche herab. Noch immer fällt der Schnee in weichen Flocken. In der Ferne erblicke ich eingebettet in Schneeeinsamkeit eine winzige Ortschaft und bin erleichtert, als ich endlich die Dorfstraße erreiche und nicht mehr bis über die Knie im Schnee versinke. Ich freue mich, als ich gleich am Ortseingang eine Wirtschaft entdecke. Leider ist es ein feines Ausflugslokal. Ich schaue durchs Fenster, sehe festlich gekleidete Menschen, gedeckte Tische, eifrige Kellner eilen hin und her. Ich dagegen bin verfroren und verwildert nach zwei Zeltnächten im Schnee. Die Feiertagsausflügler würden sicherlich peinlich berührt sein, und ich würde mich zwischen ihnen unwohl fühlen – besser, ich wandere weiter.

Auf der vom Schneepflug geräumten, doch kaum befahrenen Landstraße komme ich rasch voran. Eine bunte Werbetafel am nächsten Ortseingang bezeichnet »Spabrücken« als einen berühmten Wallfahrtsort. Eine behagliche Gaststätte finde ich auch hier nicht und besichtige stattdessen die im Jahr 1736 von Franziskanern erbaute barocke Wallfahrtskirche »Mariä Himmelfahrt«. Außen ist sie hell verputzt, so sieht man nicht die aus Bruchsteinen errichteten Mauern. Innen ist die Kirche mit eindrucksvollen Wandmalereien geschmückt, die der Franziskaner Angelus im 18. Jahrhundert geschaffen hat.

Weiter wandere ich nach Dalberg, das ich nach gut einer Stunde erreiche. Wie bin ich froh, dass ich nicht mehr durch hohen Schnee stapfen muss. Auf der kaum befahrenen Straße kann ich zügig ausschreiten. Auf einem steilen Berghang erhebt sich über der Ortschaft eine Burgruine. Noch immer wirken die Mauern gewaltig. 1170 ließ Godebold von Weiersbach diese Wehrburg erbauen. Die später hier residierenden Ritter von Dalberg hatten als oberste Gerichtsherren große Macht über die Bevölkerung. Im Jahr 1565 zogen die Burgherren in das benachbarte Schloss Wallhausen und ließen die Burg verfallen. Burgen waren immer schon unbequem zu bewohnen und genügten damals nicht mehr den inzwischen gewachsenen Ansprüchen. Zudem erfüllten sie nach Erfindung des Schießpulvers, mit dem man Kanonen feuern konnte, ihre Schutzfunktion nicht mehr.

In Argenschwang finde ich am späten Nachmittag endlich eine Wirtschaft nach meinem Geschmack. Die winzigen, tief eingesetzten Fenster und die mit Schnitzereien verzierte Holztür wirken einladend auf mich. Die Gaststätte ist voller Männer in schwarzen Anzügen und mit Gehstöcken, die seltsam steif und stumm dasitzen. Sie starren mich samt meinem großen Rucksack an, als wäre ich der Weihnachtsmann aus dem Märchenwald.

»Essen?« Nein, das gebe es hier nicht, brummt der Wirt. Schließlich findet er dann doch noch eine Bockwurst und ein paar Scheiben Brot, um mich zu bewirten. Das ist es nicht gerade, was ich mir vorgestellt hatte. Wieder vor der Tür, peitscht mir Sprühregen ins Gesicht. Für mich steht fest, diese Nacht werde ich nicht im Wald übernachten. Im nahe gelegenen Winterburg bekomme ich in einer Pension ein Nachtlager und kann meine Kleidung, das Zelt und den Schlafsack trocknen.

Früh am nächsten Morgen locken mich hellblaue Flecken am

Winterhimmel, meine Wanderung fortzusetzen. Die aufgehende Sonne überschwemmt das Land mit warmem Licht. Fröhlich gehe ich meinen Weg auf der Landstraße von Winterburg nach Winterbach. Schon von Weitem sehe ich den glänzenden Gockel auf der Kirchturmspitze. Er blitzt so blank und gülden, als wäre er gerade frisch geputzt worden.

Ich steige die Anhöhe zur Kirche hinauf. Leider ist die Tür verschlossen, und doch war der Aufstieg nicht umsonst, denn ich werde mit einem weiten Blick auf die verschachtelten, mit dicken weißen Schneehauben bedeckten Dächer belohnt. Winterbach ist klein, und bald bin ich wieder draußen auf der Landstraße – die mir meist allein gehört. Rechts und links erstrecken sich verschneite Felder und Gärten mit winterschwarzen Obstbäumen. Ein Turmfalke stößt helle Rufe in die frische Morgenluft, zwei Bussarde kreisen hoch oben. Ich schlage einen Weg ein, der mich zurück in den Soonwald führt. Am Waldrand haben in der Nacht Wildschweine auf der Suche nach Bucheckern den Boden unter einer Buche förmlich umgeackert. Die freigelegte Stelle hat Scharen von Rotkehlchen, Bergfinken, Meisen, Kleiber und Buchfinken angelockt. Eifriges Geflatter, Gezwitscher, Gepiepse – alle Vögel des Waldes scheinen hier versammelt zu sein.

Die Wege im Wald sind mit hohem Schnee bedeckt, aber im hellen Sonnenlicht macht es Spaß, durch den weichen Pulverschnee zu waten. Von müder Verdrießlichkeit ist nichts mehr zu spüren. Welchen Einfluss doch die Sonne auf die Stimmung haben kann. Der Wanderweg führt durch den Wald zur berühmten Trifthütte, und da gerade Mittagszeit ist, kehre ich ein. Früher war sie eine Schenke für Holzfäller, Waldarbeiter und Bauern. Auch der Schinderhannes, der berühmte Räuber des Hunsrücks, von dem manche noch heute meinen, er sei ein deutscher Robin Hood gewesen, soll öfters in der Schenke eingekehrt sein. Einmal hatten die Gendarmen die Trifthütte bereits umstellt, doch der Schinderhannes, der mit richtigem Namen Johann Bückler hieß, konnte ihnen mit einem kühnen Sprung durchs Fenster entkommen.

Heute ist die Trifthütte, zu der auch eine Fahrstraße führt, eine modern eingerichtete Gaststätte. Im Hof steht als Wahrzeichen die sogenannte Schinderhannes-Eiche, die wahrhaftig geschunden wurde: Alle Äste wurden ratzekahl abgesägt, nur der nackte Stamm steht noch. Die Wanderkarte benennt eine Schinderhannes-Höhle. Es ist ein alter Bergwerksstollen, der waagerecht in den Felsen geschlagen wurde. Möglich, dass der Johann sich in diesem Gang versteckt hatte. Im Jahr 1803 haben sie ihn dann doch gefangen und seine Unbotmäßigkeit gegenüber der Obrigkeit mit dem Tode bestraft.

Mein Etappenziel an diesem Tag ist ein historischer Platz: die Alteburg. Von einer Burg ist allerdings nichts zu sehen, ein einsamer Turm steht in der Nähe des Wanderwegs mitten im Wald. Zum Glück ist innen reichlich Platz zum Aufbau für mein Zelt, so bleibt es in dieser Nacht trocken und ich bin besser vor der Kälte geschützt.

Nachts wache ich auf, weil die Bäume so stark rauschen. Es klingt wie eine wilde Brandung, die anschwillt und abebbt und wieder heranbraust. Sind da nicht noch andere Geräusche zu hören, ein Knacken und Knistern, ein seltsames Wispern? Oder sind es Stimmen? Kommen nicht Schritte näher? Ich bereue, mein Zelt im Turm aufgestellt zu haben. Irgendwo im Wald würde mich niemand finden, aber hier … Ich versuche, mich zu beruhigen, sage mir, dass mitten im Winter niemand nachts durch den Wald schleicht. Ich lausche noch eine Weile, höre jetzt nur noch das Rauschen der Baumwipfel und schlafe wieder ein.

Als es hell wird, steige ich im Turm die Treppe hinauf bis zur offenen Plattform. Von oben erblicke ich ringsum Wald, weit in der

Ferne vermute ich eine Ortschaft, kann sie aber nur undeutlich wahrnehmen. Zwar verhängen wieder graue Wolken den Himmel, aber schön ist dennoch der Blick über das Winterland mit seinen von Schnee bedeckten Bäumen.

Später auf dem Weiterweg fegt mir der Wind unangenehm scharf ins Gesicht. Der Sturm schichtet Wolken auf, die jeden Lichtstrahl verschlucken und die Welt Grau in Grau verhüllen. Wieder fällt Schnee, der sich bald in Regen verwandelt. Am Nachmittag wird es schlagartig warm. Ein Wettersturz! Die Temperatur springt plötzlich mehrere Grad über null. Der Schnee sackt in sich zusammen, wird weich, dann matschig. War ich eben noch knietief durch feste Schneemassen gestapft, füllt sich meine Spur nun mit Wasser. Die Schuhe quietschen vor Nässe, die Socken sind nass zum Auswringen. Eichelhäher ziehen laut rätschend durch den Wald, ihr Spektakel klingt unheilvoll. Die Welt steht unter Wasser.

Ich mache mir sorgenvoll Gedanken, wo ich zur Nacht einen trockenen Platz für mein Zelt finden könnte. Endlich – mit beginnender Dunkelheit erreiche ich mein Tagesziel, die Ortschaft Seebach. Kurios, wie gut der Name zur gerade hereingebrochenen Sintflut passt. Mitten im Dorf liegt ein riesiger Fels, vielleicht ein Findling aus der Eiszeit? Die Häuser drücken sich dicht an den schartigen Quarzitblock heran, als wollten sie bei ihm Schutz suchen. Auf der Dorfstraße begegne ich keinem Menschen, den ich nach dem Ursprung des Felsens und – noch wichtiger – nach einer Übernachtung fragen könnte. Vergeblich schaue ich mich nach einer Gaststätte, Pension oder Herberge um. Der nächste Ort ist weit entfernt, es ist dunkel, und ich bin müde. Kreuz und quer gehe ich durch den kleinen Ort. Nirgendwo ist ein trockenes Plätzchen zu finden. Schließlich schlage ich den Weg zur Kirche ein, doch vermutlich ist die Kirchentür abgeschlossen. Langsam drücke ich die schwere

Klinke hinab. Ein freudiger Schreck durchfährt mich, die Tür gibt nach! Innen ist es warm und trocken. Endlich kann ich mich setzen und ausruhen. Seit dem Morgen war ich pausenlos unterwegs.

Ein Gotteshaus wird nicht gebaut, um Wanderern Obdach zu gewähren, aber im Mittelalter diente es dennoch Pilgern oft als Herberge. Und haben nicht zu allen Zeiten in Not geratene Menschen in Kirchen Zuflucht gefunden? Ich fühle mich in Not, wenn ich an den überschwemmten Erdboden draußen denke, und zögere nicht, mich im Schlafsack oben neben die Orgel zu legen. Ganz ruhig ist es in der Kirche. Hier bin ich sicher und geborgen.

Fast bin ich eingeschlafen, da höre ich Schritte. Jetzt kommt bestimmt der Pfarrer, denke ich. Hoffentlich steigt er nicht zur Orgel hinauf. Vor Aufregung halte ich den Atem an.

Plötzlich ein ohrenbetäubender Lärm: Die Abendglocken dröhnen. Sie sind so nah und so laut, dass der Holzboden unter mir vibriert. Dann wird der Glockenschlag leiser, verebbt allmählich. Und nun höre ich auch Stimmen. Es sind zwei Mädchen, sie haben die Glocken zum Schwingen gebracht. Ungeduldig warte ich, dass sie die Kirche wieder verlassen. Dann vernehme ich ihre Schritte auf der Stiege und sehe den Lichtkegel einer Taschenlampe. Sie kommen herauf. Da stehen sie schon vor mir. Ich blinzle in das Licht und versuche vertrauensvoll zu lächeln. »Bitte erschreckt nicht! Ich bin nur eine Wanderin.«

Die Mädchen lachen auf und rufen aufgeregt: »Na, so was! Und das in unserem kleinen Seebach, wo nie etwas los ist!« Die Ministrantinnen sind begeistert. In ihren Augen bin ich eine Attraktion. Sie finden die Idee, im Winter durch den Hunsrück zu wandern, sensationell und sind neugierig zu erfahren, was ich unterwegs erlebt habe. Als Nachtquartier schlagen sie mir das Gemeindehaus vor.

Als ich am nächsten Morgen Seebach verlasse, traue ich meinen

Augen kaum – kein Fleckchen Schnee ist mehr zu sehen. Einfach weggezaubert, wie vom heißen Atem eines Drachen hinweggehaucht. Die Felder mit der Wintersaat strahlen in kräftigem Grün, andere schimmern saftig ackerbraun. Die lichte Landschaft leuchtet wie ein zartes Aquarell. Auch die Vögel spüren die veränderte Welt. Sie stimmen bereits ihre Lieder an, obwohl der Winter noch lange nicht vorbei ist und der Frühling nur ein kurzes Intermezzo spielt. Reich beschenkt setze ich meine Wanderung fort, die mich zur Weihnachtszeit durch hohen Schnee und wechselnde Winterfreuden zum Frühlingserwachen geführt hat.

Auf dem Jakobsweg

Im Jahr 1981, es war der 25. Juli, der Namenstag des heiligen Jakob, trank ich an einem Sommertag in einem andalusischen Dorf einen Kaffee. Im Radio wurde über den Pilgerweg nach Santiago de Compostela berichtet. Damals hatte ich weder von diesem Heiligen noch vom Jakobsweg jemals etwas gehört, doch ich war sofort fasziniert von der Idee, so wie die Pilger im Mittelalter auf diesem tausend Jahre alten Weg unterwegs zu sein und zum Grab des heiligen Jakob zu pilgern. Ein Jahr später verwirklichte ich diesen Wunsch.

Wind. Sonne. Einsamkeit. Weit dehnt sich die kastilianische Hochebene, die Meseta, bis zum Horizont. Selten ein Baum. Karge Wiesen und brachliegende Felder, auf denen Mohn und Ackersenf gedeihen. Vor allem aber Steine und nochmals Steine, als läge hier das Skelett der Erde bloß. Vom Rhythmus meiner Schritte getragen, verschmelze ich mit der Landschaft. Meine Sinne öffnen sich, nach innen wie nach außen. Ich denke kaum noch an das ferne Ziel – der Weg selbst ist zum Ziel geworden.

Aus der flimmernden Mittagsglut taucht die Gestalt eines Mannes auf. Schwer stützt er sich auf einen Stock, trägt einen Hut mit breiter Krempe und einen dunklen Umhang. Wie das Monument eines mittelalterlichen Pilgers steht er da. Als ich mich nähere, erkenne ich, dass er eine Schafherde bewacht.

»*Suerte por el camino, peregrina!*«, ruft er mir entgegen. Er wünscht mir Glück und bittet: »Bete für mich in Santiago.«

»Santiago! Auf nach Santiago« – das war jahrhundertelang der Ruf der Pilger im Mittelalter, ihre Sehnsucht, ihr Ziel. Im Westen Spaniens, in der heutigen Provinz Galicien, sollen im Jahr 812 die Gebeine des heiligen Jakob gefunden worden sein, und dort, in der Kathedrale von Santiago de Compostela, werden sie heute noch verehrt. Niemand weiß, wie viele Menschen in den vergangenen Jahrhunderten auf dem Jakobsweg pilgerten, einige Millionen waren es sicher. Sie kamen aus ganz Europa, von Irland bis Russland, von Schweden bis Portugal, sie kamen aus allen Richtungen. Am Ende ihres langen Weges lag der Ort der Erlösung. Kranke erhofften sich Heilung, Sünder rechneten mit Ablass, Gläubige versprachen sich Reinigung und Seelenheil.

Begonnen habe ich meine Pilgerwanderung am Nordabhang der Pyrenäen. Früher im Mittelalter gab es viele Jakobspfade, denn jeder musste vor seiner Haustür starten und nach der Ankunft am Jakobsgrab auch wieder zurückgehen. Deshalb überzog ein Netz von Wegen das heutige Europa. Am bekanntesten aber ist der *camino real*, der von den Pyrenäen durch die nördlichen Provinzen Spaniens führt.

Dichte Laubbäume bilden ein grünes Gewölbe. Der Pfad hinauf zum Pass ist steil und ermüdend. Die erste Tagesetappe gleicht einem Kraftakt: Vom kleinen französischen Grenzort St. Jean-Pied-de-Port bin ich früh am Morgen gestartet und muss an einem Tag die Pyrenäen überqueren, 30 Kilometer und 1057 Höhenmeter gilt es zu bewältigen, denn unterwegs sind keine Raststätten vorhanden, erst im Kloster Roncesvalles gibt es ein *refugio,* eine Pilgerherberge.

Der Rucksack ist schwer, die Wanderschuhe drücken – ich bin noch nicht aufs Laufen eingestellt und kann mir kaum vorstellen, wie ich den 800 Kilometer weiten Weg bis Santiago schaffen soll, wo mir die ersten Schritte schon schlimme Qualen bereiten.

Vom Glauben kann ich keine Stärkung erwarten, da ich in meiner Kindheit nicht religiös geprägt wurde. Warum aber pilgere ich dann? Als ich in dem andalusischen Café vom Jakobsweg hörte, fühlte ich mich sofort angesprochen. Ich wollte die geheimnisvolle, magische Anziehung dieses Weges erfahren, erspüren, erleben. Warum hat der *camino*, wie er in Spanien genannt wird, tausend Jahre überlebt? Warum sind Millionen und Abermillionen Menschen nach Santiago gepilgert? Menschen mit ihren Wünschen und Hoffnungen, ihren Sehnsüchten und Verzweiflungen? Während ich Schritt um Schritt vorwärtsgehe, ist mir, als würde ich die vergangenen Schatten noch sehen, ihre verstummten Stimmen hören – als sei da eine Verbindung zu den Menschen, die aus dem 9. Jahrhundert bis in unsere Gegenwart reicht.

Aus den Buchenwäldern am Hang der Pyrenäen gelange ich in eine Almlandschaft, und dann liegt er vor mir, der Pass von Ibañeta. Dunkelviolette Gewitterwolken drohen am Himmel. Bläuliche Bergkonturen laufen in der Ferne ineinander. Vor mir auf der Almwiese weidet eine Schafherde. Zwei Böcke schlagen kämpferisch ihre Hörner zusammen. Ein Pilgerkreuz hebt sich schwarz gegen den Himmel ab. Hier starb der Ritter Roland im Jahr 778 bei einem Kampf gegen ein feindliches arabisches Heer. Er war mit dem fränkischen Herrscher Karl dem Großen nach Spanien gezogen, um die Stadt Zaragoza von den Arabern, die damals Mauren genannt wurden, zu befreien. Der Tod des Ritters Roland wurde 300 Jahre später im Heldenlied der Rolandsage verklärt.

Am Abend erreiche ich endlich das Augustinerkloster Roncesvalles aus dem 12. Jahrhundert. Erschöpft vom Bergwandern erkundige ich mich beim Abt nach einer Übernachtung in der Nähe.

»Wenn Sie eine Pilgerin sind, können Sie in unserem Refugio schlafen«, bietet er mir an. Von ihm erhalte ich einen Pilgerausweis, mit dem ich unterwegs in Klöstern um Unterkunft bitten kann, so wie es von alters her Brauch ist.

Am nächsten Tag führt der Pfad durch blühende Wiesen, an Hecken entlang, die von Insekten umschwirrt sind, und durch romantische Bauerndörfer. Die Menschen, denen ich begegne, begrüßen mich als Pilgerin. Alte Frauen umarmen mich, denn es soll Glück bringen, einen Pilger zu berühren. Immer wieder werde ich aufgefordert, für sie in Santiago zu beten. Sie überreichen mir sogar Münzen, damit ich sie dort in den Opferstock werfe. Es rührt mich, dass für die einfachen Leute auf dem Land der Pilgerweg noch heute eine lebendige Wurzel hat. Die herzliche Anteilnahme der Menschen gibt mir die nötige Kraft, um nicht aufzugeben, denn ich gehe jetzt nicht mehr für mich allein nach Santiago, sondern stellvertretend für alle Menschen, die ihre Hoffnungen in mich setzen.

Vor mir liegt Pamplona, die Hauptstadt der Provinz Navarra. Pamplona ist die älteste der Städte entlang des Weges. Die Herrscher von Navarra unterstützten das Pilgerwesen, bauten Raststätten und Hospitäler und sorgten für die Sicherheit des Weges.

Die Städte in Spanien sind vom Lärm und den Abgasen der Fahrzeuge erfüllt – ein fast schmerzvoller Kontrast zu den stillen Dörfern und der weiten Landschaft, wo ich dem Gesang der Vögel lauschen kann. Entlang des Flusstals des Río Arga gelange ich nach Puente la Reina. Ein wichtiger Ort, denn hier vereinigt sich der Weg, der über den Ibañeta-Pass führt, mit einem zweiten, der vom Somport-Pass kommt. Puente la Reina heißt »Brücke der Königin«. Die Königin Doña Mayor ließ die Brücke im 11. Jahrhundert über den Fluss bauen. In vollkommener Harmonie sind die vier Bögen der Brücke so bemessen, dass sie mit der Spiegelung im Wasser einen Kreis bilden. Die Baumeister der Romanik wussten viel über die ideale Verbindung von Schönheit und Funktion.

Tag für Tag lege ich eine Strecke von mindestens 25 Kilometern zurück. Nach einer Woche habe ich Navarra durchquert und gelange in die Provinz La Rioja, wo die besten Weinsorten Spaniens an den sonnigen Südhängen des kantabrischen Gebirges gedeihen. Beim Kloster Irache gibt es außen an der Klostermauer zwei Hähne, aus dem einen kommt Wasser, mit dem der Pilger seinen Durst stillen kann. Öffnet er den Hahn daneben, sprudelt köstlicher Rotwein heraus.

Das nächste große Etappenziel heißt Burgos, die Hauptstadt Altkastiliens und die Heimat von El Cid, dem spanischen Nationalhelden aus dem Mittelalter. Mit seiner beeindruckenden gotischen Kathedrale und den hochragenden Türmen ist Burgos von Weitem sichtbar. Das Bauwerk ähnelt dem Kölner Dom, was auch kein Wunder ist, denn einer der Baumeister hieß Hans von Köln. Nach der Besichtigung der Kathedrale wandere ich am Nachmittag wieder aus der Stadt hinaus, denn in der großen und lauten Ortschaft fühle ich mich nicht wohl.

Seit fünfzehn Tagen bin ich unterwegs und habe die Hälfte der Strecke zurückgelegt, aber das Ziel erscheint mir so fern, dass ich kaum daran denke. Der Pfad führt nun durch die tischebene Landschaft, die Meseta, mit Feldern bis zum Horizont. In der heißen Luft entfaltet sich köstlicher Duft von Gewürzkräutern, die am Wegrand gedeihen. Der Himmel scheint in der Meseta der Erde näher zu sein. Tiefblau hängt er über dem leuchtenden Gold der Kornfelder. Lerchen steigen jubilierend zu den weißen Wolken hinauf.

Bei Frómista, immer noch in der Provinz Kastilien, erwartet mich eine Überraschung: ein Kleinod der spanischen Romanik, die Basilika San Martín. 300 rätselhafte Figuren schmücken die Dachsparren: Dämonen, Tiermenschen, mystische Symbole, deren Bedeutung wir heute nur noch zum Teil verstehen.

Wenige Kilometer später die eigenartige Kulisse von Villalcazar de Sirga. Bauernhäuser ducken sich im Schatten einer imposanten Kathedrale. Früher muss Villalcazar eine bedeutende Ortschaft gewesen sein, reich geworden durch den Menschenstrom auf dem Jakobsweg. Im dunklen Gewölbe einer Gaststätte treffe ich andere Pilger. Sie kommen aus Spanien, Frankreich, Holland, Italien, einer sogar aus Polen. Ihre Motive sind verschieden, aber die meisten haben eine bestimmte Lebensetappe abgeschlossen und wollen sich während der Pilgerzeit besinnen und neue Kräfte sammeln. Ich freue mich über solche Begegnungen in Herbergen und Raststätten und tausche gern Erfahrungen aus. Tagsüber jedoch bin ich lieber allein unterwegs, um in die Natur, die Weite und Stille einzutauchen.

Zum Rabanal-Pass windet sich der Pfad steil hinauf. In 1500 Meter Höhe bläst eisiger Wind, sogar einige Hagelkörner prasseln herab. Noch einen dritten, den Cebreiro-Pass, gilt es zu überwinden, dann gelange ich nach Galicien und bin dem Ziel schon nah. Aber diese letzte Provinz wird zu einer harten Probe.

Die gelben Farben der Kornfelder sind verschwunden. Alles ist nun üppig grün und tropft. Galicien ist wie ein Schwamm, der die Feuchtigkeit aus den Wolken aufnimmt. Es regnet tagelang ohne Unterlass. Der Weg verwandelt sich in einen Bachlauf. Nebelfetzen und Wolkenschleier verhängen das Land. Eines Nachmittags, drei Wochen nachdem ich gestartet bin, stehe ich auf einem Hügel, dem Monte de Gozo, »Berg der Freude«. Unter mir im Tal liegt eine große Stadt: Santiago de Compostela! Das Ziel!

Der Freudenrausch nach der langen Pilgerschaft ist seltsam gedämpft. Es ist schwierig, so plötzlich anzukommen. Lange stehe ich vor der Kathedrale und betrachte dieses Orgelwerk aus Stein. Sie war es, die das Denken und Hoffen der Pilger im Mittelalter bestimmte. Hier nahm das Phänomen der Pilgerfahrten im 9. Jahrhundert seinen

Anfang und wurde im Mittelalter zu einer gewaltigen Massenbewegung, die ganz Europa erfasste. Der Einfluss auf alle Lebensbereiche des Abendlands, Baukunst, Literatur, Musik, Wirtschaft und Politik, wirkt bis heute fort.

Für mich ist der Weg noch nicht zu Ende. Ich wandere weiter, bis ich nach achtzig Kilometern an der Atlantikküste stehe. Hier soll der Leichnam des heiligen Jakob an Land gebracht worden sein. Am Kap von Finisterre schaue ich übers Meer. Wie mag es den Menschen des Mittelalters zumute gewesen sein, für die die Welt hier wirklich zu Ende war, die nicht wussten, dass hinter dem Horizont ein weiterer Kontinent liegt?

Es gibt viele Wege nach Santiago, so viele, wie Menschen unterwegs sind. Jeder wird seinen Weg finden und eigene Erfahrungen machen. Es kommt nur darauf an, den ersten Schritt zu wagen.

ARGENTINIEN
Mit Tuco zur Lagune Lucatatao

Nach den Dreharbeiten für einen Tangofilm in Buenos Aires reiste ich im Jahr 1987 in den Norden Argentiniens, in die Provinz Salta. In der Hauptstadt war das Klima neblig trüb und feuchtkalt gewesen; ich sehnte mich nach Sonne, Licht und Wärme, das alles hoffte ich dort in der Wüste zu finden. Zudem wollte ich mit dem berühmten tren a las nubes fahren, dem Zug, der Argentinien mit Chile verbindet und dabei die Anden überquert. Doch dann ergab sich eine ganz andere Art des Unterwegssein.

Vorsichtig führe ich Tuco zum Ufer. Wir müssen durch den Fluss Lucatatao, aber das Wasser ist nach dem gestrigen Gewitter gestiegen. Hoffentlich fürchtet sich mein Pferd nicht vor den lehmbraunen Fluten. Doch ohne zu zögern, setzt der Wallach seine Hufe in den reißenden Strom. Ich atme auf, wir können unseren Weg fortsetzen. Zusammen waten wir hinüber. Tuco trägt das Gepäck: Zelt, Schlafsack, Matte, Kocher und Nahrungsmittel. Wir wollen, immer am Fluss entlang, zur Lagune Lucatatao in den argentinischen Anden wandern.

Es war nicht leicht, ein Packpferd zu bekommen, obwohl in Argentinien kein Mangel an Pferden herrscht. Schließlich ist es das Land der Gauchos, der berittenen Viehhirten, die riesige Rinderherden durch die Pampa zu den Schlachthöfen treiben. Jedoch für meine Tour wollte mir niemand auch nur ein einziges Pferd anvertrauen. In den Estancias, den Viehfarmen, sahen mich die Leute erstaunt an. Das war noch nicht vorgekommen, dass ein Fremder nach einem

Pferd fragte. Die Antwort war immer ablehnend: »Nein, unsere Tiere brauchen wir selbst. Wir können keines entbehren.«

Für mich war die Ablehnung zunächst unverständlich. Nach einer Weile aber begriff ich, als ich mir vorstellte, ein Argentinier würde in Deutschland beim Anblick der zahlreichen am Straßenrand parkenden Autos erwarten, er könne eines davon ausleihen. Zudem, so erklärte mir ein Farmer, sind die meisten Tiere nicht zugeritten. Das sei eine sehr harte und auch gefährliche Arbeit, das mache jeder Gaucho nur für sich selbst oder einen guten Freund.

So gab ich mein Ansinnen auf, mit zwei Pferden, einem Reit- und einem Packpferd, durch Argentinien zu reiten, und reiste per Bus durch das Land, bis ich in die Provinz Salta im Nordwesten Argentiniens kam. Auf der Karte hatte ich den kleinen Ort Molinos gefunden, der weit von der Provinzhauptstadt Salta entfernt hoch in den Anden liegt. In der Hacienda von Señor Isasmendi seien Gäste willkommen, erfuhr ich, und so meldete ich mich an, denn die Unterkunft schien mir geeignet, um von dort aus Wanderungen ins Gebirge zu unternehmen.

Steil führt eine schmale Straße auf engen Serpentinen immer höher hinauf. Der Blick in die Tiefe ist schwindelerregend. Bei jeder Kurve befürchte ich, der Bus könne abstürzen. Doch die Angst wird mit einer grandiosen Aussicht in die Berge belohnt. Da ich die einzige Ausländerin im Fahrzeug bin, darf ich vorn neben dem Fahrer sitzen. Als ich aussteige, lastet Nachmittagshitze über dem Dorf. Kein Mensch ist zu sehen. An weiß gekalkten Häusern vorbei gehe ich die Straße entlang, die mir der Busfahrer gewiesen hat. Im Kontrast zu den niedrigen Häusern ist die Straße ungewöhnlich breit. Sie ist nicht gepflastert, sondern besteht aus festgestampfter, sandiger Erde. Mich überrascht, dass kein Abfall zu sehen ist, nicht einmal ein

Papierfetzchen oder die sonst allenthalben herumflatternden Plastiktüten. So außergewöhnlich sauber ist das Dorf und so still, als wäre es unbewohnt. Dieser Eindruck verstärkt sich durch die geschlossenen Fensterläden der Häuser.

Am Dorfrand, gegenüber der massigen, ockergelben Kirche, entdecke ich die Hacienda, ein Landhaus im spanischen Stil. Durch einen offenen Torbogen betrete ich den Innenhof. In seiner Mitte steht ein prächtiger Baum. Eine umlaufende Veranda begrenzt den Hof an seinen vier Seiten. Im Schatten des weit vorragenden Daches liegen ebenerdig die Zimmer.

Stille. Niemand ist da. Nur ein Hund döst im Schatten, hebt kurz den Kopf und lässt ihn gleich wieder auf die Pfoten sinken. Ich suche mir einen Platz unter der Veranda und warte. Da es so ruhig und angenehm kühl ist, bin ich nahe daran einzunicken, als plötzlich die Kirchenglocken zu dröhnen beginnen. Neugierig gehe ich zum Tor und blicke hinaus. Das grelle Sonnenlicht draußen schlägt mir schmerzhaft entgegen, und ich kneife die Augen zusammen. Der weite Platz vor der Kirche liegt leer und verlassen in der brütenden Hitze. Das Glockengeläut lockt keine Menschenseele herbei. Ich ziehe mich wieder zurück in den Innenhof der Hacienda. Wie sinnvoll und praktisch ist dieses Gebäude konstruiert. Die dicken Mauern aus Adobe, luftgetrocknete Lehmziegel, isolieren besser als anderes Baumaterial und regulieren die Temperatur effektiver als eine Kühlanlage, so kenne ich es von ähnlich gebauten Häusern im Jemen. Bei Hitze ist es im Gebäude frisch, und bei Kälte bleibt es warm. So hat die Hacienda ein Innenklima, das im Wechsel vom heißen Tag zur kalten Nacht kaum Schwankungen unterworfen ist.

Erst als die Hitze des Tages allmählich der Abendkühle weicht, beleben Geräusche den Hof, und bald darauf erscheint der Hausherr Señor Isasmendi, der in einem der Räume seine Siesta gehalten hatte. Er begrüßt mich freundlich, zeigt mir mein Zimmer und unterhält sich mit mir bei einem Glas Tee. Marcelo Isasmendis Vorfahren stammen aus dem Baskenland und waren ehemals mächtige Landadlige, die vom spanischen König mit der Verwaltung der Kolonien in Südamerika beauftragt wurden. Sein Ururgroßvater war der letzte spanische Gouverneur der Provinz Salta gewesen. Als Argentinien seine Unabhängigkeit vom spanischen Mutterland erkämpfte und der Vorfahr seinen Posten verlor, ließ er sich in Molinos diesen Familiensitz bauen.

Mit Señor Isasmendi esse ich gemeinsam zu Abend. Seine Wirtschafterin hat Empanadas bereitet, die mit Käse oder Fleisch gefüllt sind. Zum Nachtisch gibt es Schokoladeneis. Ich bin heute der einzige Gast, und der Hausherr unterhält sich angeregt mit mir. In einer Woche erwarte er eine Gruppe, dann werden alle Zimmer belegt sein, berichtet er. Die Hacienda seiner Vorfahren ist nicht sein Eigentum. Es gelang ihm, einen Pachtvertrag über fünfzehn Jahre abzuschließen, mit der Option, ihn zu verlängern. Das Familienanwesen war zur Ruine verkommen und musste aufwendig restauriert werden. Das hätte er niemals selbst stemmen können, erzählt er. Früher war er Vertreter für landwirtschaftliche Maschinen gewesen, eine aufreibende Arbeit und ein unstetes Leben, immer mit dem Auto unterwegs und verbunden mit so viel Ärger, dass sich Magengeschwüre bildeten und er operiert werden musste. Da kam ihm eine neue Lebensaufgabe gerade recht, und er sah es als Wink des Schicksals, dass er an seine Wurzeln zurückkehren konnte. Marcello Isasmendi wirkt überhaupt nicht wie jemand, der ein aufreibendes Leben und eine schwere Krankheit hinter sich hat. Mir gegenüber sitzt ein attraktiver Mann von vielleicht 45 Jahren, gebräunt und sportlich, mit blau blitzenden Augen und einem strahlenden Lächeln. Als habe er meinen interessierten Blick bemerkt, erwähnt er, dass er sich gerade verliebt habe, in eine Schweizerin. Er erwartet sie in drei Monaten, dann wird sie mit ihm zusammen die Hacienda führen.

Ich erzähle Isasmendi von meinen vergeblichen Bemühungen, ein Pferd zu mieten.

»Vielleicht kann ich Ihnen helfen«, sagt er. »Nicht weit von hier lebt der Weber José. Er hat drei Pferde. Ein braunes, das lahmt. Ein graues, das ist bissig. Und ein schwarzes – das ist in Ordnung.«

Am nächsten Tag marschiere ich zwei Stunden in die angegebene Richtung und wundere mich, wie Señor Isasmendi sagen konnte, es sei ein kurzer Weg. Aber klar – er geht nie zu Fuß. Der Indianer José sitzt am Webstuhl auf der schattigen Veranda seiner kleinen Hütte. Er hört mir schweigend zu, dann nickt er und führt mich zu einer staubtrockenen Koppel, auf der nicht ein einziger grüner Halm wächst. An der Krippe stehen drei Pferde, braun, grau und schwarz. José ruft: »Tuco!« Der Schwarze hebt den Kopf und trabt heran. Tuco ist fünf Jahre alt, hochbeinig und mager.

»Was bedeutet sein Name«, frage ich.

»Tuco, so heißen Stechmücken, die einen plötzlich attackieren«, antwortet José. »Wegen seines unberechenbaren Charakters hat er diesen Namen bekommen.«

Als der Indianer meinen erschrockenen Blick bemerkt, meint er beschwichtigend: »Sein Temperament bricht nur selten durch, meist ist er friedlich. Ein sehr gutes Pferd.«

»Ist Tuco an Fremde gewöhnt?«, frage ich immer noch misstrauisch.

»Ja, natürlich. Manchmal kommen Touristen und wollen reiten.«

»Hat er schon mal Lasten transportiert?«, erkundige ich mich.

»Nein, aber das macht nichts, ein Reiter ist ja viel schwerer als das Gepäck. Das wird er mit Leichtigkeit schaffen.«

Als ich aber erfahre, dass Tuco noch nie seine vertraute Umgebung verlassen hat, zweifle ich, ob er überhaupt mitgehen wird.

»Je weiter Sie ihn wegführen, umso besser wird er Ihnen gehorchen. Nur dürfen Sie ihn nie freilassen, dann läuft er davon. Binden Sie ihn nachts fest an einen Baum, oder fesseln Sie seine Beine.« José zeigt mir mit einer Schnur aus Schafwolle, wie sie um die Vorderbeine gelegt wird. Ich probiere es und bin erleichtert, als sich Tuco auch von mir die Fessel anlegen lässt. Aber wie wird es sein, wenn ich allein mit ihm bin? Welche Schwierigkeiten mir bevorstehen, ahne ich, als Isasmendi und sein Angestellter Cacho mir beim Beladen des Pferdes helfen. Während ich Tuco festhalte und beruhigend streichle, plagen sie sich, meine Ausrüstung und das Futter für Tuco rutschsicher am Sattel festzuschnallen. Wie soll ich das unterwegs allein schaffen?

Als ich das Halfter nehme und losgehe, folgt mir Tuco sofort. Gut so, die erste Unsicherheit ist beseitigt. Am Ufer des Flusses Lucatatao finde ich einen Pfad. Er ist schmal, und stachlige Vegetation behindert uns. Ich muss aufpassen, dass das Gepäck nicht an Ästen und Zweigen hängen bleibt. Dann verliert sich der Weg im Dickicht. Nur am anderen Ufer geht es weiter. Wir müssen durch den Fluss waten. Die Wasserprobe für Tuco! Ohne zu zögern, folgt er mir in das kühle Nass. Wie gut, dass er nicht wasserscheu ist, denn immer wieder müssen wir den Fluss queren. Mitunter sind beide Ufer unbegehbar, und wir kommen nur im Flussbett voran.

Es ist ein spannendes Abenteuer, einem unbekannten Fluss zu folgen, der durch eine ursprüngliche und kaum besiedelte Landschaft fließt. Nie weiß man, was einen hinter der nächsten Biegung erwartet, ob es überhaupt weitergeht. Immer wieder verändert der Fluss sein Aussehen. Mal spaltet er sich in viele Rinnsale mit breiten Kiesflächen dazwischen, dann wieder verengt er sich zwischen steilen Ufern. In die Lehmwände haben Papageien tiefe Bruträhren gegraben. Mit schrillem Kreischen kurven sie, grün und blau schillernd, pfeilschnell durch die Luft. Tuco lässt sich weder von ihrem Geschrei noch von rauschenden Stromschnellen erschrecken. Wir kommen gut miteinander aus. Auf einfachem Gelände gehe ich neben ihm, die Führungsleine in lockeren Schlingen in der Hand. Müssen wir durch tiefes Wasser, wate ich voran, und Tuco zögert niemals, mir zu folgen. Nachts binde ich ihn fest, wie José es mir geraten hatte. Sobald ich morgens aufwache, öffne ich sofort das Zelt und schaue nach, ob Tuco noch da ist. Ich mag mir nicht ausmalen, was wäre, wenn er sich eines Nachts losreißen würde. Wir sind ganz aufeinander angewiesen, oder besser: Ich bin auf Tuco angewiesen. Allein könnte ich nicht so weit in menschenleeres Gebiet vordringen, denn alles, was ich zum Überleben benötige, muss ich dabeihaben – und Tuco transportiert es.

Das Pferd hilft mir auch, die Einsamkeit zu ertragen. Unterwegs plaudere ich mit Tuco, erzähle ihm, was ich denke und fühle. Alle Entscheidungen treffen wir gemeinsam, ob wir rasten oder noch ein Stück weitergehen, ob wir diesen oder jenen Übernachtungsplatz wählen. Weil in Argentinien Spanisch gesprochen wird, unterhalte ich mich mit Tuco in dieser Sprache. Es macht nichts, dass er sich mir nicht mit Worten verständlich machen kann, dafür »spricht« er mit seinem Körper. Es sind feine, kaum sichtbare Signale, die ich allmählich verstehen lerne: der Ausdruck in seinen Augen, die Haltung des Kopfes, Bewegungen der Ohren, unsicheres Aufsetzen der Hufe. Manchmal kann ich seine Körpersignale nur intuitiv wahrnehmen und erahnen, dann wieder zeigt er unmissverständlich, was er will. Wenn ihm etwas nicht behagt, wiehert er und schnaubt heftig oder scharrt mit dem Vorderhuf. Ist er ärgerlich, dann verdreht er die Augen und bleibt einfach stehen.

Je höher wir in die Berge kommen, umso beschwerlicher wird es für Tuco und mich. Der Ufersaum ist schmal und wird oft von Steinen und Felsen blockiert. Das Wasser, nun in einem schmalen Bett eingeengt, ist reißend und bildet wilde Strudel. Dann schießt der Fluss plötzlich aus einer Schlucht heraus, die Felswände steigen senkrecht in die Höhe. Wir müssen zurück. Vorsichtig führe ich Tuco aus der Felsenge hinaus. Uns bleibt nur der Aufstieg zum Plateau.

Oben erwartet uns eine Wüste. Nur Steine und Kakteen und sengende Hitze. Die Sonne glüht über dem ausgedörrten Land, kein Wasser, kein Schatten. Der Wind wirbelt feinen Steinstaub auf. Zuerst erschreckt mich diese lebensfeindliche Ödnis, bald aber erkenne ich die besondere Schönheit und bin beeindruckt von der Farbenpracht: Die steinige Erde ist rostrot, in der Ferne schimmern gezackte Felsen in violetten Tönen, und am Horizont erheben sich die Anden mit schneeweißen Gipfeln. Eine seltsame Landschaft, als wäre man auf einem anderen Planeten. Der fremdartige Eindruck wird durch eigenartige Kakteen verstärkt. Es sind Cardónes, besser bekannt unter dem Namen Kandelaber-Kakteen, da sie verzweigt sind wie ein mehrarmiger Kerzenleuchter. Trotz der Trockenheit sind diese Kakteen baumhoch gewachsen.

Stunden wandern wir durch die Einöde, über uns das tiefe Blau des Himmels. Wie im Rausch drängt es mich immer weiter hinein in die wilde Ursprünglichkeit dieser Landschaft. Steine, nichts als Steine, die in der Sonnenglut zerspringen. Nur wenige dürftige Pflanzen drücken sich an den Boden, eine über Jahrtausende an die Trockenheit angepasste Vegetation. Es ist eine Welt von elementarer Harmonie. Ich spüre einen Sog, als würde ich von meiner beengenden Körperlichkeit befreit in eine andere Wirklichkeit hinübergehen.

Erst am Abend kommt die Angst, dass wir uns verirrt haben könnten und den Lucatatao nicht wiederfinden. Ohne ihn sind wir verloren, denn auf dem Hochplateau gibt es kein Wasser. Ich hatte zwar versucht, nahe an der Abbruchkante zu bleiben, aber dort war das Plateau durch Rillen und Spalten zerfurcht, sodass wir ausweichen mussten. Wahrscheinlich habe ich mich inzwischen weit von der Schlucht entfernt. Immer verzweifelter suche ich nach dem im Cañon dahinrasenden Fluss. Aber flach und eben bis zum Horizont erstreckt sich die Steinwüste.

Als es dunkel wird, binde ich Tuco an einem Stein fest. Matt lässt er den Kopf hängen, nachdem er ein wenig Wasser geschlürft hat. Nur noch fünf Liter bleiben für den morgigen Tag.

Beim ersten Lichtschimmer sind wir schon wieder unterwegs, um die Morgenkühle zu nutzen. Schnell steigt die Sonne und brennt erbarmungslos herab. Immer langsamer schleichen wir dahin. Wenn Tuco nicht mehr weiterwill, flüstere ich ihm Versprechungen ins Ohr von saftigem Gras und frischem Wasser.

»Bald, Tuco, bald finden wir den Fluss«, murmele ich mit trockenem Mund. Unvermittelt stehen wir am Rand einer Kluft. Hoffnungsvoll beuge ich mich vor und blicke hinab. Eine schlimme Enttäuschung: Unten fließt kein Wasser! Nur heller Sand glitzert trügerisch im Sonnenlicht. Ein ausgetrockneter Fluss – aber vielleicht mündet er in den Lucatatao? Auf dem Plateau würde ich den Trockenfluss aus den Augen verlieren. Nur wenn wir hinabsteigen und seinem Lauf folgen, haben wir die Chance einer Rettung. Aufmerksam mustere ich die steilen Wände. Wo ist ein Abstieg möglich? Schließlich entscheide ich mich für einen Geröllabhang. Es ist schwierig für Tuco, in dem brüchigen Gestein einen sicheren Tritt zu finden.

Endlich unten! Erschöpft rasten wir im Schatten der Felswand und teilen uns den letzten Rest Wasser. Dann schleppen wir uns weiter. Glatt geschliffene Steine, Kies und Sand bedecken den trockenen Grund. Es ist still, wie in einem schallisolierten Raum. Mich erfasst das beängstigende Gefühl, in eine Falle geraten zu sein, aus der es kein Entrinnen gibt.

Auf einmal ein Rauschen. Es wird stärker – und nach einer letzten Biegung – der Fluss! Ich nehme Tuco das Gepäck ab und führe ihn zum Wasser. Er säuft mit tiefen, langen Zügen. Es macht mich glücklich zu sehen, wie er sich satt trinkt. Dann beuge ich mich hinab und trinke auch. Das Wasser, gespeist aus den Gletschern der Anden, ist kühl und klar. Dankbarkeit und Freude durchströmen mich. Wir haben unseren Fluss wiedergefunden. Einen Fluss in der Wüste, der uns Leben schenkt.

Tuco hat genug getrunken und weidet das frische Gras. Damit er sich die saftigsten Stellen aussuchen kann, pflocke ich ihn diesmal nicht an. Ich bin überzeugt, dass er ganz vom Fressen in Anspruch genommen wird und nicht daran denkt, auszureißen. Inzwischen baue ich das Zelt auf. Als ich wieder nach ihm schaue, steht er dicht am Ufer. Wahrscheinlich will er noch mal trinken, denke ich. Da passiert es! Tuco springt in die Fluten. Hoch spritzt das Wasser. Und er springt immer weiter, mitten ins Flussbett. Sein schwarzer Körper taucht auf und nieder. Heiß steigt die Angst in mir auf. Schon wird er von der Strömung mitgerissen. Wenn er nicht ertrinkt, wird er sich die Beine brechen zwischen den Steinen. Ich stürze mich in den Fluss und habe nur einen einzigen Gedanken: Ich muss ihn einholen! Es darf ihm nichts passieren. Ich sehe überall Wasser und Tuco, wie er immer wieder hochspringt und eintaucht. Als ich ihn endlich erreiche, steht er zitternd auf einer Kiesbank mitten im Fluss. Ich streichle ihn, befühle vorsichtig seinen Körper, seine Beine. Kein Glied ist gebrochen. Nicht eine Schramme. Keine Schürfwunde. Mir kommt es vor wie ein Wunder. Von nun an lasse ich Tuco nicht mehr allein weiden; entweder ich pflocke ihn fest an; oder ich führe ihn an der langen Leine herum.

Jeder Morgen die gleiche Plackerei: Zeltabbauen, einpacken und Tuco beladen. Er wartet stets geduldig, bis ich die Last festgeschnürt habe. Zur Belohnung erhält er eine Handvoll Mais.

Nun wage ich mich nicht mehr hinauf in die Wüste, sondern folge dem Fluss. Allmählich verändert sich die Landschaft. Das Tal wird breiter und fruchtbarer. Wir erreichen eine Oase. Grüne Felder kontrastieren seltsam zu den sonnenverbrannten Berghängen. Es ist das Gebiet der Calchiqui-Indianer. Einstmals waren sie gefürchtet, weil sie sich verzweifelt gegen die weißen Eindringlinge wehrten. Heute leben hier nur noch wenige von ihnen in kleinen Siedlungen. Wir erreichen das Indianerdorf Refugio. Inmitten winziger, mit Schilf bedeckter Hütten erhebt sich eine mächtige Kirche. Vor einer Lehmhütte sitzt eine alte Frau, und ich bitte sie, mir Luzerne für mein Pferd zu verkaufen. Da sie mein Spanisch nicht gut versteht, ruft sie ein junges Mädchen zum Übersetzen. Die fünfzehnjährige Marcela ist gerade zu Besuch in ihrem Heimatort. Sie geht in Angastaco zur Schule und wohnt dort in einem Internat. Das Mädchen unterscheidet sich mit ihrer städtischen Kleidung von der einfachen Tracht der Dorfbewohner.

»Die Luzerne muss von einem Feld unten am Fluss geholt werden, das wird eine Weile dauern«, erklärt mir Marcela auf Spanisch.

Inzwischen haben sich einige Frauen versammelt und mustern mich neugierig.

»Binden Sie doch Ihr Pferd an diesem Pfahl fest und setzen Sie sich zu uns«, fordert mich das Mädchen auf. »Wir würden alle gern erfahren, woher Sie kommen und wohin Sie wollen.«

Marcela führt mich durch einen niedrigen Torbogen aus luftge-

trocknetem Lehm in einen Innenhof, der umschlossen ist von weiß-
gekalkten Adobe-Mauern. Hier sitzen noch mehr Frauen und spinnen Wolle. Kinder hocken am Boden und schauen mich mit großen
Augen an. Katzen und Hunde streichen herum, Hühner picken im
Sand. Die Szene wirkt auf mich, als wäre die Zeit stehen geblieben,
als wäre es immer schon so gewesen und würde so bleiben. In den
Mauernischen hängen Werkzeuge und einfache Geräte für die Feldarbeit. Unterm Dachbalken trocknen Ziegenkäse und rote Chili-
schoten. Ein Bild der Ruhe und Harmonie.

Nach einer Weile schleppen zwei Jungen einen riesigen Ballen
Luzerne herbei. Nur einen Teil gebe ich Tuco gleich zu fressen, damit
er von zu viel Grünzeug nicht krank wird. Den Rest verpacke ich in
einer Plane und schnüre sie auf seinem Rücken fest.

Marcela begleitet mich zum Fluss. Sie will mir eine ungefährliche
Furt zeigen. Sie fotografiert mich, wie ich mit meinem Pferd durch
das lehmbraune Wasser wate.

Dann sind wir wieder allein, Tuco und ich. Noch einmal müssen
wir ein glühend heißes Wüstengebiet überwinden. Das Trinkwasser
wird abermals knapp, und ich befürchte schon, dass wir uns diesmal
wirklich unrettbar verirrt haben.

Plötzlich, hinter einer felsigen Anhöhe liegt sie vor mir, die Lagune
Lucatatao. Wie ein kostbares Juwel leuchtet der See, eingerahmt von
roten und violetten Bergen, die sich in seinem Wasser spiegeln.

Ich streichle Tuco sanft über den Hals: »Siehst du, wie versprochen, Wasser und saftige Weiden.« Während mein Pferd grast,
schwimme ich in den See hinaus, drehe mich auf den Rücken und
lasse mich von den sanften Wellen wiegen.

Wir bleiben drei Tage an der Lagune. Nach den Mühsalen der
Wanderung tut es gut, sich auszuruhen. Wie schön kann ein Morgen
sein, wenn man nicht packen und Lasten verschnüren muss. Statt-

dessen sattle ich Tuco und reite mit ihm am See entlang oder auf einen der Berge. Von oben erblicke ich tief unten das smaragdgrün schillernde Wasser, und weit geht der Blick über die Bergketten zum schneebedeckten, 6720 Meter hohen Nevada Cachi.

Als hätten Gärtner einen Steingarten angelegt, wachsen überall Kakteen. Sie blühen rot, gelb und orange. In die baumhohen Kandelaber-Kakteen hämmern Spechte ihre Höhlen. Am Seeufer brüten Wasservögel, und einmal kreist ein Kondor hoch am Himmel. Es ist ein Ort voller Stille und Ruhe. Nur Vögel, Insekten und der Wind spielen ihre Melodien.

Lange würde ich hierbleiben wollen, aber die Vorräte werden knapp. Ich belade Tuco, und wir machen uns auf den Rückweg. Im Dorf Refugio verweile ich diesmal nicht; die Frauen arbeiten weit entfernt auf den Feldern, und Marcela wird inzwischen zurück im Internat sein. Nur Großmutter Maria sitzt auf der Bank vor ihrer Hütte und spinnt Wolle.

Zurück in Molinos, zahle ich José die zweite Hälfte des Mietpreises, dann gehe ich noch einmal zur Koppel. Tuco steht an der Futterkrippe zusammen mit dem Grauen und dem Braunen, wie damals, als ich ihn zum ersten Mal sah. Leise rufe ich »Tuco« und erwarte nicht, dass er sich beim Fressen stören lassen wird. Doch Tuco hebt sofort den Kopf, wiehert hell und trabt zum Zaun. Ich streichle ihn und bin glücklich, dass er auf mein Rufen reagiert hat, und zugleich sehr traurig, weil ich von meinem Pferd Abschied nehmen muss – einen Abschied für immer.

INSELN

Welten für sich

GALAPAGOS
SIZILIEN
KAPVERDEN
KAUAI

GALAPAGOS
Weihnachtsbaby

Auf Galapagos forschen zu dürfen, das wünscht sich wohl jeder Biologe. 1980 wurde dieser Traum für mich Wirklichkeit. Ein Jahr lang lebte ich auf der unbewohnten Insel Caamaño, die ich mit Seelöwen, Meerechsen und Seevögeln teilte. Ein besonderes Erlebnis hatte ich mit einer jungen Seelöwin.

Undine lag am Strand und sonnte sich. Sie schien sich zu langweilen. Mit den Flossen an ihren Füßen bewarf sie ihren schlanken Körper mit feinkörnigem Sand. Mein Erscheinen auf ihrer Insel muss ihr als Abwechslung sehr willkommen gewesen sein, denn sie war die Erste, die es wagte, mich zu begrüßen.

Undine war eine junge Seelöwin. Sie lebte nicht allein, sondern zusammen mit vielen anderen Seelöwinnen, eifersüchtig bewacht von Pascha, einem starken Seelöwen. Vorsichtig ging ich an den Tieren in möglichst weitem Abstand vorbei. Sie aalten sich wie Urlauber in der Sonne, doch ich traute ihrer Friedfertigkeit nicht so recht. Schließlich waren sie größer als ich, mit starken und muskulösen Körpern, und wenn sie gähnend das Maul öffneten, sah ich ein Raubtiergebiss mit dolchartigen Reißzähnen.

Bisher war ich Seelöwen nur im Zoo begegnet, getrennt durch eine Absperrung. Nun aber stand ich ihnen ungeschützt gegenüber. Ein Jahr lang muss ich die Insel mit ihnen teilen. Was würde aus mir werden, wenn sie meine Anwesenheit in ihrem Gebiet missbilligten und sich auf mich stürzten? Als ich beim ersten Mal fast an ihnen vorbei war und gerade aufatmen wollte, hob eine Seelöwin – ich nannte sie später Undine – den Kopf. Sie zog schniefend die Luft ein und verfolgte mich. Kräftig stemmte sie die Flossen in den Sand und robbte eiligst hinter mir her. Ich sah, dass ich ihr nicht entkommen konnte, auch wenn ich rennen würde, und so blieb ich einfach stehen, damit sie den Reiz an der Verfolgung verlor. Und tatsächlich, die Seelöwin verharrte, aber als ich weiterging, folgte sie mir wieder. Ich blieb stehen, sie auch. Den schmalen Kopf auf dem schlanken Hals schwang sie hin und her und rief: »Uk, uk.« Es waren kehlige Laute, doch sie klangen nicht aggressiv, eher versöhnlich und neugierig, sogar lockend. Meine Unsicherheit schwand, und ich hockte mich nieder. Vorsichtig witternd, mit weit gesträubten Barthaaren näherte sich Undine. Ich hielt still, auch als sie mit ihrem borstigen Schnauzbart meine Arme und Beine kitzelte. Es war eine sanfte, ja fast zärtliche Berührung, wie ein gegenseitiges Erkennen. Ich glaubte zu verstehen, dass wir beide zwar ein gänzlich verschiedenes Leben führen, dennoch einander verwandt sind.

Leider entfernte sich die junge Seelöwin nach der kurzen Begrüßung, ich schaute ihr enttäuscht hinterher. Sie robbte zum Wasser, nahm dort eine Feder ins Maul, und – ich konnte vor Aufregung kaum atmen – kam zurück und legte die Feder in meine ausgestreckte Hand. Es war eine Aufforderung zum Spielen, wie Seelöwen es untereinander tun. Für mich aber hatte es eine symbolische Bedeutung. Die Feder war das Willkommensgeschenk Undines, ein Pfand unserer Verbundenheit.

Tatsächlich entwickelte sich zwischen mir und der Seelöwin eine Art Freundschaft. Undine half mir, das Alleinsein und die Einsamkeit zu ertragen. Mittags kam sie in mein Lager, wo ich aus Leintuch und vier Stangen eine Überdachung gebaut hatte, die Schatten bot. Dort suchten wir beide Schutz vor der Sonnenglut am Äquator. Wenn ich im Meer Geschirr abwusch, schlich sie sich von hinten an und stahl Teller und Töpfe, balancierte sie auf der Nasenspitze, bis sie ins Wasser fielen. Dann wiegte sie wie entschuldigend den Kopf und blickte mich spitzbübisch aus großen Augen an.

Die Seelöwen hatten sich an mich gewöhnt und beachteten mich kaum noch. Jede Nacht lagerten sie rund um mein Zelt; ich brauchte lange, um mich an ihre »Nachtmusik« zu gewöhnen. Sie blökten wie Schafe, bellten und heulten wie eine Hundemeute, grunzten, muhten, schnieften, schnauften, winselten und quäkten, als seien alle Tiere der Arche Noah versammelt. Erst beim Morgengrauen zog Ruhe ein, dann stürzten sie sich ins Wasser, um ihren Frühstücksfisch zu fangen. Tagsüber dösten sie und aalten sich am Strand.

Kam ich morgens aus meinem Zelt, war nur noch Undine da. Ich erzählte ihr meine Träume und warf ihr Teller und Tassen zum Spielen zu. Immer redete ich mit ihr, denn es gab sonst niemand, der mir zuhörte. Deshalb war ich sehr betroffen, als sie plötzlich nichts mehr von mir wissen wollte. Sie mied mein Lager, doch ich war mir keiner Schuld bewusst. Womit habe ich sie verärgert?, grübelte ich.

Sie lag am Strand, kaum öffnete sie die Augen, und wenn ich ihr Vorwürfe machte, wälzte sie sich träge auf den Rücken. Als hätte sie mein Gerede satt, robbte sie schließlich zum Meer und glitt ins Wasser. Tag um Tag verging, unsere Freundschaft schien beendet. Für mich war die Trennung schwer zu ertragen. Nun war ich wirklich allein, und da die Weihnachtszeit immer näherrückte, litt ich besonders unter der Einsamkeit.

Am 24. Dezember öffnete ich morgens das Zelt mit dem Wunsch, Undine möge wie früher auf mich warten. Nein, sie war nicht da! Lustlos stand ich auf und ging zum Meer, um mich zu waschen. Da lag sie. Ihr Leib bebte, und ich glaubte im ersten Schreck, sie habe einen zu großen Fisch verschlungen. Doch dann durchfuhr es mich blitzartig, ich verstand schlagartig alles: Undine hatte Wehen! Sie stand kurz davor, ein Baby zu bekommen. Aufgeregt rannte ich hin und her, wie könnte ich nur helfen? Allmählich beruhigte ich mich. Sie brauchte keinen Arzt, keine Hebamme wie wir Menschen. Alle Seelöwinnen bekommen ihren Nachwuchs ohne Hilfe, auch meine Undine würde es schaffen. Doch ich wich nicht von ihrer Seite, streichelte ihren Nacken, kraulte ihr Fell, massierte sanft ihren Leib. Sie ließ es teilnahmslos geschehen. Wenn die Wehen in Wellen ihren Körper durchströmten, gab sie keinen Laut von sich. Es dauerte Stunden. Manchmal schien sie zu schlafen, dann wieder wälzte sie sich hin und her.

Endlich, es dämmerte und die Sterne blinkten schon am Abendhimmel, kam das Baby. Ich sah ein Köpfchen, dann ging es sehr schnell. Ihr Leib presste sich zusammen, und das Kleine rutschte aus ihrem Körper. Da lag es im Sand, ein nasses Etwas, mit braunem Fell, winzigen Flossen und feinen Schnurrhaaren. Undine war erschöpft. Sie rührte sich nicht. Das Baby öffnete die Augen, blinzelte, stemmte sich auf die Flossen, fiel tollpatschig um. Schließlich robbte es zum Bauch der Mutter und begann, mit seiner winzigen Schnauze nach der Zitze zu suchen. Jetzt erst beugte Undine den Kopf zu ihrem Baby, beschnüffelte es sorgfältig, rollte sich auf den Rücken und schloss befriedigt die Augen, als das Kleine mit der Zitze im Mäulchen zu saugen begann.

Vor Anspannung und Aufregung hatte ich alles um mich herum vergessen. Ich kniete erschüttert und glücklich zugleich neben Undine und ihrem Kind. Da erst wurde mir wieder bewusst, dass es Heiligabend war, und ich fühlte mich beschenkt und auserwählt, weil ich diese Weihnachtsgeburt auf der einsamen Insel erleben durfte.

SIZILIEN
Blumen blühen zwischen gestürzten Säulen

Im Jahr 1986 reiste ich an Ostern nach Sizilien. Inspiriert vom Buch Johann Gottfried Seumes »Spaziergang nach Syrakus«, wollte ich mich auf seine Spuren begeben und die historischen Stätten auf der heute italienischen Insel kennenlernen, die in der Antike von Griechen gegründet worden waren.

Einem ins Meer mündenden Fluss folge ich landeinwärts, vorbei an Apfelsinenhainen. Reife Früchte hängen an den Zweigen, und gleichzeitig blühen die Bäume. Der betörende Duft der Blüten füllt die Luft. Eine freudige Stimmung erfasst mich. Ich wandle zwischen den Bäumen hindurch und habe das Gefühl, als würde ich schweben. Am Wegrand wuchern wilde Winden und Wicken in leuchtenden Farben. Smaragdeidechsen huschen gleich grünen Pfeilen vor meinen Schritten davon. Zwischen Mandelbäumen, Oliven und Disteln finde ich einen geschützten Platz zum Übernachten. Ein Zelt habe ich nicht dabei, aber ich bin es gewohnt, unter freiem Himmel zu schlafen. Es ist warm und trocken. Kein Geräusch stört meine Nachtruhe, und so schlafe ich fest bis zum nächsten Tag.

Beim ersten Morgenschimmer wache ich auf, wie immer, wenn ich draußen übernachte. Es ist noch nicht entschieden, ob es noch Nacht sein will oder schon Tag. Für mich sind es die schönsten Momente, eine geheimnisvolle Zeit für Phantasie und Entdeckungen. Sachte schleiche ich mich durch das tauschwere Gras, bin auf alle Arten von Begegnungen gefasst. Wie im Märchen verändert sich die Wirklichkeit, löst sich meine äußere Hülle auf und lässt mich in einen innigen Austausch mit der Natur und allen Lebewesen treten, so als könnte ich plötzlich die Sprache der Tiere verstehen und hören, wie die Gräser mir ihre Geheimnisse zuflüstern. Vögel zwitschern erst leise und zaghaft, dann anschwellend in einem vielstimmigen Chor. Schlagartig beginnen alle zu jubilieren, als hätte ein unsichtbarer Dirigent den Einsatz gegeben. In dem Moment, als der Chorgesang der Vögel ertönt, geht die Sonne auf. Nicht langsam und gleichmäßig steigt sie empor, wie mit einem gewaltigen Satz springt sie über den Horizont. Sofort erglühen die Mohnblüten blutrot im Sonnenlicht. Ein goldener Vogel beäugt mich vom Geäst eines Mandelbaums und schwirrt vor mir her, als wolle er mich immer weiter hinein in die Wildnis locken. Obwohl ich weiß, dass der goldgelbe Vogel ein Pirol ist, könnte er doch in dieser Stunde des träumerischen Umherstreifens auch der Märchenvogel sein. Mit einer seiner goldenen Federn kann man sich drei Wünsche erfüllen. Was aber würde ich mir wünschen, in diesem Moment des wunschlos Glücklichseins?

Nachdem ich gefrühstückt habe, wandere ich weiter am Fluss entlang, der hinauf in die Berge führt. Das Wasser in seinem Bett wird immer spärlicher, bis es schließlich ganz versiegt. Später finde ich eine Quelle. Klares, kaltes Wasser sprudelt ans Tageslicht. Bäume wölben sich schützend über die kristallene Wasserfläche. Obwohl heller Tag, singen Nachtigallen. Am Ufer sonnen sich Eidechsen, Schmetterlinge umgaukeln mich. Im kalten Quellwasser nehme ich ein erfrischendes Bad, setze mich auf die sonnenwarmen Kiesel und lasse meine Haut von Wind und Sonne trocknen. Ich fühle mich angekommen und aufgenommen in Sizilien. Eine Weile verharre ich in dieser zeitlosen Idylle, dann drängt mich die Neugier, weiterzuwandern nach Syrakus. Die Stadt liegt an der Meeresküste im Süden Siziliens.

Ziellos wandere ich in der Altstadt von Syrakus durch gewundene Gassen und schmale Sträßchen, über denen malerische Balkons hängen. Breitbrüstig berühren sie fast denjenigen auf der anderen Seite. In die kunstvoll ineinandergeflochtenen, eisernen Gitter sind Rosen gehämmert, so als wäre Metall wie weiches Wachs zu bearbeiten.

Eigentlich bin ich auf der Suche nach dem antiken Syrakus, doch es existiert nicht mehr. Syrakus wurde im Jahr 745 v. Chr. von Griechen aus Korinth gegründet. Im Altertum war es eine der größten Städte und wurde für seine Schönheit gerühmt, war aber auch berüchtigt als Stadt der Tyrannen. Die Herrscher von Syrakus waren totalitäre Alleinherrscher, aber sie versuchten, ihre Macht zu benutzten, um die Utopie vom idealen Zusammenleben der Menschen zu verwirklichen. Vom Tyrann Dionysius I., dem Schiller mit seiner Ballade »Die Bürgschaft« ein Denkmal setzte, wird erzählt, dass er von Dichterehrgeiz besessen war. Als man ihm bei einem Wettbewerb den ersten Preis zuerkannte, betrank er sich vor Freude, doch der übermäßige Weingenuss brachte ihm den Tod.

Später wurde die Stadt durch die Römer erobert, doch das bedeutete noch nicht das Ende von Syrakus. Die Bewohner passten sich an, kleideten sich in römische Gewänder und übernahmen römische Lebensart. Die Todesstunde des antiken Syrakus schlug erst 878 n. Chr., als Araber die Insel besetzten und Syrakus zerstörten. Übrig blieben nur Ruinen, ein riesiges Trümmerfeld.

Die Araber, zunächst erbarmungslose Eroberer, brachten Sizilien zum Blühen. Sie legten künstliche Bewässungssysteme an, bauten Straßen und Siedlungen und führten den Maulbeerbaum ein, Futter für Seidenraupen. Durch deren Zucht wurde Sizilien zum Exporteur von Seidenstoffen. Auch Pistazien und Papyrus, die es zuvor auf der Insel nicht gegeben hatte, wurden angepflanzt. Die kulturelle Entwicklung der Araber war damals höher als in europäischen Ländern des frühen Mittelalters. Sizilien wurde zur Brücke, über die durch den Handel nicht nur die wirtschaftliche Entwicklung gefördert wurde, sondern auch Kunst und Wissenschaft in die mittelalterlichen Feudalstaaten einströmten.

Spät am Nachmittag wandere ich aus Syrakus hinaus. Ich muss die moderne Großstadt durchqueren, von der die Altstadt umwuchert ist. Lärm, dichter Verkehr, hässliche Hochhäuser lassen mich wünschen, diesen Teil Syrakus' schnell hinter mir zu lassen. Um mich abzulenken, rufe ich mir die Erlebnisse von Johann Gottfried Seume ins Bewusstsein, der 1802 von Grimma in Sachsen nach Syrakus zu Fuß unterwegs war. Er prägte den Satz: »*Es ginge alles besser, wenn man mehr ginge.*«

Ich gelange nach Noto, bekannt als »sizilianische Barockstadt«. Barock ist nicht gerade der Baustil, der mir gefällt, doch hier präsentiert er sich weniger pompös. Dank erdfarbener, brauner und rötlicher Steine wirkt er bescheidener, und auch der Reliefschmuck ist einfacher, weniger überladen als sonst beim Barock üblich. Ich wandere weiter an der Südküste entlang nach Westen.

Die Griechen bauten ihre Siedlungen immer nah an der Küste mit Blick aufs Meer, als wollten sie den Augenkontakt zur griechischen Heimat halten. Gela, 688 v. Chr. von Einwanderern aus Rhodos und Kreta gegründet, war in der Antike eine schöne und berühmte Stadt, heute wird sie von der Erdölverarbeitung beherrscht. Die Stadt ist geprägt von Raffinerien, Industriebetrieben und Fabriken, sogar die Sonne ist vom Smognebel verhüllt. Ich wollte länger bleiben, doch verzichte ich lieber darauf, die griechischen und römischen Sehenswürdigkeiten zu besichtigen, und wandere weiter nach Agrigent. Der Ort ist bekannt als Stadt der Tempel, was nicht ganz richtig ist, denn diese befinden sich im Tal der Tempel außerhalb der Stadt, wo früher das antike Agrigento war. Die heutige Stadt prunkt mit Hochhäusern und verkehrsreichen Straßen. In Agrigento lebte im 5. Jahrhundert v. Chr. der Dichter und Philosoph Empedokles. Ihm missfiel die übermäßige Tempelbauerei seiner Mitbürger. Er sagte über sie: »Sie speisen, als ob sie morgen sterben würden, und bauen, als ob sie ewig leben sollen.« Nach einer frei erfundenen Legende soll er seinem Leben durch einen Sprung in den Krater des Vulkans Ätna ein Ende gesetzt haben.

Mehr als die Tempel von Agrigento beeindruckt mich die große Tempelanlage von Selinunt, für mich der Höhepunkt der griechischen Architektur. Ihre Schönheit symbolisiert ein Leben in Harmonie, ein Leben, wie es die Griechen anstrebten, aber in der Wirklichkeit nicht erreichen konnten. Die Tempel sind die Verkörperung ihrer Ideale und Sehnsüchte, während sie im wirklichen Leben, genau wie Menschen in allen Ländern und zu allen Zeiten, von Neid und Missgunst, Machtstreben und Verrat geprägt wurden. Vollkommener als anderen Völkern aber gelang ihnen, das Ideal des »Edlen und Guten« in ihrer Kunst darzustellen.

Die Landschaft, die die Tempelruinen und die antike Stadt von Selinunt umgibt, ist weit und sanft geschwungen. Still liegt die Stätte da, als wäre sie in einem tiefen Atemholen eingeschlafen. Farbtrunkene Blumen sprießen zwischen umgestürzten Säulen. Ihre zerbrochenen Fragmente, wie von Riesenhand durcheinandergewürfelt, sind durchwoben von blühendem Leben, das letztendlich alle Geschichte besiegt. Variationen von Grün erhellen die steingrauen Trümmer. Die Lebensbäume setzen mit ihren schwarzgrünen Kerzen markante Akzente, und das Silbergrün der Gräser schwirrt im Wind. Wie Feuer flammt dazwischen der Mohn. Einer der Tempel scheint unzerstört, nur das Dach fehlt. Die Schönheit dieses Tempels bereitet mir ein fast schmerzhaftes Gefühl, so als müsste ich mich wehren gegen so viel Vollkommenheit, so viel Schönheit. Nie zuvor habe ich deutlicher gespürt, dass Tempel nicht für Menschen gemacht sind, sondern für Götter. Während ich ihn anblicke, scheint der Tempel zu wachsen. Die Augen und Sinne täuschend dehnt er sich weit, schwingt sich über das smaragd und türkis schimmernde Meer. Heftig schlagen weiße Wellen an den Strand.

Dass Tempel auch im Landesinnern gebaut wurden, beweist der einige Kilometer entfernte Tempel von Segeste. Er liegt an einem verborgenen Platz zwischen den Bergen, als sei er auf der Flucht gewesen und habe sich verirrt in dieser nebelgrünen Landschaft. Ich bin mir fast sicher, nicht griechische Götter bewohnen ihn, sondern uralte Naturgottheiten haben von ihm Besitz ergriffen.

Spät am Abend erreiche ich den einsamen Tempel, keine Ortschaft ist in seiner Nähe. Es ist bereits dunkel. Kaum kann ich den schmalen Pfad erkennen, der durch ein Wäldchen führt. Endlich mündet der Weg ins Freie – und da liegt der Tempel vor mir. Im Mondlicht schimmern die Säulen mattweiß. Eine seltsam verwunschene Stimmung erfasst mich. Ich wandle unter den Säulen entlang und fühle mich in längst vergangene Zeiten versetzt. Am Waldrand mit Blick auf den Tempel breite ich meinen Schlafsack aus. Beim Einschlafen erfasst mich eine tiefe Geborgenheit.

Im Sonnenlicht des nächsten Tages besichtige ich das Amphitheater oberhalb des Tempels. Als vollkommener Halbbogen ist es in den Berghang gesenkt. In gleichmäßigen Bögen ziehen sich zwanzig steinerne Sitzreihen in die Höhe, durch Treppenstufen in sieben Blöcke geteilt. Ich stelle mir vor, dass hier Theaterstücke von Empedokles aufgeführt wurden. Mein Blick schweift den Abhang hinab. Im Talgrund schneidet sich die neue Autobahn in die Landschaft.

Mein letztes Ziel ist Enna, eine im Mittelpunkt der Insel liegende Ortschaft. Die Konturen weit geschwungener Hügel formen eine anmutige Landschaft voller Frühlingsfarben. Immer wieder der rote Mohn, wilde Gladiolen mit orangefarbenen Blüten, blausternige Wucherblumen, Veilchen und weinroter Klee erfreuen mich. Auch die Felder gleichen eher Blumenwiesen als Ackerland. Dennoch – trotz der frühlingsfrischen Farben wirkt die Landschaft Siziliens herb und karg und lässt schon die verbrannte, hitzeflimmernde Trockenheit des Sommers ahnen.

Sizilien ist das Land der Göttin Demeter, der seit der Jungsteinzeit verehrten griechischen Urmutter. Seit die Menschen zu Ackerbauern wurden, ist Demeter für die Fruchtbarkeit der Felder verantwortlich und wird meist mit einem Ährenbündel im Arm dargestellt. Eines Tages wird ihre Tochter, die liebliche Persephone, vom Gott der Unterwelt entführt. Verzweifelt trauert die Mutter. Vor Kummer hat sie keine Kraft mehr, sich um die Fruchtbarkeit zu kümmern. Die Natur verödet, vertrocknet, stirbt. Die Götter im Olymp dauert das sterbende Land. Sie beschwören Hades, die schöne Persephone freizugeben. Er aber hat sich in das Mädchen verliebt und will sie nicht verlieren. Die Götter erstreiten einen Kompromiss, er gibt sie frei, aber nur für wenige Monate im Jahr. Persephone steigt aus der Unterwelt empor, tritt ans Sonnenlicht. Blumen erblühen unter ihren Schritten und die Vögel singen. Es ist Frühling. Am Ende des Sommers muss Persephone wieder hinab in die Unterwelt. Dann trauert Demeter, und das Land verdorrt.

Meine Wanderung nach Enna ist einsam. Menschen treffe ich keine und komme auch an keinem Dorf vorbei. Die Bauern leben kilometerweit von ihren Äckern entfernt in Städten. Sie fahren mit Autos zur Feldarbeit, doch jetzt im Frühling ist die Saat bereits in den Boden eingebracht, und deshalb begegne ich auch niemand.

Schon im Altertum lagen die Siedlungen weit von den Feldern entfernt. Es waren drei verschiedene Völker, die ursprünglich in Sizilien lebten. Als Erstes wanderte während der Steinzeit das iberische Volk der Sicaner ein. Sie lebten von der Jagd und ihren Viehherden. Das zweite Volk, die Siculer brachten den Ackerbau auf die Insel. Sie pflanzten ein besonderes Korn an, das auch bei jahrelanger Lagerung nicht verdarb. Die Elymer, möglicherweise Flüchtlinge aus Troja, mischten sich mit der einheimischen Bevölkerung. Als Schutz vor seefahrenden Eroberern aus Phönizien, Griechenland, Karthago und Rom lebte die sizilianische Bevölkerung nicht in kleinen Dörfern verstreut im Land, sondern konzentriert in großen Siedlungen auf Bergkuppen, geschützt von hohen Mauern.

Als Sizilien unter römische Herrschaft fiel, wurde die Insel zur Kornkammer Roms. Um den Ernteertrag noch zu steigern, rodete man die Wälder restlos und legte riesige Latifundien an. Dieser Raubbau laugte den Boden aus, er wurde trocken und öde, der Wind wehte die fruchtbare Krume fort. Bis heute hat sich die Erde nicht erholt. Auch die Einführung widerstandsfähiger Getreidesorten aus Kanada und der Ukraine halfen nicht.

Ab und zu steigt eine Lerche in die Luft. Abseits auf einem Hügel sehe ich einen jungen Hirten auf einem Stein sitzen. Er mag um die zehn Jahre alt sein und beaufsichtigt eine buntscheckige Ziegenherde. Mit den schwarz gelockten Haaren und den klaren, harmonischen Gesichtszügen gleicht er einer griechischen Statue. Ohne sich zu rühren, blickt er mir nach.

KAPVERDEN
Die Inseln vom grünen Kap

»Kap Verde? Wo liegt denn das?«, wurde ich gefragt, als ich Freunden von meiner Reise zu den Kapverdischen Inseln berichtete. Im Jahr 1998 beauftragte mich das ZDF, ein Drehbuch für einen Dokumentarfilm über kapverdische Musik zu schreiben. Die berühmte und weltweit bekannte Interpretin Cesária Évora gab mir ein Interview und bewirtete mich anschließend mit einer Fischsuppe. Mir bot die Recherche die Chance, die Inseln des kapverdischen Archipels und das Leben der Menschen dort kennenzulernen.

Der Name bedeutet »grünes Kap«, aber diese Bezeichnung ist ein Wunschtraum. In Wahrheit sind die Inseln wüstentrocken. Sie liegen im Atlantik, 450 Kilometer vor der afrikanischen Küste. Wie ein paar Steinchen von einer Riesenhand ins Meer gestreut wirken die fünfzehn Inseln – nachdem man sie schließlich auf einer Weltkarte gefunden hat.

Das Flugzeug bringt mich nach Sal, einer der Inseln des Archipels. Ich bin überrascht, in dieser abgelegenen Gegend einen modernen Flughafen und weiträumige Flugpisten vorzufinden, geeignet für Starts und Landungen auch der großen internationalen Airlines.

Sal wurde benannt nach dem Salz, das früher hier gewonnen wurde. Flach und sandig liegt die Insel lang gestreckt im Ozean. Beim Blick aus dem Flugzeugfenster wirkt sie auf mich wie ein verbrannter Flecken im blauen Atlantik. Nach der Landung beziehe ich einen Bungalow, den ich im Voraus gebucht hatte.

Am nächsten Tag wandere ich die Küste entlang und entdecke

sanft geschwungene Buchten mit feinkörnigen Stränden. Der Zauber von Sal beginnt zu wirken, als ich in das warme Meerwasser eintauche und mich von den Wellen wiegen lasse. Sonne, Strand und Meer, das sind die »Rohstoffe«, die die Entwicklung voranbringen sollen. Hotels und Restaurants werden in großem Stil auf der bislang einsamen Insel gebaut, vom kapverdischen Staat konsequent gefördert, denn der Tourismus wurde als sprudelnde Einnahmequelle erkannt. Beliebt ist Sal insbesondere bei den Surfern, weil meist genügend Wind weht und die hohen Brandungswellen diesen Sport zu einem großen Vergnügen machen.

Doch Sal hat mehr zu bieten. Einen Tag später wandere ich ins Landesinnere und gelange zum Krater Pedra Lume. Da der Kraterboden unter dem Meeresspiegel liegt, dringt Salzwasser ein und verdunstet langsam. Das Salz lagert sich in dicken Schichten ab. Die alte Seilbahn einer französischen Firma von 1919, mit der das Salz aus dem Salzsee vom Krater zur Küste transportiert wurde, ist noch vorhanden. Der Salzhandel brach zusammen, als Brasilien, Hauptabnehmer des Salzes, eine Schutzsteuer auf importiertes Salz legte.

Die Kapverden wurden 1456 vom venezianischen Seefahrer Alvise Cadamosto gesichtet, der in portugiesischen Diensten stand. Fortan gehörten sie als neue Kolonie zum Territorium Portugals. Die Kapitäne Diego Gomes und Antonia Nola gingen 1460 als Erste an Land und erkundeten gemeinsam die einzelnen Eilande. Später stritten sie erbittert, wem der Ruhm des Erstentdeckers zustehe. Alle fünfzehn Inseln waren unbesiedelt, und nichts deutete darauf hin, dass in prähistorischer Zeit hier Menschen gelebt haben könnten.

Wie Trittsteine auf dem Seeweg von Lissabon nach Brasilien dienten sie fortan dem Transatlantikverkehr. Schiffe füllten ihre Vorräte an Lebensmitteln und Wasser auf und, nachdem es Dampfschiffe gab, auch an Kohle. Jahrhundertelang war der Archipel ein Drehplatz für den Sklavenhandel. Hier wurde die Ware Mensch aus- und umgeladen, begutachtet und weiterverkauft. Die finstere Epoche, als Menschenhändler Hunderttausende Afrikaner verschleppten, um sie gewinnbringend nach Amerika zu verfrachten, liegt nicht in ferner Vergangenheit. Erst 1815 wurde das Ende des Sklavenhandels auf dem Wiener Kongress verkündet. Portugal willigte ein, unter dem Vorbehalt, »nur« noch südlich vom Äquator mit Menschen zu handeln. Auf Kapverde endete die Sklaverei offiziell erst im Jahr 1878, und es dauerte nochmals Jahrzehnte, bis die Sklaven freigelassen wurden und pro forma die portugiesischen Bürgerrechte erhielten. Heute sind neun der fünfzehn Inseln von Menschen besiedelt, deren Vorfahren aus Afrika, aber auch aus Europa stammen, die sich miteinander mischten und als Kapverder stolz auf ihre eigenständige Kultur sind. Sie sprechen Criolo, eine Sprache mit portugiesischen und afrikanischen Einflüssen. Zudem haben sich auf den Inseln verschiedene Dialekte des Criolo entwickelt, die das Verständnis untereinander gar nicht so leicht machen.

Keine Insel gleicht der anderen. Auf jeder gibt es Neues zu entdecken. Von einer Insel zur anderen fliege ich mit kleinen Propellermaschinen der kapverdischen Airlines. Die Insel Santiago, benannt nach dem heiligen Jakob, dem Pilgervater, ist mit 991 Quadratkilometern die größte und Sitz der Regierung. Seit 1975 sind die Kapverden von Portugal unabhängig, haben einen demokratisch gewählten Präsidenten und ein Parlament.

Zwei Gebirgszüge formen eine grandiose Landschaft mit tiefen Cañons und bizarren Felsgipfeln. Die rotbraunen und schwarzen Steilhänge wirken imposant, aber lebensfeindlich. Als ich beim Flug über Santiago aus dem Fenster blicke, muss ich meine Phantasie schon mächtig bemühen, um mir vorzustellen, dass in den ausgedörrten Tälern und sonnenverbrannten Hochflächen überhaupt Menschen existieren können. Dabei ist Santiago noch eine der fruchtbarsten Inseln.

An der Küste Santiagos leben die Menschen vom Fischfang. Angesichts des herrlich blauen Meeres möchte man meinen, es gäbe genug Fisch für alle. Zwar ist der Fischreichtum durch das Zusammentreffen kalter und warmer Strömungen riesig, aber die Fangmethoden sind urtümlich. Mit leichten Holzbooten, kaum größer als ein Ruderkahn, wagen sich die Fischer in die Brandung. Beeindruckt von ihrem Mut beobachte ich, wie sie am Morgen ins offene Meer hinaussteuern. Manche haben einen Außenbordmotor, andere müssen rudern, und wenn der Wind günstig weht, spannen sie erfinderisch aus blauen Zuckersäcken zusammengenähte Segel auf.

Am Abend stehe ich wieder am Strand. Die Fischer kommen nach einem harten Tag auf See zurück. Wenn die farbenfroh bemalten Boote mit ihren hellblauen Segeln in die blaue Bucht einfahren, täuscht der pittoreske Anblick über die Existenznöte hinweg, die die Kapverder täglich bewältigen müssen. Der Fang reicht kaum zum Überleben. Der Fischverkauf obliegt den Frauen. Sie spielen als Händlerinnen und Fischverkäuferinnen eine entscheidende Rolle im wirtschaftlichen Leben auf Kapverde.

Markttag in Assomada, der Ortschaft im Herzen Santiagos. Das Angebot an Obst und Gemüse ist reichhaltig. Das wenigste davon wuchs auf Kapverde, sondern wurde eingeführt, denn es gelingt kaum, dem öden Land einige Feldfrüchte abzuringen. Der Vulkanboden ist zwar fruchtbar, aber das Klima zu trocken. Manche Jahre bleibt der Regen ganz aus. Eine sichere Ernte kann nur der Bauer erwarten, der seine Felder künstlich bewässert. Aber die Pumpen, angetrieben von malerischen Windrädern, reichen oft nicht tief genug, um bei mehrjähriger Trockenheit noch Wasser fördern zu können.

Wie ich erwartet hatte, begegnen mir auf dem Markt von Assomada überwiegend Frauen, sowohl als Käuferinnen als auch als Händlerinnen. Es fällt auf, wie frei und selbstsicher sie sich verhalten. Diese Selbstständigkeit der Frauen wurzelt in ihrem afrikanischen Erbe, auch dort sind die Frauen verantwortlich für das Überleben ihrer Familie. Santiago ist die afrikanischste der Inseln. Die damals entflohenen Sklaven versteckten sich in den felsigen Schluchten des Eilandes, bauten später Siedlungen und bewahrten ihre afrikanische Lebensart. Zudem müssen die Frauen auf Kapverde ihr Leben meist allein bestreiten. Selbstverantwortlich sorgen sie für sich und ihre Kinder, während die Väter oft jahrelang im Ausland arbeiten und nur selten während eines Urlaubs heimkommen. Zwei Drittel der Bevölkerung leben als Emigranten in Amerika und Europa. Die Geldüberweisungen an ihre Familien machen immerhin zwanzig Prozent des Bruttosozialproduktes aus.

Mein nächstes Ziel ist Santo Antão, die westlichste Insel. Diesmal ist der Blick aus dem Flugzeug noch irritierender. Ich kann mir nicht vorstellen, wo wir landen werden. Unter uns breitet sich eine wilde Bergwelt aus. Senkrecht stechen Felsnadeln zweitausend Meter hoch in den Himmel, und weiß brechen sich die Wogen an der Küste aus schwarzer Lava. Ich sehe kein Plateau für eine Landebahn, nur messerscharfe Bergrücken und Klippen. Aber Kapverder sind Meister im Bewältigen scheinbar unlösbarer Schwierigkeiten: Sie haben einfach eine Piste zwischen der gischtigen See und der schroffen Küste aufgeschüttet. Der Flug und die Landung sind riskant, erfordern höchste Konzentration. Die beiden Piloten haben mir erlaubt, bei ihnen im Cockpit zu sitzen. Wir rasen auf eine schwarze Felswand zu, mir bleibt die Luft weg. Drohend taucht der Felsen vor uns auf, ist zum Greifen nah. Der Pilot zieht im Sinkflug eine enge Kurve nach unten, dann wieder gegen die Wand, bis wir tief genug sind, um auf dem schmalen Streifen zwischen Meer und Fels aufzusetzen. Ob sie wegen mir den Anflug besonders dramatisch gestaltet haben?, ärgere ich mich und spüre beim Aussteigen in mir noch immer die Angst. Jahre später lese ich in der Zeitung, dass ebendiesem Piloten und seinem Copiloten, deren Namen ich in mein Tagebuch notiert hatte, diese extrem schwere Landung das Leben gekostet hat. Sie sind mit ihrem Flugzeug am Felsen zerschellt.

Das monumentale Gebirge mit seinen scharfen Graten und tiefen Schluchten lässt kaum Raum für Siedlungen und Felder, dennoch lohnt sich gerade auf Santo Antão die Landwirtschaft. Die hohen Berge fangen regenreiche Passatwolken ein, entsprechend reichlich fallen hier die Niederschläge. Wasser ist also genug da, aber zu wenig Erde. Die Bauern haben Terrassen in die senkrechten Felsen geschlagen, auf denen sie Bananen, Kaffee, Mais, Kartoffeln und Gemüse anpflanzen, vor allem aber Zuckerrohr. Mit dem süßen Rohr kann hoher Gewinn erzielt werden, denn aus ihm wird *grogue*, Zuckerrohrschnaps, gebrannt, ein Produkt, das auf allen kapverdischen Inseln heiß begehrt ist. Der *grogue* von Santo Antão sei der beste, heißt es.

Der Verdienst lohnt die Mühsal, wie mir Eugenio, ein Bauer aus Fontainhas, versichert. Das Dorf liegt gleich einem Adlerhorst auf einem Felsensporn, die Terrassen ziehen sich Hunderte Meter tief die Abhänge hinab. Ich gerate außer Atem, als ich Eugenio zu seiner Zuckerrohrplantage begleite. Das Rohr schneidet er mit einer Sichel, bündelt es und schleppt es auf seinem Rücken den Berg hinauf zur Zuckerrohrpresse, der *tapiche*. Dort spannt er zwei Ochsen ins Joch und treibt sie im Kreis. Die urtümliche Presse aus Holz dreht sich langsam und presst den Saft aus den Rohrstängeln, der in einen Bottich fließt und zum Gären in Fässer gefüllt wird. Eugenios Söhne sorgen für Nachschub und schieben immer neues Zuckerrohr in die Presse. Der Gärprozess dauert einige Tage, dann kommt die klebrige Masse in einen Kolben, den Eugenio auf einen Ofen stellt, unter dem ein Feuer prasselt. Der Saft im Kolben verdampft und steigt in ein wassergekühltes Rohrsystem. Am Ende tropft aus dem Rohr eine klare Flüssigkeit – hochprozentiger Alkohol. Eugenio reicht mir eine Kostprobe. Nun verstehe ich, woher der Name Feuerwasser stammt.

Wieder ein Inselsprung, diesmal nach São Vicente. Die Inselhauptstadt Mindelo liegt malerisch an einer weit geschwungenen Bucht. Früher war Mindelo ein international bedeutender Hafen, wichtiger Anlaufpunkt für Schiffe nach Übersee. Hunderttausende Tonnen Kohle wurden hier verladen, um die Dampfkessel der Ozeandampfer zu heizen. Die Kohle wurde aber nicht auf São Vicente gefördert, sondern von einer englischen Kohlegesellschaft geliefert und gebunkert, damit Dampfschiffe ihr Reservoir auffüllen konnten. Seit Schiffe mit Diesel beheizt werden, gehört diese Praxis der Vergangenheit an.

Dafür ist Mindelo zum künstlerischen Zentrum der Kapverden geworden. Musik ist aus dem Leben der Kapverder nicht mehr wegzudenken. Aus Afrika kamen die Rhythmen, aus Europa die Melodien und Instrumente wie Gitarre, Geige und Akkordeon. Diese Verschmelzung macht die kapverdische Musik zu einem unvergesslichen Erlebnis. In Mindelo findet jährlich im August ein internationales Musikfestival statt. Die Tribünen werden direkt am Strand aufgebaut, und neben einheimischen Musikern treten viele internationale Stars auf. Jede Insel steuert ihren eigenen Stil bei, jedoch in einer *morna* offenbart sich die kapverdische Seele am eindringlichsten. Mit den Themen von Abschied und Schmerz, Heimat und

Fremde, Liebe und Verlust widerspiegelt die *morna* mit ihren melancholischen Melodien die Gefühle der Menschen.

Das Innere von São Vicente ist abweisend und kahl. Kupferrote und grauschwarze Geröllhalden und trockene Täler prägen die Landschaft, kein Baum, kein Strauch, nicht einmal ein Grashalm wachsen hier. Weiter wandere ich hinein in diese Wüstenei, mein Ziel ist der 750 Meter hohe Monte Verde, der grüne Berg. Wieder so ein Name, wie er auch für die Bezeichnung des Archipels gewählt wurde, der ganz und gar nicht der Wirklichkeit entspricht, der nur ein Wunschtraum sein kann. Als ich die vegetationslose Erde genau betrachte, entdecke ich kaum sichtbare Spuren einer Bearbeitung: Rillen, Furchen, Pflanzlöcher. Der Boden ist vorbereitet für den Fall, dass es regnet. Nun bemerke ich auch, dass der gesamte Berghang terrassiert ist. Wenige Zentimeter hohe Mauern sollen die Erosion eindämmen und den Pflanzen, wenn sie denn keimen, Schutz bieten.

Wie überlebt eine Bauernfamilie, wenn der Regen jahrelang ausbleibt?

»Durch Hoffnung«, beantwortet Bauer Vasco meine Frage, »und durch Arbeit, die wir bis dahin machen, als Maurer, Hilfsarbeiter, was wir eben so finden.«

Ein letzter Inselflug bringt mich nach Fogo. In der Mitte der Insel thront der Pico de Fogo, ein fast 3000 Meter hoher Vulkan. Er spuckt noch immer Lava. 1995 ist er zuletzt ausgebrochen und hat die Bewohner in Angst und Schrecken versetzt. Glühende Lava strömte herab, verbrannte Felder und Weinstöcke, begrub Häuser unter sich.

»Es war am 2. April vor drei Jahren«, erzählt Joao Montrond. »Wir wurden von einer gewaltigen Explosion aus dem Schlaf gerissen. Die Erde bebte, und wir sahen eine Feuersäule hoch in den Nachthimmel steigen. Ein Glutstrom wälzte sich vom Berg herab, kam immer näher, verbrannte unsere Siedlung und bedeckte sie mit Lava. Um unser Leben zu retten, mussten wir Hab und Gut im Stich lassen und flüchteten an die Küste.«

Längst ist Joao Montrond mit seiner Familie zurückgekehrt in die Cha das Caldeiras, den alten Krater. Diese *caldera* ist eine riesige ovale Einsenkung, in der sich nicht nur das Dorf befindet, sondern in deren Mitte auch der Kegel des aktiven Vulkans Pico de Fogo in die Höhe ragt. Die Menschen im Krater haben also den drohenden Anblick des Vulkans immer vor Augen. Gefüllt ist dieser alte Krater-boden mit erstarrten Lavaströmen. Die Umwelt ist Schwarz in Schwarz, so weit das Auge reicht. Schwarz sind auch die Häuser, die in diesem Krater aus Lavagestein erbaut sind. Hier sei der Boden besonders fruchtbar und die Kraterwände schützen vor Sturm, erklärt Joao den riskanten Wohnort. Er und die Seinen haben neue Reb-stöcke, Apfelbäume und Bohnen gepflanzt und ihre Hütten wieder-aufgebaut. »Wir fürchten den Vulkan, aber er ist auch unser Freund«, sagt Joao, und damit ich seine Gedanken und Gefühle besser ver-stehe, stimmt er für mich eine *morna* an. In klagendem Ton besingt er den Schrecken an jenem 2. April, als der Vulkan plötzlich zum Feind wurde. Aber sie wollen ihm aufs Neue vertrauen und hoffen, den Pico de Fogo wieder als Freund zu gewinnen.

Der Abschied von Kap Verde, dem grünen Kap, das nicht wirklich grün ist, fällt mir schwer. Auf allen Inseln habe ich liebenswerte und lebensfrohe Menschen getroffen. Menschen, die ihr Leben mit Geduld, Hoffnung und Gelassenheit meistern, denen die sonnen-trockenen Flecken Land zur Heimat geworden sind und denen ge-lungen ist, was andernorts in der Welt so schwer gelingt: dass Menschen verschiedener Hautfarbe und Herkunft friedfertig zu-sammenleben. Die Musik aber, habe ich erfahren, ist die eigentliche Heimat der Kapverder – ein symbolischer Raum, eine Art gemein-same Sprache über alle Grenzen hinweg.

KAUAI
Die wilde Insel von Hawaii

Als ich im Jahr 1994 nach Hawaii reiste, war mein Reiseetat bescheiden. Ich musste sparsam sein, denn ich wollte lange bleiben, um die sehr verschiedenen Inseln des Archipels kennenzulernen. Zuerst flog ich zur Insel Kauai, die aus Hollywoodfilmen bekannt ist, weil die wilde Schönheit der tropischen Natur sich hervorragend als Kulisse für dramatische Szenen eignet.

Wie die Perlen einer Kette liegen die Inseln des Hawaii-Archipels hintereinander. Tief im Meer stößt ein Hotspot, ein heißer Fleck, glühende Gesteinsmasse aus dem Erdinneren hervor. Da sich die feste Erdkruste über den Hotspot hinwegbewegt, brennt er wie ein Schweißbrenner immer neue Löcher in die Erdkruste. Aus ihnen steigt Magma nach oben, und ein Vulkan nach dem anderen entsteht.

Kauai, wild und märchenhaft schön, ist mit rund sechs Millionen Jahren die älteste Insel des Archipels. Dass hier Vulkane einst glutflüssige Lava gespien haben, sieht man auf den ersten Blick nicht. Die Insel mit ihren zerklüfteten Küsten ist von üppig grüner Vegetation bedeckt. Von steilen Bergkämmen stürzen Wasserfälle hinab in einsame Täler. Das Landesinnere ist unwegsam, hier konnten sich keine Menschen ansiedeln. Nur an der Küste entstanden einige Orte, doch diejenigen aus der Zeit vor der Entdeckung Hawaiis durch James Cook sind verschwunden. Die Menschen in den neu entstandenen Siedlungen leben heute vor allem von den Urlaubsreisenden, was die zahlreichen Hotels, Restaurants und Golfplätze beweisen.

An der Küste will ich mich nicht lange aufhalten, meine Ziele liegen im wilden Inneren von Kauai. Bevor ich aber in die versteckten Täler vordringen kann, muss ich irgendwie vom Flughafen zur Inselhauptstadt Lihue gelangen, was nicht so einfach und vor allem kostspielig ist. Bereits am Flughafen spüre ich, dass Hawaii vom Tourismus vereinnahmt wird und sich die amerikanische Lebensart durchgesetzt hat. Meine Art, zu Fuß unterwegs zu sein, ist hier nicht gefragt. Busverbindungen, um an die Ausgangspunkte der Wanderwege zu gelangen, fehlen fast überall. Vom Flughafen nach Lihue muss ich ein Taxi benutzen. Der Fahrer wundert sich, warum ich nicht wie ein normaler Tourist gleich am Flughafen einen Mietwagen nehme. »Ohne Auto, da kommen Sie ja nirgendwohin«, meint er kopfschüttelnd.

Ich übernachte im »Tip Top« Hotel, Kostenpunkt 50 Dollar, dabei ist es die preiswerteste Unterkunft, die ich finden konnte. Meine Sparsamkeit bezahle ich mit einem engen, stickigen Zimmer direkt an einer verkehrsreichen Straße. Nur weg von hier, denke ich am nächsten Morgen. Auf der Karte sehe ich, dass es 25 Meilen bis zum Waimea Canyon sind. Einen Wanderweg dorthin gibt es nicht, sondern nur eine viel befahrene Straße. Mein Versuch, per Autostopp weiterzukommen, ist nicht erfolgreich. Ich gehe zurück zu einer Ampel, und als sie auf Rot schaltet und die Fahrzeuge halten müssen, springe ich in einen Lieferwagen mit einem einheimischen Fahrer: »*Are you going to Waimea?*«, frage ich. Er schaut mich verblüfft an, nickt und bleibt schweigsam bis zum Schluss. Dann sagt der Mann, der seine schwarzen Haare zu einem Pferdeschwanz zusammengebunden hat, einen einzigen Satz: »*This is Waimea!*«

Ich bedanke mich und steige aus. Wieder stehe ich an der gut ausgebauten Schnellstraße – weit und breit kein Wanderpfad, obwohl laut Karte hier einer in die Schlucht führen soll. In einem Café frage ich die Angestellten, doch sie wissen nichts von einem Fußweg und geben mir den guten Tipp: »Fahren Sie auf unserer wunderschönen Panoramastraße bis zum Aussichtspunkt. Von dort können Sie in den Canyon hineinblicken und Fotos machen.«

Mit einem Kaffee, der im Plastikbecher serviert wird, trinke ich mir Mut an. Dann schultere ich meinen Rucksack und marschiere einfach los. Ich durchquere den Ort Waimea und gelange in die Siedlung Menehune, benannt nach den sagenhaften ersten Menschen auf Hawaii. Sie haben keine Spuren hinterlassen, keine Werkzeuge, keine Knochen, keine Siedlungsreste. Niemand weiß, ob die Menehune wirklich gelebt haben. Nur in den Mythen und Sagen der polynesischen Einwanderer tauchen sie auf. Sie sollen klein gewesen sein, sehr klein wie Zwerge, und überaus fleißig, zudem mit magischen Kräften begabt. In einer einzigen Nacht vermochten sie Felsen zu bewegen und Mauern zu bauen. Tunnel haben sie durch Berge gebohrt, um Wasser von einem Tal ins andere zu leiten. Diese künstlich angelegten Durchstiche gibt es noch heute, doch sind sie kein Beweis dafür, dass sie von den Urmenschen geschaffen wurden.

Die Siedlung Menehune ist trotz ihres Namens nicht geheimnisvoll. Einstöckige Häuser, weiß und beige verputzt, reihen sich entlang der Straße. Sie endet am Fluss Waimea, wo am linken Ufer eine Felswand aufragt und den Fluss einengt. Ich wate durchs Wasser ans rechte Ufer und finde dort einen schmalen Pfad unter hohen Laubbäumen. Immer wieder muss ich die Seiten wechseln, wenn mal das eine, dann wieder das andere Ufer unpassierbar ist. Dem Fluss folgend gelange ich in den Waimea-Canyon. Eine Wanderung von achtzehn Kilometer in der Schlucht liegt nun vor mir. Höher und höher ragen beidseits die Felswände empor. Der Fluss hat sich tief ins Gestein eingegraben. Eine grandiose Landschaftskulisse mit annähernd tausend Meter hohen, senkrechten Wänden, die auffallend

bunt sind, tut sich vor mir auf. Sie leuchten dunkelrot, purpur, stahl-
blau und schwarz.

Eingeschlossen von den Felswänden weht kein Wind am Grund
des Canyons. Es ist schwül. Hin und wieder regnet es, haarfein und
warm. Mein T-Shirt wird nass, ob vom Regen oder vom Schweiß
spielt keine Rolle, denn die Luft ist tropisch warm. Nur den Rucksack schütze ich mit einer Plane vor der Nässe. Passionsblumen
strecken mir ihre Zweige entgegen, an denen reife Maracujafrüchte
hängen. Sie schmecken köstlich und stillen meinen Durst.

Am Abend suche ich eine geeignete Stelle für mein Zelt und bade
im weichen Wasser. Die Sonne verschwindet hinter den Felswänden,
im Canyon wird es dunkel. Doch der Himmel leuchtet noch lange
lichtblau und färbt sich dann rosa. Die Luft ist mild, und ich sitze auf
einem rund geschliffenen Lavastein mitten im Fluss. Der Stein hat
die Sonnenwärme gespeichert und gibt sie an mich ab. Über mir
wölbt ein Mangobaum seine Krone. Lichtkringel fallen durchs
Blättergewirr, flirren und tanzen über das dunkle Wasser. Nun ist
leichter Wind auch im Canyon zu spüren, er streicht mir durchs Haar
und über die Haut. Als es Nacht wird, kommen Aga-Kröten aus ihren
Verstecken. Sie sind mindestens so groß wie ein Essteller. Plump
und schwer wagen sie dennoch zu springen und platschen dabei
dumpf auf den Boden. Dann halten sie inne und beginnen zu singen – seltsame Töne, als würde altes Holz vibrieren. Die Aga sind
Fremdlinge auf Hawaii. Sie stammen aus dem Amazonas-Gebiet
und wurden im Jahr 1932 auf Hawaii eingeführt, um Schädlinge auf
den Zuckerrohrfeldern zu beseitigen. Dieser Aufgabe entzogen sie
sich bald und wurden zu einer großen Gefahr für seltene einheimische Tierarten.

Im Zelt ist es unangenehm warm, dennoch schlafe ich bald ein.
Um Mitternacht schrecke ich auf. Ich höre Stimmen. Wer kann das

sein? Leise und vorsichtig ziehe ich den Reißverschluss auf und spähe hinaus. Die Nacht ist dunkel, ich kann nichts erkennen. An den Geräuschen höre ich, dass es drei Reiter sind. Sie ziehen vorüber. Ich bin froh, dass ich mein Zelt gut getarnt ins Unterholz gestellt habe. Das erste Pferd quert schon den Fluss. Seine Hufe lassen das Wasser aufspritzen, und Steine werden beiseitegestoßen. Was sind das nur für furchtlose Pferde, die nachts, ohne zu zögern, durch Flüsse waten, denke ich bewundernd und wünsche mir, auf einem dieser Pferde zu reiten. Plötzlich kläfft ein Hund. Er hat mich erschnuppert. Die Reiter machen kehrt. Drei Taschenlampen blitzen auf und blenden mich mit grellem Licht. Sekunden dauert es nur, dann ist es wieder dunkel. Mein Anblick hat sie vielleicht an die kleinen, mit magischen Kräften ausgestatteten Menehune erinnert. Jedenfalls ziehen die Reiter wortlos weiter, kreuzen den Fluss und verschwinden in die Nacht. Wahrscheinlich waren es Jäger, die Wildschweine oder Ziegen schießen wollten. Während meiner Wanderung wird dies die einzige »Begegnung« mit Menschen sein.

Vom Canyon zweigt eine Seitenschlucht ab. In diesem schmalen Bergeinschnitt fließt der Koaie-Fluss, dem ich nun folge. Laut Karte entspringt er auf einer Hochebene am Fuß des Vulkans Waialeale, mit 1569 Metern der zweithöchste Berg auf Kauai. In diesem wasserreichen Gebiet, dem Alakai-Sumpf, ist auch die Quelle des Waimea-Flusses zu finden. Meine unbezähmbare Neugier treibt mich, ins Unbekannte vorzudringen. Der Pfad endet am Lonomea-Shelter, einem Wellblechdach auf vier Pfosten, das als Rastplatz für Jäger und Wanderer gedacht ist. Nun ist der Fluss Koaie mein Wegweiser. Er wird schmäler, ist schließlich nur noch ein Rinnsal und führt mich in eine wilde Bergregion. Ich klettere an schroffen Felsen immer höher, ziehe mich an Wurzeln und Zweigen empor. Mein Herz schlägt nicht nur wegen der Anstrengung heftig. Ich habe Angst, denn die Kletterei ist gefährlich, doch der Wunsch, dahin vorzudringen, wo vor mir vielleicht noch kein Mensch war, ist stärker.

Endlich habe ich die Felsbarriere überklettert und stehe auf einer sumpfigen Hochebene. Moskitos umkreisen mich, haben es auf meine Kniekehlen und Armbeugen abgesehen. Kein Mittel hilft, denn Schweiß rinnt in Strömen über meine Haut und wäscht das Mückenspray sofort ab. Hawaii war einst mückenfrei – was für eine paradiesische Zeit muss das gewesen sein! Seefahrer brachten diese Plage ins Land. Bevor frisches Wasser an Bord genommen wurde, kippten sie die Behälter mit dem Restwasser, in dem es von Mückenlarven wimmelte, einfach in die Flüsse und infizierten sie. Während ich nach den Moskitos schlage, möchte ich am liebsten die ahnungslosen Matrosen von damals treffen.

Aber weder die Mücken noch der unwegsame Sumpf können mich aufhalten. Ich will bis zur Quelle des Waimea-Flusses und wenn möglich auf den Waialeale-Vulkan steigen. Mühsam kämpfe ich mich durch ein Dickicht aus hohen, scharfkantigen Gräsern, Farnkraut und Gebüsch. Der Moorboden schwingt weich und federnd, und es gluckert trügerisch. Ich bemühe mich, auf knorrige Wurzeln zu treten, die festen Halt versprechen. Windzerzauste Ohiabäume, behängt mit elfenbeinfarbenen Flechten, schaffen eine melancholisch anmutende Landschaft. Windböen, Nebel und Sprühregen verstärken den Eindruck einer schwermütigen Weltentrücktheit.

Der Alakai-Sumpf bedeckt den Westhang des Waialeale-Vulkans. Das schräg geneigte Plateau wird zerfurcht von scharfen Graten, senkrechten Schluchten und Spalten. Es ist das regenreichste Gebiet auf der Erde. Der Nordostpassat bringt Feuchtigkeit, die sich an den Felswänden staut und abregnet. Meteorologen wollten genau wissen, wie hoch die Niederschlagsmenge ist. Das U. S. Geological Survey stellte 1910 den ersten Messbehälter auf den Waialeale. Die hawaiischen Regengötter lächelten spöttisch, spuckten einmal hinein – schon lief der Messbecher über. Ein Jahr später wuchtete man einen Behälter, der 3500 Millimeter fassen konnte, auf den Gipfel. Die Götter lachten laut und hatten keine Mühe, ihn zu füllen. Jetzt fühlten sich die Wissenschaftler herausgefordert und transportierten unter unsäglichen Mühen einen Koloss für 7500 Millimeter durch Urwald und Sumpf, über Felsen und Grate. Die Götter bogen sich vor Lachen und schlugen sich vor Vergnügen auf die Schenkel, ließen es regnen, und schon war der Messbehälter wieder voll. Nun machte man Ernst. Das größte aller Gefäße wurde sonderangefertigt: 25 000 Millimeter konnte es fassen. Die Götter schauten verdutzt und widmeten sich mit Eifer dem Geschäft des Regenmachens. Es gelang ihnen diesmal nicht, den Kessel während eines Jahres ganz zu füllen. Endlich konnten die Wissenschaftler genaue Werte ablesen. Aber man hatte leider vergessen, zum Entleeren am Boden einen Ablasshahn anzubringen. Jedes Mal musste das Gefäß umgekippt werden, was nur mit größten Schwierigkeiten gelang. Bald hatte es Dellen und leckte. Die Götter hatten zum letzten Mal gesiegt.

Inzwischen haben es die Wetterforscher leichter, sie fliegen per Hubschrauber zum Messpunkt. Nun weiß man es genau – die durchschnittliche Regenmenge beträgt 12 340 Millimeter pro Jahr. 1948 wurden 15 860 registriert und im Rekordjahr 1982 sogar 17 340, das entspricht einer 17 Meter hohen Wassersäule. Zum Vergleich: In Bayern regnet es im Jahr durchschnittlich 646 Millimeter.

Ich bin schon ein gutes Stück vorangekommen, als ich aufhorche: ein heller Ton, dem ein leises Zwitschern folgt. Aufgeregt suche ich mit dem Fernglas die Äste der Ohiabäume ab. Da ist er, ein kleiner Vogel. Ich halte den Atem an, damit ich mit dem Fernglas nicht wackele. Das Vögelchen ist schwarz, hat einen gebogenen Schnabel, und an seinen Schenkeln leuchten quittegelbe Federn, bauschig wie Bommeln. Meine Hände zittern vor Aufregung, ich verliere den Vogel aus dem Blick. Da ist er wieder! Tatsächlich – ein Oo, einer der seltenen, fast schon ausgestorbenen Kleidervögel. Die Vögel waren einst so zahlreich, dass die Polynesier aus den Federn bodenlange Mäntel, Schulterumhänge und prunkvolle Hüte fertigten. Allerdings – nur Könige und Häuptlinge durften sie tragen.

Auf den Hawaii-Inseln – über 3000 Kilometer von der amerikanischen Küste entfernt – haben sich Pflanzen und Tiere entwickelt, die es nirgendwo sonst auf der Erde gibt. Von Stürmen mitgerissen und von Meeresströmungen vertriftet, gelangten Lebewesen zufällig nach Hawaii. Wegen der Isolation und durch Anpassung an den fremden Lebensraum entstanden neue Arten.

Nachdem die Inseln 1778 von James Cook entdeckt worden waren, kamen immer mehr fremde Schiffe, brachten Missionare und Siedler ins Land. Wald wurde für Farmland gerodet, bald hatten die Vögel kaum noch genügend Lebensraum. Auch Krankheiten wurden eingeschleppt. Das Immunsystem der einheimischen Tiere konnte die fremden Erreger nicht abwehren. Den Siedlern fiel auf, dass kein Gezwitscher mehr zu hören war, und so holten sie Vögel aus allen Teilen der Welt als Ersatz. Die fremden Vogelarten vermehrten sich prächtig und verdrängten die letzten einheimischen Kleidervögel. In dem wilden Alakai-Sumpf haben offenbar noch ein paar überlebt. Deswegen bin ich so aufgeregt und zugleich glücklich, dass ich einen dieser seltenen Vögel beobachten kann.

Mit meinem Wanderstock sondiere ich den Boden, bevor ich wieder den nächsten Schritt wage. Denn es gibt von Pflanzen unsichtbar überwucherte Risse, in die ich nicht hinabstürzen will. Es macht mir Sorge, dass ich immer häufiger auf Stellen treffe, in die der Sondierstock tief einsinkt, ohne auf einen Widerstand zu stoßen. Aber mein

Wunsch ist es, noch mehr Kleidervögel zu sehen, von denen es verschiedene Arten gibt. Da passiert es! Von einer nassen Wurzel rutsche ich ab und versinke sofort bis übers Knie im Morast, der grundlos zu sein scheint. An den Ästen eines struppigen Busches ziehe ich mich mühsam heraus. Plötzlich dringt ein tiefes Brummen aus dem Gehölz. Es hört sich an wie ein Bär. Obwohl ich weiß, dass es auf Hawaii keine für den Menschen gefährlichen Tiere gibt, erschrecke ich sehr. Bevor ich einen klaren Gedanken fassen kann, stürzt ein schwarzer, zottiger Körper aus dem Busch hervor. Ein riesiges Wildschwein! Nur eine Armlänge von mir entfernt rast es vorbei. Schlamm und Wasser spritzen mir ins Gesicht. Das Schwein muss sich furchtbar erschreckt haben, als ich an den Ästen seines Unterschlupfes gewackelt habe. Es sieht komisch aus, wie der wehrhafte Keiler davonrennt. Obwohl ich eben noch starr vor Schreck war, muss ich laut lachen.

Es gießt wie aus Kübeln. Die Regengötter versperren mir den Weg zum Vulkan und zur Waimea-Quelle. Es ist unmöglich, das Zelt aufzubauen, nirgendwo ist fester Boden, überall nur Sumpf, Gestrüpp, Wurzeln und Geäst. Ich entschließe mich zur Umkehr. Gut, dass ich rote Bänder an Zweige gebunden und so die Richtung markiert habe. Sonst hätte ich den Abstieg vom Plateau nicht gefunden.

Nachdem ich mich die Felswand hinuntergehangelt habe und in das Bachbett hinabgerutscht bin, atme ich auf. Endlich wieder festen Boden unter den Füßen – ein wunderbares Gefühl der Sicherheit! Es wird Zeit, einen Platz für die Nacht zu suchen. Plötzlich spüre ich, dass ich nicht allein bin. Jemand starrt mich an. Ich schaue auf und blicke in zwei gelbe Augen. Eine Eule, groß wie ein Uhu, hockt auf einem Ast, auf Hawaiisch heißt sie *pueo*. Den dicken Kopf tief zwischen die Flügel gezogen, sieht sie mich unverwandt an. Wie gebannt blicke ich zurück. Sie klappt ihr linkes Augenlid herunter, als wolle sie mir sagen: Du hast dein Ziel zwar nicht erreicht, aber wenigstens bist du den Regengöttern nahe genug gekommen, um ihre Macht zu erahnen.

Nach der Wanderung im Canyon und im Alakai-Sumpf ist mein Appetit auf Abenteuer erst einmal gestillt, und ich entscheide mich für einen der offiziellen Wanderwege – für den Kalalau-Trail. Landschaftlich soll er der schönste sein und der einzige, der im Westen der Insel durch die wilden Klippen der Na-Pali-Küste führt. Der schmale Pfad, oft nur breit genug für einen Wanderer, erstreckt sich zwischen Meer und steilen Felswänden, die 800 Meter in die Höhe ragen. Der zwanzig Kilometer lange Weg ist markiert und beschildert, es gibt Zeltplätze und ausnahmsweise sogar eine Busverbindung bis zum Kee-Beach, dem Ausgangspunkt des Trails. Nachdem ich eine Tafel mit dem Wegverlauf und Informationen über die Pflanzen- und Tierwelt studiert habe, marschiere ich los. Wasser rinnt über Felswände, geschmückt mit Farnen, Moosen und Orchideen. Die Sonne spiegelt sich in den Tropfen an Blättern und Blüten. Hala-Bäume krallen sich mit Stelzwurzeln an Abhängen fest. Agaven stechen mit drei Meter langen Blättern in den blauen Himmel. Tief unten in den Tälern formen Kukui-Bäume lichtgrüne Dächer. Das Meer ist auf der rechten Seite immer sichtbar, mal führt der Pfad nahe der Gischtzone, dann wieder steigt er 300 Meter in die Felswände hinauf. Das Meer erfreut mich mit einem schier unendlichen Farbenspiel, tiefblau, dann wieder aquamarin-, smaragd-, silber- oder amethystfarben. Diese vielfältigen Blautöne harmonieren mit dem Grün der Pflanzen, die die Felsen wie ein dichter Pelz überziehen.

An einem Tag könnte ich die zwanzig Kilometer hin und am nächsten Tag auch wieder zurück schaffen, doch ich will mir mehr

Zeit gönnen für die einzigartige Naturlandschaft. So baue ich in der Hälfte der Strecke mein Zelt auf und genieße den Blick aufs Meer und die Berge. Die Abendsonne gießt breite Bahnen flüssigen Goldes über das Wasser. Im späten Licht verändern sich die Farben, werden zart und durchsichtig. Es sind flüchtige Augenblicke mit immer neuen Kompositionen. Später, unter dem Nachthimmel, liegt das Meer dunkel und schwer, und trotz der pausenlos schlagenden Brandung breitet sich Stille aus.

Den nächsten Tag beginne ich mit einem Abstecher in ein Seitental zum Hanakapiai-Wasserfall. Wieder kann ich einen angelegten Pfad benutzen, der aber selten begangen zu sein scheint, denn er ist von Urwaldpflanzen halb zugewuchert. Tropische Schwüle und eine urweltliche Stimmung schlagen mich in ihren Bann. Der Pfad schlängelt sich am Fluss entlang, den ich oft queren muss. Dabei entdecke ich auf einem Stein mitten im Fluss einige Kiesel, die mit Blättern umwickelt und zu einem Kreis geordnet sind. Ein magisches Ritual, das aus der uralten Tradition der polynesischen Bevölkerung stammt. Mir wurde erzählt, dass einheimische Jäger noch heute die Götter auf diese Weise um Jagderfolg bitten.

Der Weg zum Wasserfall ist weiter, als in der Beschreibung angegeben. Erst nach Stunden bin ich am Ziel. Über eine schwarze Wand prasselt das Wasser in einen Talkessel. An dessen Grund schimmert ein dunkelgrüner See. Es ist für mich ein besonderes Erlebnis, allein an diesem weltabgeschiedenen Ort zu sein. Lange kann ich mich nicht entschließen, zum Hauptweg zurückzukehren, der von zahlreichen Wanderern begangen wird.

Wieder an der Küste zurück, freue ich mich dann doch über den freien Blick übers Meer und die frische Luft. Zuvor hatte es geregnet, nun zaubert die Sonne goldgrüne Lichtreflexe auf die Blätter, und die Blumen duften betörend. Aus den Klippen hallt das Meckern von entlaufenen Ziegen, die frei und wild in den Bergen leben. Die Felsen sind durch die Erosion scharf eingeschnitten. Wie Plissee reiht sich eine Gesteinsfalte an die nächste, an deren Talgrund sich Flüsse winden, die ins Meer münden. Die lichtgrünen Kronen der Kukui-Bäume füllen diese Täler, und ein Vlies grüner Pflanzen überzieht die schwarzen Klippen. An den Abbruchkanten leuchtet rotbraunes Vulkangestein. Anmutige Tropikvögel mit überlangen Schwanz-federn schweben gleich Feenwesen zwischen den Klippen und dem Meer. Diese Landschaft ist von vollkommener Schönheit, gebildet vor Millionen von Jahren aus glühendem Magma und geformt von Wasser, Wind und Wellen. Ich stelle mir vor, wie es war, als die Poly-nesier aus dem 6000 Kilometer entfernten Tahiti zum ersten Mal diese wunderbare Insel sahen, landeten und eine neue Heimat fanden.

Der Trail endet im Kalalau-Tal, und ich erfahre, dass noch eine Steigerung landschaftlicher Schönheit möglich ist. Einem Amphi-theater gleich weitet sich die Küste, und wie die Finger einer Riesen-hand greifen die Felsgrate in das Halbrund des Tals, das sich zum Meer hin öffnet. Seltsam unwirklich leuchten die Farben der Fels-wände: dunkelrot, purpur und saftgrün – eine Kulisse wie für ein dramatisches Schauspiel. Im wechselvollen Licht der ziehenden Wolken scheinen die Felswände zu leben. Wie Wesen einer ver-gangenen Welt ähneln sie riesenhaften Sauriern, deren Leiber und Knochen von Moos bedeckt sind.

Als ich diesen Ort wieder verlasse, spüre ich einen wehmütigen Schmerz. Aber Abschied gehört zum Unterwegssein, immer wieder von Neuem.

»*Mahalo!*«, rufe ich den Regengöttern zu. »Danke, dass ihr mich so reich beschenkt habt! Danke für alle Erlebnisse, Eindrücke und Erfahrungen! Danke für die Schönheit, die ich bewundern durfte! Danke, dass ihr mich die Kraft der Natur spüren ließet! *Mahalo!*«

Zum Zeichen, dass sie mich gehört haben, lassen sie es regnen, rhythmisch an- und abschwellend, als würden sie unbändig lachen und dabei all ihr Wasser versprühen. Eingehüllt in einen Vorhang aus warmem Tropenregen gehe ich zurück, und über mir leuchtet der prächtigste Regenbogen, den ich je gesehen habe.

FLÜSSE

Lebensadern

MEXIKO
DEUTSCHLAND
ÄGYPTEN

MEXIKO
Mit dem Kajak auf dem Aqua Azul

Über Freunde, mit denen ich in Frankreich beim Kajakfahren unterwegs war, bekam ich Kontakt zu amerikanischen Extremsportlern. Im Jahr 1987 erhielt ich von ihnen die Einladung zu einer Wildwassertour in Mexiko. Sie hatten von den noch unbefahrenen Wasserfällen des Aqua Azul gehört und sich vorgenommen, die bis zu 20 Meter hohen Fälle mit dem Kajak zu bewältigen.

Dämmerung senkt sich über den Fluss. Die Stimmen des Urwaldes klingen deutlicher als am Tag. Zikaden sirren eintönig ihre schrillen Lieder. Irgendwo aus der Nähe kommen die dumpfen Rufe von Kröten, und Fledermäuse zickzacken auf der Jagd nach Insekten über das Wasser. Samtweiche Luft streichelt meine Haut. Ich sitze auf einem Stein am Fluss und genieße das Alleinsein. Es ist eine der seltenen Gelegenheiten auf dieser abenteuerlichen Flussreise im südlichen Mexiko, bei der ich ungestört sein kann.

Die Stille lerne ich während der Reise immer mehr zu schätzen, denn ich bin mit einer fröhlichen Gruppe junger Amerikaner unterwegs. Bei ihnen ist *fun* angesagt, sie verstehen darunter höchste Lebenslust bei hohem Risiko. Das Wildwasser mit seinen gefährlichen Stromschnellen bietet viele riskante Situationen. Keine Frage, Spaß macht die Tour auch mir, aber der intensive Kontakt zur Natur wie bei meinen Alleinreisen gelingt in der Gruppe nur schwer.

Wir übernachten auf einer Sandbank. In aller Frühe weckt mich Vogelgezwitscher und lässt mich nicht mehr einschlafen. Neugierig krieche ich aus dem Zelt, doch der Ruhestörer hat sich versteckt und schweigt. Kein farbenprächtiger Sonnenaufgang belohnt mein frühes Aufstehen. Grau liegt dichter Nebel über dem Fluss und hüllt die Ufer ein. Am Ende der Sandbank finde ich einen Wildwechsel, der in den Wald hineinführt. Plötzlich höre ich über mir eine betörend schöne Melodie. Wie auf einem fernöstlichen Tuschebild sitzt in einem Baum ein schwarzer Vogel mit einem Schweif überlanger Schwanzfedern. Ich bewege mich nicht und lausche den Tönen nach.

Bald hat die Sonnenwärme den Nebel aufgelöst. Die Zelte sind abgebaut, das Gepäck in den Kajaks verstaut. Die Tagestour beginnt mit einer ruhigen Strecke. Der Fluss spannt sich weit zwischen beiden Ufern. Indios in langen Einbäumen transportieren Waren von einem Dorf zum anderen. Die Siedlungen sind in der dichten Vegetation vom Wasser aus kaum auszumachen. Weiße Zeburinder stehen am Ufer und schauen unseren roten, blauen und gelben Kajaks hinterher. Ab und zu schwirren schillernde Eisvögel über uns hinweg. Gelbe und orangefarbene Schmetterlinge tanzen in der Sonne.

Das friedliche Idyll ist nicht von Dauer. Die Ufer rücken zusammen, werden steiler, das Wasser fließt unglaublich schnell dahin, Stromschnelle folgt auf Stromschnelle. Wir fahren dicht heran, aber doch weit genug entfernt, um nicht mitgerissen zu werden, und suchen nach dem besten Durchgang. Einer nach dem anderen wagt den Ritt durch das Wildwasser. Mir stockt jedes Mal der Atem. Das Wasser stürzt donnernd und sprühend zwischen mächtigen Steinblöcken hindurch. Für die geübten Wildwasserfahrer sind diese Schwierigkeiten *easy* und *fun,* für mich höchste sportliche Herausforderung.

Immer höher werden die Ufer, immer schneller schießt das Wasser dahin. Wir wirbeln in einen Canyon hinein mit 300 Meter hohen Wänden voller Flechten, Moose und Lianen. Meine Konzentration gilt dem wilden Wasser, so bemerke ich erst spät, dass sich der schmale Streifen Himmel über uns verdunkelt hat. Fernes Grollen kündigt ein Gewitter an. Ich weiß nicht, soll ich mich mehr vor der nächsten Stromschnelle oder der Blitzgefahr fürchten. Gerade noch rechtzeitig erreichen wir einen schützenden Lagerplatz, eine sandige Bucht unter überhängenden Felsen.

Am nächsten Tag weitet sich das Tal, und die Felswände weichen bewaldeten Hügeln. Die Hänge sind gerodet, aber die bestellten Felder tragen keine reiche Ernte. Der von der Erosion zerfressene Boden ist ausgelaugt, der Humus von Wind und Regen abgetragen. Einige Äcker werden nicht mehr bewirtschaftet, auf ihnen wuchern wildes Gestrüpp, Disteln und harte Gräser. Ein abgeholzter Urwald mit seiner vielfältigen, aufeinander eingespielten Lebensgemeinschaft wächst nie wieder nach.

Wir kampieren in der Nähe eines Dorfes. Nachdem wir unser Lager eingerichtet haben, machen wir uns neugierig auf den Weg zur Siedlung. Es ist ein Dorf der Maya-Indianer. Die einfachen Hütten bestehen aus senkrecht, dicht an dicht aufgestellten Latten, die an unteren und oberen Querhölzern mit Lianen befestigt sind. Als Abdeckung dient Zuckerrohrstroh. Die Siedlung liegt malerisch auf einer Anhöhe und ist umgeben von Bananenpflanzen und flammenden Hibiskusbüschen. An den Hängen der umliegenden Hügel wachsen Zuckerrohr, Mais, Kaffee, Kartoffeln, Reis, Guave- und Limonenbäume. Dazwischen grasen Pferde und Zeburinder, und im Dorf laufen Hunde, Hühner, Schweine, Enten, Esel, Truthähne und Katzen frei herum. Aber wir sehen keine Menschen. Das Dorf wirkt wie verlassen. Erst nach und nach bemerken wir, dass sich Frauen und Kinder in den Hütten versteckt haben. Die Kajaksportler wollen gern Fotos von ihnen machen und wedeln mit Dollars. Vergeblich, niemand kommt heraus. Die Jungs geben auf und gehen ins Lager zurück. Ich aber bleibe und denke, vor mir werden sie sich vielleicht nicht fürchten. Tatsächlich, eine Tür nach der anderen öffnet sich, und ich kann mich mit den Frauen auf Spanisch verständigen. Sie erklären mir, dass sie nichts gegen das Fotografieren haben.

»Wir bezahlen sogar dafür«, erzählt mir eine Frau, die gut Spanisch spricht. »Im Marktort Ocosingo lassen wir uns zu besonderen Anlässen fotografieren. Aber wir wollen nicht ungefragt abgelichtet werden. Was wollt ihr überhaupt mit unseren Fotos machen?«

Die Mayafrauen tragen Kleider in leuchtenden Farben mit bunten Schürzen darüber und gehen barfuß. Ihre blauschwarzen Haare hängen lang über den Rücken herab und sind an der Stirn mit Blechspangen befestigt. Rote Ketten haben sie mehrfach um den Hals geschlungen, und in den Ohren glitzern Gehänge aus fein gehämmertem Blech.

Am nächsten Tag erleben wir den Höhepunkt der Reise: Die Wasserfälle des Aqua Azul. Das namengebende »Blaue Wasser« leuchtet tatsächlich in einem unwirklichen Himmelblautürkis. Weiß schäumend fällt es im Dschungel über Felsstufen von fünf, acht, sogar zwölf Metern Höhe hinab. Und da wollen die Jungs mit ihren Kajaks runter? Sie wollen und haben ihren Spaß dabei! Wenn das Kajak genau mit der Spitze unten auftrifft, taucht es mit dem Fahrer völlig ein und schießt wie ein Korken wieder hoch. Manchmal kippt ein Boot und treibt kieloben. Mit der »Eskimorolle« dreht es der Kajakfahrer wieder um, was natürlich erst richtig Spaß macht. Ich lasse mich anstecken, suche mir aber die kleineren Fälle von drei, vier Metern heraus. Es ist wie beim Turmspringen, habe ich mich bis ganz vor gewagt, dann packt mich der Ehrgeiz, meinen Mut auch zu beweisen. Der Trick beim Wasserfallspringen ist, so finde ich schnell heraus, das Kajak mit der Spitze in die Mitte der Abbruchkante zu manövrieren und sich dann von der Gewalt des Wassers packen zu lassen. Dabei muss man das Kajak stabilisieren, indem man sich leicht zurücklehnt und das Paddel gleichmäßig nach beiden Seiten ausrichtet, oder noch besser, es mit gestreckten Armen nach oben hält.

Am letzten Abend wandere ich am Fluss entlang und gelange zu der Stelle, wo der Aqua Azul in Kaskaden in die Tiefe fällt. Im Licht des Vollmonds schimmert das »Blaue Wasser« wie altes Silber. Die Nacht ist viel zu schön, um sie schlafend zu verbringen. Ich bleibe sitzen, bis der Himmel sich langsam rötet und nach und nach wieder Farben auftauchen. Ein weißer Reiher steht regungslos am Ufer. Als die Sonne aufgeht und ihre Strahlen durch das Laub der Urwaldbäume fallen, spannt sich ein Regenbogen über die Gischt der fallenden Wasser.

DEUTSCHLAND
Am grünen Fluss

In München hatte ich eine Wohnung direkt am Isarufer und bei Wanderungen in den Alpen erlebte ich die Isar als wilden Gebirgsbach. Doch gerade weil sie mir so bekannt und vertraut war, wollte ich mehr über sie erfahren. Im Jahr 2001 wanderte ich von der Quelle bis zur Mündung in die Donau, folgte ihren Windungen und Wandlungen, sah, wie aus einem Rinnsal ein Strom wird, und versuchte, dem Geheimnis ihres Fließens auf die Spur zu kommen.

Im Karwendelgebirge, umgeben von lichtgrauen Felsgipfeln, finde ich die Isarquelle. Überhängender Fels formt eine Grotte. Dort tropft es sacht, Wassertropfen um Wassertropfen quillt hervor. Aus dem Felsen geboren, beginnt der Lebensweg der Isar. Das Gestein hat Regen und Schmelzwasser aufgenommen, es in Hohlräume gesogen und durch Spalten und unterirdische Gänge geleitet, bis es nach seinem Sturz aus den Wolken erstmalig als Quellwasser wieder ans Tageslicht tritt. Die junge Isar rinnt am Fels entlang und füllt ein Steinbecken. Rings um die klare Wasserfläche wachsen Bergblumen, ein Ort verschwiegener Schönheit, umgeben von mächtigen Bergen.

Als schmales Bächlein murmelt die Isar über die Wiesen der Hallerangeralm. Sie heißt hier noch nicht Isar, sondern Lafatscherbach, nach einem der Felsgipfel an ihrer Quelle. Als man den Bach in alten Zeiten benannte, wusste man noch nicht, dass er der Quellbach des grünen Flusses ist. Dann stürzt die junge Isar fast senkrecht 500 Höhenmeter hinab zur Kastenalm ins Hinterautal. Hier fließt ihr neues Wasser aus den Quelltöpfen zu, die von Ortsansässigen

»Isar-Ursprung« genannt werden. Ich lausche den blubbernden Geräuschen, sehe, wie Wasser aus der Tiefe emporquillt, ein Rinnsal bildet und zwischen Moos und Farnkräutern in den Lafatscherbach sickert, der ab hier den Namen Isar führt. Im breiten Tal kann sich die Isar ausbreiten und ungehindert ihren Lauf wählen. Sie teilt und verzweigt sich, sammelt sich wieder zu einem munter springenden Gebirgsbach. Ungestüm verstreut die junge Isar ihre kalkweißen Kiesel über das Tal. Das kristallklare Wasser ist hier noch keineswegs isargrün, sondern eisblau und beißend kalt. Am Ufer nicken Glockenblumen mit hellblauen Blüten im Wind, als wollten sie mit unhörbarem Klingen in das murmelnde Wasser einstimmen. Zart sehen die Pflanzen aus, aber ihre unterirdischen Ausläufer sind zäh und verankern das lockere Geröll.

Das Hinterautal wird schmal und verengt sich zu einer tiefen Klamm. Die Isar hat sich in Vorzeiten tief in den Felsriegel hineingefräst und sich einen Durchgang freigespült. In der Schlucht strömen ihr zwei wilde Gebirgsbäche entgegen und vereinigen sich mit ihr: der Karwendelbach und der Gleischbach. Von oben blicke ich in die Schlucht hinab. Tief unten rauscht türkisblau das Wasser zwischen den senkrechten Wänden. Hohe Bäume wachsen bis nah an die Abbruchkante heran. Auf Moospolstern malen Sonnenstrahlen goldene Kringel, es riecht nach moderndem Holz und nach Pilzen. Im Schatten des Waldes gedeihen blauer Schwalbenwurzenzian und wilde Alpenveilchen.

Ihr freies Leben hat ein Ende, als sie das Gebirge verlässt und hinausfließt in das breite, während der Eiszeit ausgewaschene Gletschertal. Bei der Ortschaft Scharnitz beginnt die Geschichte ihrer Bändigung. Die Isar hat es den Menschen nicht leicht gemacht. Immer wieder zerstörte sie bei Hochwasser die Absperrungen und riss Häuser, Tiere, Menschen mit sich. Anfang des 20. Jahrhunderts gelang es, ihrer Zerstörungsgewalt Einhalt zu gebieten. Dennoch ist die Isar ein Wildfluss geblieben und nutzt jede Möglichkeit, sich von den Fesseln zu befreien. Jedoch erst an der Mündung ist sie wieder ganz sich selbst überlassen. Die letzten neun Kilometer darf sie noch einmal wild und ungestüm sein, keine Stauwerke, keine Betonufer, keine Kläranlagen engen sie ein und trüben ihr Wasser. Zwischen Plattling und Isarmünd nutzt die Isar sofort ihre Freiheit und zeigt noch einmal, wie schön sie ist. Von verzweigten Wasseradern steigt golden leuchtend der Morgennebel auf. Aus schwarzem Moorwasser ragen knorrige Bäume. Auf stillen Seen wiegen sich scheue Schwäne, und Tautropfen perlen auf Seerosen. Es ist ein amphibisches Gebiet mit wuchernder Vegetation, ein Dschungel mitten in Deutschland, einer der letzten Auwälder.

Wilder Hopfen rankt sich an Schwarzerlen empor, und Waldreben umschlingen Stamm und Kronen. Durch den grünen Vorhang klingt aufgeregtes Geschnatter der Enten, Flügelschlagen und Wasserglucksen. Die Geräusche wecken meine Neugier, doch das Schilfröhricht verwehrt mir den Einblick. Dafür entdecke ich einen Moortümpel, bedeckt mit einem Teppich gelber Teichrosen. Eine grünfüßige Teichralle trippelt am Ufer entlang, lässt sich schließlich ins Wasser gleiten und pickt an den gelben Blüten. Golden geht die Sonne unter und spiegelt sich zwischen den dunkelgrünen Blättern der Teichrosen.

Auf einer Wiese jenseits des feuchten Auwaldes baue ich mein Zelt auf. Fledermäuse flattern am Nachthimmel umher auf der Suche nach Insekten. Für die Mücken bin ich die Beute, gierig stürzen sie sich auf mich. Vor den Quälgeistern rette ich mich ins Zelt. Noch lange vernehme ich die Geräusche der Wasservögel, die wohl selbst im tiefen Traum nicht den Schnabel halten.

Mein Weg zur Mündung führt mich durch fruchtbares Ackerland, vor Überschwemmungen geschützt durch Erddämme. Getreide, Mais und Zuckerrüben, aber auch Zwiebeln und Mohrrüben gedeihen auf den Feldern. Die Namen der Orte, Hausenmühle, Messerermühle, Hafnermühle, zeigen, welch wichtige Rolle die Mühlen früher gespielt haben. Keine von ihnen arbeitet mehr, die Mühlräder haben ihre ursprüngliche Bedeutung verloren und vermodern langsam.

Die Ortschaft Isarmünd liegt nur einen Kilometer von der Mündung entfernt. Umgeben von frisch gezogenen Ackerfurchen ducken sich einsam eine Handvoll Häuser in die wellige Landschaft. Eine Frau sitzt auf einer grünen Bank vor ihrem Haus und hält ein Strickzeug in Händen. Als sie den Kopf hebt, blicke ich in ein schönes Gesicht. Ein Gesicht, geprägt von einem langen Leben, voller Runzeln, aber strahlend vor Lebensfreude.

»Sie sind gewiss durstig«, meint sie und bringt mir ein Glas frisches Wasser. »Komm, setz dich zur mir«, wechselt sie in die persönliche Anrede. »Ein bisschen Ausruhen tut gut.«

Ob sie mir etwas aus ihrem Leben und von der Isar erzählen mag, frage ich, nachdem ich ihr von meiner Wanderung berichtet habe.

»Ich erinnere mich gern an früher«, beginnt sie. »Die Isar, das war unser Reich. Mit meinen Brüdern bin ich durch die Wildnis gestreift, wir haben jeden Winkel gekannt. Mücken haben uns zerstochen und Dornen zerkratzt, das hat uns alles nichts ausgemacht. Wir vergaßen es sofort, wenn wir den Eisvogel sahen. Sein blaues Blitzen beim Flug war wie ein Wunder. Zwischen den übers Wasser hängenden Weidenzweigen sind wir in den kühlen Fluss gesprungen, sind geschwommen und hinunter zum Grund getaucht. Ich schwebte über den Steinen und hörte das Singen. Es waren märchenhafte Töne, nie werde ich sie vergessen. Meine Brüder haben immer gesagt, die Musik entsteht bei der Bewegung der Steine, die der Fluss vorwärtsrollt. Ich aber hab geglaubt, es sei der Gesang von Nixen, und hab meine Augen unter Wasser weit aufgerissen, weil ich sie sehen wollte.«

ÄGYPTEN
Fluss des Lebens

Im Jahr 2009 reiste ich nach Ägypten. Mein Interesse galt der über 4000 Jahre alten Geschichte des Pharaonenreiches. Mich faszinierten die Königsgräber in Theben, die Tempel und Paläste, und nicht zuletzt die Pyramiden. Aber es war der Nil, der meine Reise bestimmte. Seinem Lauf folgte ich von Abu Simbel bis nach Alexandria, wo er ins Mittelmeer mündet.

Wie eine smaragdgrüne Schlange windet sich der Nil durch das Sandmeer. Vom Flugzeug schaue ich hinunter auf den Fluss, der von Süden nach Norden fließt, sich schlängelnd fortbewegt und mich an einen grünen Lindwurm erinnert. Ich fliege flussaufwärts von Kairo nach Assuan.

Der Nil hat Ägypten geschaffen. Ohne ihn gäbe es nicht dieses Land mit seiner Kultur und seiner langen Vergangenheit, nicht die Pyramiden und die Sphinx, nicht das hunderttorige Theben und die Königsgräber im Tal des Todes, nicht Abu Simbel und die Tempel von Edna und Edfu. Ohne den Nil wäre auch unsere westliche Welt eine ganz andere, denn vieles von dem, was wir denken und glauben, hat seinen Ursprung in Ägypten. Diese Gedanken gehen mir durch den Kopf, während ich die Stirn gegen das Fenster drücke und meinen Blick nicht abwenden kann von dem grünen Band dort unten.

Der Nil ist der längste Fluss der Erde. Vom Quellgebiet in Zentralafrika bis zur Mündung ins Mittelmeer legt er 6670 Kilometer zurück. Sein erster Rang ist allerdings umstritten. Der Amazonas ist vielleicht länger, aber von ihm gibt es keine endgültigen Messungen.

Schon seit einer Stunde fliegen wir über den Fluss. Die Sicht ist klar, durch keine Wolke getrübt. Die Bewohner des fruchtbaren Tals wussten lange nicht, wo der Nil entspringt, der alljährlich über die Ufer trat und die Felder überflutete. Ihnen war nur bewusst, dass sie dem Wasser und dem nährstoffreichen Schlamm ihr Leben verdanken. Und so beteten sie den Nil an, der in ihrer Vorstellung ein Gott war, den sie Hapi nannten. Sie verehrten und fürchteten ihn, denn wenn die Überschwemmung zu gewaltig ausfiel, zerstörten gurgelnde Wassermassen die Häuser und rissen Menschen und Tiere mit sich. Manchmal aber war die Flut zu gering, um den segensreichen Schlamm bis zu den Feldern zu bringen, nichts konnte gedeihen, und Hungersnöte waren die Folge.

Jahrtausendelang blieb die Quelle des Nil ein Geheimnis. Erst im 20. Jahrhundert gelang es, das Rätsel zu lösen. Zahlreiche Forscher, Entdecker, Abenteurer hatten sich in der Vergangenheit auf den Weg ins Innere Afrikas gemacht, und fast alle verloren ihr Leben bei der gefährlichen Suche. Spannende Berichte ranken sich um diese Entdeckungsgeschichte.

Der Nil machte es ihnen schwer, denn er hat zwei Quellflüsse: den Blauen Nil und den Weißen Nil, dessen Quelle besonders schwer zu finden war. Der Blaue und der Weiße Nil fließen bei Khartum, der heutigen Hauptstadt des Sudan, zusammen. Der Blaue Nil ist der Kürzere von beiden, bringt aber mehr als zwei Drittel des Wassers, und er ist dunkel, weil er viel erdigen Schlamm mit sich führt. Der Weiße Nil dagegen hat klares Wasser. Seine Quelle liegt tief in Afrika.

Schon in der Antike hatte man über die Herkunft des Nil gerätselt. Herodot, dem griechischen Historiker und Geografen, der im 5. Jahrhundert v. Chr. lebte, verdanken wir einen Großteil unseres Wissens. Er verließ sich nicht nur auf Überlieferungen und schrieb nieder, was erzählt wurde, er fuhr in einem der landesüblichen

Segelboote, einer Feluke, auf dem Nil bis zu den Stromschnellen des
1. Katarakts. Für Herodot war das wilde Wasser mit seinem donnern-
den Getöse, den schaurigen Wasserwirbeln und der stürzenden Flut
der Beginn der Hölle. Der Blick in diesen tosenden Schlund jagte
ihm, wie er schrieb, Schauer des Schreckens über den Rücken. Weiter drang Herodot nicht vor, aber er erfuhr von Handelsreisenden,
dass der Nil aus schmelzendem Schnee herausfließe. Der Grieche
hielt diese Information für völligen Unsinn. Eis und Schnee mitten
in Afrika unter der heißen Sonne des Äquators, daran konnte er
nicht glauben. Sechs Jahrhunderte später schrieb der Gelehrte Clau-
dius Ptolemäus, der bereits wusste, dass die Erde eine Kugel ist, der
Nil entspringe in den Mondbergen Afrikas. Die Berge dort seien so
hoch, dass Schnee sie für immer und ewig bedecke, behauptete er,
ohne jedoch dort gewesen zu sein. Er gab nur wieder, was er von
Kaufleuten gehört hatte, die sich bei ihren Handelsfahrten weit in
unbekannte Gebiete vorgewagt und die Schneeberge am Horizont
wahrgenommen hatten, hochragend bis in die Wolken.

Kaiser Nero wollte das Rätsel unbedingt lösen und schickte zwei
Hundertschaften des römischen Heeres nach Süden. Sie sollten bis
zum Ursprung des Nil fahren. Die Soldaten kamen nicht weit, unrettbar blieben sie in den Nilsümpfen des heutigen Sudan stecken.
Sie starben an Malaria und Erschöpfung, nur wenige überlebten und
kehrten zurück. Um nicht Neros Zorn auf sich zu ziehen, erzählten
sie, der Nil entspringe in der Hölle und Teufel würden seine Quelle
bewachen. Der Ursprung des Nil blieb weiterhin unentdeckt.

Die Neuzeit brach an mit ihren technischen Möglichkeiten, dem
Glauben an den Fortschritt und die Allmacht der Maschinen. Der
Mensch begann sich als Beherrscher der Erde zu fühlen, aber noch
immer wusste man nicht, wo die Quelle des Weißen Nil ist. Schließlich sandte die britische *Royal Geographic Society*, die Königlich Geo-

grafische Gesellschaft, den schottischen Arzt und Missionar David Livingstone nach Afrika. Jahrelang blieb er verschollen, bis der Herausgeber vom *New York Herald* seinen fähigsten Reporter, Henry Morton Stanley, auf Livingstones Spuren setzte. Tatsächlich fand Stanley den Vermissten, von Tropenkrankheit geschwächt, in einer Hütte am Ufer des Tanganjika-Sees. Es war am 10. November 1871, als sich jene legendäre Szene abspielte, die wegen ihrer Skurrilität bis heute fasziniert: Zwei Menschen weißer Hautfarbe begegnen sich in Schwarzafrika und haben nichts Besseres zu tun, als steife englische Etikette zu wahren. »Doktor Livingstone, nehme ich an?«, begrüßte der Reporter den schon tot geglaubten Forscher. Livingstone war eher verärgert über die Aufregung um seine Person. Die Nilquelle konnte er nicht finden, da er sie in der falschen Gegend vermutete.

Erst im Jahr 1906 rüstete der italienische Prinz Ludwig Amadeus von Savoyen eine Expedition ins heutige Grenzgebiet zwischen Uganda und Burundi aus. Sein Ziel war das Ruwenzori-Gebirge, die Mondberge, die schon in der Antike als Quellgebiet des Nil bezeichnet worden waren. Der Prinz bestieg den höchsten Gipfel und war der erste Mensch, der wirklich an der Quelle stand. Denn die vielen Bäche, die aus dem Schnee der Ruwenzori-Berge herausfließen, vereinigen sich zum Luvironza, der später zum Nil wird.

Seit über zwei Stunden sind wir schon in der Luft. Wir werden bald landen. Das grüne Band ist schmal geworden, im Westen reicht die Wüste fast bis an den Strom heran. Nur dort, wo Kanäle das Land bewässern, ist es grün, da ist Leben. Mich überrascht, wie scharf die Grenze zwischen Gelb und Grün, zwischen Ödnis und Fruchtbarkeit sich abzeichnet. Die Wüste wirkt übermächtig, als könnte sie jederzeit den schmalen grünen Streifen verschlingen. Östlich des Flusses wird sie Arabische und westlich Libysche Wüste genannt.

Vom Flugzeug aus sind keine Bewohner zu sehen, wir fliegen zu hoch. Auch Ortschaften gibt es kaum, selten kann ich einige Häuser mit flachen Dächern ausmachen und unter hohen Bäumen ein paar Hütten. Mal erkenne ich die Kronen von Dattelpalmen, dann wieder sind es Zuckerrohr- und Hirsefelder oder Bananenstauden.

Als ich nach fast drei Stunden aus dem Flugzeug steige, habe ich auf einer Strecke von ungefähr 1000 Kilometern Ägypten von Norden nach Süden überflogen. Warme, trockene Luft empfängt mich. Ein Taxi bringt mich zum Old Cataract Hotel. Wenig später sitze ich auf der Terrasse des berühmten Hotels, einem historischen Ort, denn hier schrieb Agatha Christie ihren weltbekannten Kriminalroman »Tod auf dem Nil«, und auch für den nach ihrem Buch gedrehten Film bot das Hotel die passende Kulisse. Es ist ein prächtiges Gebäude, die Fassade schimmert rosarot, innen ist es im maurischen Stil gestaltet, mit hohen Korridoren, Säulen und Bögen, kostbaren Kronleuchtern und Verzierungen aus Stuck. Einzigartig aber ist die Lage auf einem Felssporn hoch über dem Nil.

Von der Hotelterrasse blicke ich hinunter auf einen üppigen Garten. Mango- und Zitrusbäume spenden Schatten, Hibiskus und Oleander blühen in leuchtenden Farben – ein Paradies, das sein Gedeihen der ständigen Bewässerung verdankt. Die gepflegte Gartenanlage fällt sanft hinab zum Nilufer, wo Kapitäne in ihren Feluken auf Touristen warten. Weiter schweift mein Blick über den Fluss zum westlichen, unbewohnten Ufer. Dort beginnt die Wüste, und Sandberge türmen sich auf.

Das luxuriöse Old Cataract Hotel kombiniert moderne Ansprüche mit dem nostalgischen Flair vergangener Tage. Die Teppiche sehen kostbar aus, Lampen, Stühle und Tische sind dem historischen altenglischen Mobiliar täuschend echt nachgebildet. Oder sollte tatsächlich alles noch aus den Jahren um 1898 stammen, als das Hotel gebaut wurde? Die Kellner sind in die Livree der Kolonialzeit gekleidet. Selbst die Kinder, die den Gästen die Schuhe putzen, tragen ein osmanisches Prinzengewand mit Pluderhosen, goldbesticktem Gürtel und Fez auf dem Kopf.

Ich bestelle Malvenblütentee, *karkadeh*. Dunkelrot schimmert das Getränk im Glas, ein neuartiges Geschmackserlebnis. Anders als der bei uns übliche Hibiskustee ist *karkadeh* zugleich süß und säuerlich und prickelt auf der Zunge.

Während ich auf den mir empfohlenen Nilbarsch mit Kreuzkümmel, *samak bi'l kammun,* warte, schweifen meine Gedanken immer wieder ab, zurück in eine Vergangenheit, die ich nicht selbst erlebt habe, die ich mir aber, angeregt durch Bücher, Filme und Fotos, lebhaft vorstellen kann. Vornehm gekleidete Damen mit bis zum Boden wallenden weißen Kleidern und breitkrempigen Hüten, einen Sonnenschirm graziös in der Hand, und ihre männlichen Begleiter zünftig in Tropenanzügen und mit Tropenhüten postieren vor Tempeln, reiten auf Kamelen oder segeln auf dem Nil, dezent im Hintergrund die einheimischen Diener. Im Europa des 19. Jahrhunderts war es fast schon eine Selbstverständlichkeit unter wohlhabenden, bildungsbeflissenen Bürgern und auch Künstlern, dem nasskalten Winter zu entfliehen, sich auf einer Nilreise zu amüsieren, die Pyramiden zu bestaunen und die Königsgräber bei Luxor zu besuchen.

Nachdem ich den köstlichen Nilbarsch gegessen habe, schlendere ich die Uferpromenade, die Corniche, entlang, die den Ort Assuan gegen den Nil abgrenzt. Zahlreiche Taxis und Pferdekutschen kurven auf der Suche nach Fahrgästen hin und her. Die zweispurige Fahrbahn ist in der Mitte durch einen Grünstreifen geteilt, auf dem Büsche und Bäume wachsen. Auf der Nilseite wird ein breiter Fußweg von einer hüfthohen Mauer vor dem tiefer liegenden Ufer geschützt. Restaurants, Hotels und Geschäfte reihen sich

aneinander. Dahinter liegt die eigentliche Ortschaft mit meist zwei-
stöckigen Häusern, kleinen, ebenerdigen Geschäften und einem
Markt, dem Suq, auf dem vor allem Souvenirs für Touristen angeboten werden, aber auch Obst, Gemüse und Backwaren.

Noch immer ist Assuan ein beschaulicher und überschaubarer
Ort, und das, obwohl die Einwohnerzahl in den letzten Jahrzehnten sprunghaft gestiegen ist. Sie soll bei etwa 400 000 liegen, je nachdem, wie weit man die Hütten im Umland miteinberechnet. Menschen mit dunkler Hautfarbe überwiegen, denn hier war seit alters
her nubisches Siedlungsgebiet, das Land Kusch, wie es früher genannt wurde. Nubier, nicht zu verwechseln mit den schlanken und
hochgewachsenen Nuba aus dem Sudan, sind muskulös und kräftig
gebaut, meist untersetzt, mit breiten Gesichtern, vollen Lippen und
kurzem Kraushaar. Doch im Laufe der Jahrtausende entstand eine
Mischbevölkerung mit den eher hellhäutigen Alt-Ägyptern.

Ich verlasse den Uferweg und folge einem Sträßchen in die Altstadt, spaziere durch den Suq mit seinen mannigfaltigen Verkaufs-
buden. Anders als sonst auf orientalischen Märkten werde ich nicht
zum Kaufen gedrängt und genieße so das ungestörte Schauen entlang der Marktstände mit ihren leuchtenden Farben und exotischen
Gerüchen. Gewürze, fein gemahlen und aufgehäuft zu ebenmäßigen
Pyramiden, verströmen einen betörenden Duft. Es riecht weihnacht-
lich nach Zimt, Ingwer, Kardamom.

Vom Suq aus gehe ich weiter durch die engen Gassen und halte
Ausschau nach einer preisgünstigen Unterkunft, denn ich möchte
mir nur eine einzige Nacht in dem exquisiten Old Cataract Hotel
gönnen, um das historische Flair zu genießen. Danach will ich noch
ein paar Tage mehr in Assuan bleiben, den Staudamm besuchen,
auch das Simeon-Kloster und die Steinbrüche, wo der Granit für die
Tempel und Pyramiden gebrochen wurde.

Für die Ägypter hatte Assuan, das einst Syene hieß, zugleich symbolische und wirtschaftliche Bedeutung, denn hier endete das Reich der Pharaonen. Alle Schätze des schwarzen Kontinents wurden auf dem Landweg mit Karawanen an die ägyptische Grenze gebracht und auf Schiffe verladen, wodurch der Markt- und Handelsort große Bedeutung erlangte. Der Name Assuan geht auf das koptische Wort *suan* für Handel zurück; zusammen mit dem arabischen Artikel wurde daraus As-Suan.

Kaum merklich kühlt die Luft ab, ein leichter Wind streift über mich hinweg. Mein erster Tag am Nil neigt sich dem Abend zu. Ich sitze in einem Terrassenrestaurant an der Corniche und blicke auf den Fluss unter mir, wo Felukensegel weiß durch die Dämmerung leuchten. Dann schweift mein Blick weiter zum gegenüberliegenden unbesiedelten Ufer. Die Sonne nähert sich der goldgelb leuchtenden Wüste und versinkt im Sandmeer, das für wenige Minuten altrosa schimmert. Dort, auf einem der Sandberge, hebt sich im Abendlicht das Aga-Khan-Mausoleum hell gegen den dunklen Himmel ab. Als der Khan im Jahr 1957 mit achtzig Jahren starb, fand er dort in einem Sarkophag aus Marmor seine letzte Ruhestätte. Mit Blick auf den Nil liegt das mächtige Mausoleum oben auf der Anhöhe und teilt die Einsamkeit der Wüste nur mit den Ruinen des Simeon-Klosters. Die Nacht senkt sich über die Erde, die Dunkelheit saugt die Farben des Tages auf. Musik klingt aus den Lokalen an der Uferstraße, und die Lichter der Laternen und Terrassenlampen spiegeln sich im jetzt fast schwarzen, leise dahinfließenden Wasser des Nil.

Mitten im Strom liegt die Insel Elephantine. An ihrer Südspitze ragen runde Granitquader aus der Erde, die aussehen wie die Buckel von Elefanten, gerade so, als würde eine Herde der grauen Riesen die

Insel auf ihren Rücken tragen. Vielleicht rührt der Name von diesen elefantenähnlichen Steinen her, wahrscheinlicher aber ist, dass zur Zeit der Pharaonen mit Elfenbein gehandelt und Elefantenkarawanen Gold und Edelsteine hierher transportierten. Aus diesem Grund hieß die Insel in der Sprache Altägyptens Yeba, was Elefant bedeutet.

Bakri wartet mit seinem Ruderboot unten am Flussufer auf mich. Ich lernte ihn gestern Nachmittag im Suq kennen, wo er einen kleinen Stoffladen betreibt. Wir kamen ins Gespräch, und ich erzählte ihm von meiner Suche nach einer preiswerten Unterkunft, da überraschte er mich mit der Idee, mich zu seiner Familie auf Elephantine zu bringen. Eine wunderbare Gelegenheit, das Leben der Ägypter auf dem Land kennenzulernen.

Die Strömung ist erstaunlich stark. Bakri muss sich kräftig in die Riemen stemmen. Wenn man den Nil vom Ufer aus betrachtet, scheint er gemächlich zu fließen, mitten im Fluss spürt man erst, wie stark die Strömung ist. Am Westufer der Insel legen wir an. Palmen und Mangobäume bilden ein grünes Laubdach, am Boden wuchern Gräser und Stauden. Eine fruchtbare Insel, denn überall plätschert Wasser in Rinnen und künstlichen Bächen, die der Nil speist. Ein schmaler, lehmglatter Weg führt zu einem Haus, das romantisch von hohen Bäumen beschattet wird. Es steht allein für sich, etwa hundert Meter vom nächsten Dorf entfernt. Beim Eintreten entdecke ich über der Haustür einen Talisman, einen winzigen Stoffbeutel in Herzform, der die bösen Geister am Eindringen hindern soll.

Das Haus liegt ungefähr in der Mitte der Insel. Ein von Palmen, Mango- und Zitronenbäumen beschatteter Fußweg schlängelt sich, begleitet von plätschernden Wasserläufen, zu den beiden Dörfern. Wie für Nubierdörfer typisch, sind die Häuser aus Lehm gebaut. Sie haben flache Dächer und ein, höchstens zwei Stockwerke. Frauen, von Kopf bis Fuß in schwarze Tücher gehüllt, hocken vor ihren Haustüren am Boden oder auf kleinen Holzschemeln und blicken mir freundlich entgegen. Offensichtlich sind sie daran gewöhnt, dass Touristen hin und wieder durch ihre Dörfer spazieren.

Am Abend gehe ich noch einmal hinab zum Nil. Leise plätschert der Fluss. Fledermäuse huschen über die dunkle Wasserfläche. Dumpf hallen die Rufe der Kröten durch die Nacht, oder sind es Unken? Eine späte Feluke zieht lautlos vorbei und verschwindet in der Dunkelheit. Ich fühle, dass ich angekommen bin – in Ägypten.

Einige Wochen später, nachdem ich dem Nil von Assuan bis Luxor gefolgt bin, will ich auf einer Feluke stromabwärts segeln. Zur verabredeten Zeit bin ich am nächsten Morgen am Kai, wo die Boote festgemacht sind. Mostafa ist schon an Bord und hat zwei Gehilfen mitgebracht. Er selbst klettert am Mast hoch, um die Verschnürung des Segels zu lösen, einer der Jungen entfernt das Tau von der Anlegestelle, und schon treiben wir auf den Strom hinaus. Der Nil kann ohne Motor in beiden Richtungen befahren werden, flussabwärts wird das Boot von der Strömung getragen, flussaufwärts treibt es der Nordwind vorwärts.

Die Wellen plätschern an die Bordwand. Mein Blick schweift über das dunkelgrüne Wasser hinüber zum Ufer. Mais und Zuckerrohr wechseln ab mit Dattelpalmen und Gemüsegärten, hin und wieder sehe ich ein Dorf aus einfachen würfelförmigen Lehmhäusern. Fellachen, mit einem Leinentuch um die Hüften, bearbeiten ihre Felder wie in Vorzeiten mit Hacken oder Holzpflügen, vor die sie Ochsen oder Esel gespannt haben. Schwarz gekleidete Frauen jäten Unkraut, Kinder laufen barfuss zum Fluss, um Wasser zu holen, und beladen Esel mit den Behältern. Im Schatten hoher Palmen dösen Kamele, und Wasserbüffel suhlen sich in Schlammlöchern oder grasen am Ufer.

Eine sanfte Brise weht. Schaukelnd treibt das Boot auf dem breiten Wasser dahin. Stille liegt feierlich über dem großen Strom, nur das leise Murmeln der Wellen klingt an mein Ohr. Ich lasse meine Hand herabhängen und spüre, wie der Nil durch meine Finger fließt. Was für ein Glück, dass ich so reisen kann, frei und selbstbestimmt. Wohlig lehne ich mich zurück, fühle das Holz der Bordwand angenehm fest an meinem Rücken. Meine Sinne sind hellwach, dennoch erlebe ich diese Flussfahrt wie einen Traum.

WÜSTEN

Ozeane aus Sand

SPANIEN

NAMIBIA

SPANIEN
Lautlos reiten Dünen übers Land

1982 war ich fast ein Jahr lang in Spanien unterwegs, um meine Sprachkenntnisse zu verbessern und mir einen Überblick über die einzelnen Provinzen des Landes zu verschaffen. Mein besonderes Interesse galt dabei Andalusien mit seiner von den Arabern beeinflussten Kultur und Baukunst. In Sevilla suchte ich den Kontakt zu Biologen, die mir vom Naturschutzgebiet Coto Donaña ganz im Süden Spaniens erzählten. Von der Nationalparkverwaltung erhielt ich die Erlaubnis, eine Woche lang durch dieses abwechslungsreiche Gebiet zu wandern.

Die Hitze brütet. Tag für Tag spannt sich der ewig gleiche und unerbittlich blaue Himmel über das Land. Vom Wind geformte Sanddünen bilden bizarre Skulpturen. Beim Gehen sinken meine Füße tief ein in den weichen Sand. Meine Trittspur reißt die unberührte Reinheit der Landschaft auf, wird aber bald schon verweht sein. Coto Donaña heißt diese Naturlandschaft, sie liegt an der Mündung des Flusses Guadalquivir. Es ist das Dreieck, das sich zwischen den Städten Huelva und Sevilla spannt und im Süden den Atlantik berührt. Drei unterschiedliche Landschaftsformen bestimmen das Erscheinungsbild dieses geschützten Gebietes. Im Westen befinden sich alte Dünen, die durch Vegetation gefestigt sind und deshalb nicht mehr vom Wind bewegt werden können. Die sanft gewellte Landschaft ist mit Wacholder, Heide und Kiefern bewachsen, und zwischen Stechginster leuchten die gelben Blüten der Zistrosen. Frei stehende Korkeichen ragen aus dem dichten Buschwerk und dem harten, gelblichen Gras hervor.

Die zweite Landschaftsform wird von vierzig Meter hohen Wander-dünen geprägt. Sie beginnen, wo die Wellen des Atlantischen Ozeans an einem fünfzig Kilometer langen Sandstrand auslaufen. Dieser Küstenstreifen, menschenleer und unberührt von Hotelbauten, reicht von der Mündung des Guadalquivir bei Sanlúcar de Barrameda bis zum Touristenort Matalascañas. Etwa acht Kilometer weit sind die Dünen schon ins Landesinnere gewandert, und jährlich schieben sich ihre Kämme sechs Meter weiter in die Coto Donaña hinein.

Der dritte und zugleich größte Teil sind die Marschen, ein vom Meer isoliertes, aber periodisch überflutetes und mit salzhaltigem Wasser angereichertes Sumpfgebiet, in dem Binsen und Salzmiere gedeihen; *marisma* wird dieses wichtigste Feuchtgebiet Spaniens genannt. In der schier unermesslichen, sumpfigen Weite wimmelt es von Leben. Unzählbar die Wasser- und Zugvögel aus dem euro-päischen Norden, denn die Coto Donaña ist nicht nur ein wichtiger Überwinterungsplatz, sondern auch ein Zwischenstopp für Vögel, die weiter nach Afrika fliegen.

Im Norden grenzt das sumpfige Marschland an Felder und Wie-sen, durchzogen von zahlreichen Bächen und Flüssen, die in den großen Strom Guadalquivir münden. Wegen ihres Wildreichtums war die Coto Donaña jahrhundertelang königliches Jagdgebiet. In alten Chroniken wird das Gebiet als ein Naturparadies geschildert, in dem große Rotwildrudel lebten. Später kam dann noch ausge-setztes Damwild dazu.

König Sancho IV. schenkte das Jagdgebiet seinem Gefolgsmann Pérez de Guzmán als Belohnung für seine heldenhafte Verteidigung von Tarifa im Jahr 1296. Der Statthalter hatte die Stadttore nicht den Arabern geöffnet, obwohl sich sein Sohn in muslimischer Geiselhaft befand und mit dem Tod bedroht wurde. Mehrmals wechselte die Coto Donaña danach die Besitzer, wanderte durch die Hände zahlreicher Adelsgeschlechter. Ihren Namen erhielt sie nach der Gemahlin des Herzogs von Medina Sidonia, der Doña Ana. Das fürstliche Jagdgehege mit seinen Hirschen, Wildschweinen und Wasservögeln stand nur den Privilegierten offen und war ein beliebter Treffpunkt der spanischen Gesellschaft, die sich hier regelmäßig traf, jagte und ihre Feste feierte. So kam es, dass die Coto Donaña von Kultivierungs- und Erschließungsmaßnahmen verschont wurde und bis in unser Jahrhundert ein Naturgebiet geblieben ist.

Doch allmählich begann die moderne Zivilisation auch in dieses Paradies vorzustoßen. Immer mehr Entwässerungsgräben wurden gezogen, um neues Ackerland zu gewinnen. Bereits während der Regierungszeit Francos wurde mit der Urbarmachung der Guadalquivir-Ebene begonnen. Das Feuchtgebiet sollte damals großflächig für den Reisanbau erschlossen werden. Gerade noch rechtzeitig erkannten Naturschützer die Bedeutung der Coto Donaña als unersetzbares Refugium für europäische Zugvögel. Mithilfe des World Wildlife Fund konnte 1964 ein Teilgebiet von 7000 Hektar angekauft werden. Stück um Stück vergrößerte man in zähem Ringen das Schutzgebiet, vor allem das für die Zugvögel wichtige Marschland im Nordosten ist schützenswert.

Im Parkbüro an der Straße nahe dem Ort El Rocio kann eine geführte Rundfahrt durch den Nationalpark gebucht werden. In Geländefahrzeugen und mit einem von der Parkverwaltung gestellten Führer erhält man einen Überblick über alle drei Landschaftsformen; nur das Herzstück, etwa sechzig Quadratkilometer, bleibt für Besucher ausgespart. Dieses streng geschützte Gebiet, wo sich auch die wissenschaftliche Station befindet, wird durch einen hohen Zaun abgesperrt und durch eine Patrouille berittener Wächter vor Zaungästen und Wilderern geschützt. Es soll für Tiere eine ungestörte Zufluchtsoase sein. Nur Wissenschaftler und Parkangestellte, die in der wissenschaftlichen Station arbeiten, haben Zutritt. Als Biologin habe ich in Sevilla vom Direktorium des Nationalparks ein *permiso*, eine schriftliche Erlaubnis, erhalten und darf einige Tage durch die Coto Donaña wandern.

Ich trete ein in das Reich der Wanderdünen. Weich und weiß ist der Sand, wie Mehl. Vom Seewind werden die Dünen stetig vorwärtsgetrieben. Lautlos reiten sie über das Land. Wie die erstarrten Wellen eines reglosen, weißen Meeres dehnen sie sich endlos bis zum Horizont. Die Reinheit dieser zauberhaften, windgeglätteten und -geformten Dünenkämme begeistert mich. Es herrscht eine Stille, als wäre alles Leben im Sand versunken.

Plötzlich leuchtet es grün zwischen den weißen Dünen. In einer Senke, eingerahmt von zwei Sandbergen, steht ein kleiner Kiefernwald. *Corral* werden diese Wäldchen genannt; sie sind Oasen des Lebens inmitten von Sand. Die Bäume bieten Insekten, Vögeln, Eidechsen, Schildkröten, auch Wildschweinen und Damwild Unterschlupf. Doch dieses Leben ist dem Untergang geweiht. Die Pinien werden vom Sand gefangen gehalten. Unaufhaltsam weht der Wind vom Dünenkamm Sand in die Senke. Einige sind schon bis zur Hälfte ihres Stammes bedeckt, von anderen ragen nur noch die obersten Zweige heraus. Es ist ein lautloses Sterben. Langsam und unerbittlich decken Milliarden winzigster Sandkörnchen die Schirmkiefern zu, begraben sie unter sich. Bald wird der Föhrenwald verschwunden sein, wird sich die schweigende, lebensfeindliche Wüstenwelt ausbreiten, als habe es hier nie einen Wald gegeben. Wenn nach vielen Jahren die Düne weitergewandert ist, tauchen die getöteten Kiefern wieder auf. Nur noch das Stammgerippe der toten Bäume ist erhalten geblieben. Dürr ragen kahle Astfragmente in den Himmel. Sie ähneln verwitterten Friedhofskreuzen und geben letztes Zeugnis eines vom Sand vernichteten Waldes.

◄ **1977** Nepal
▼ **1980** Kilimandscharo

◄ **1981** Galapagos
▼ **1984** Philippinen

◄ **1986** Peru
▼ **1987** Argentinien

◄ **1987** Mexico

BERGE

Gipfel über den Wolken

▲ Metamórphosis – eines der im 14. Jh. gegründeten Klöster von Meteora.
▼ Der heilige Berg Ama Dablam in Nepal.
▲ Der Hohe Atlas in Marokko mit dem höchsten Berg Nordafrikas, dem Toubkal.
▼ Die Felsen von Meteora in Griechenland – Ziel für Kletterer und Wanderer.

WEGE

So weit die Füße tragen

▲ Im Winter durch den Hunsrück.
◄ Die Cairngorm Mountains in Schottland – kahle Berge und weite Täler bis zum Horizont.
▼ Mit Esel Chocolat unterwegs auf dem Jakobsweg.

INSELN

Welten für sich

- ▲ Der Tempel von Segeste auf Sizilien war in der Antike ein wichtiges religiöses Zentrum.
- ▼ Dank der Regenwolken gedeiht auf der Hawaii-Insel Kauai eine üppige Vegetation.
- ▲ Nur auf den Galapagos-Inseln gibt es diese sonnenhungrigen Meerechsen.
- ▼ Die Einwohner auf den kapverdischen Inseln leben vor allem vom Fischfang.

FLÜSSE

Lebensadern

▲ Mit einer Feluke auf dem Nil zu segeln, ist ein unvergessliches Erlebnis.

◀ Bei Extremsportlern besonders beliebt – die Wasserfälle des Aqua Azul in Mexiko.

▼ Fischerkähne auf der unteren Isar. Behäbig fließt sie der Donau entgegen.

WÜSTEN

Ozeane aus Sand

▲ Naturschutzgebiet im Süden Spaniens – die Coto Donaña.
◀ Die Namib – Wüste zwischen Buschland und Atlantik.
▼ Mit Esel Aton wanderte ich am Rande der Sahara durch Ägypten.

VULKANE

Berge aus Feuer

▲ Opfergaben für die Vulkangöttin Pele auf Hawaii.
▼ Der Mawenzi – einer der drei Gipfel des Kilimandscharo.
▲ Felsklettern am Mount Kenya.
▼ Den Ausbruch des Eyjafjallajökull beobachtete ich im Frühjahr 2010 auf Island.

TIERE

Entdecken und Beobachten

▲ Rast nach langem Tagesmarsch – Berber mit ihren Dromedaren.
◄ Auf den Philippinen üben sich die Kinder früh im Umgang mit dem wehrhaften Wasserbüffel.
▼ Mulis sind im Hohen Atlas auch heute noch unverzichtbar.

▲ Auf Galapagos – der Seelöwenbulle nähert sich einem Weibchen aus seinem Harem.
▶ Königspinguin – Ruhepause an der Küste Feuerlands.
▼ Paarungstanz der Klippenkrabben auf den Galapagosinseln.

BEGEGNUNGEN

In fremden Kulturen

- ▲ Berbermädchen vom Stamm der Aït Haddidou in Marokko.
- ▼ Gruppenfoto mit Trägern vom Volk der Sherpa in Nepal.
- ▲ Zu Gast bei den Salasaca in den Anden.
- ▼ Warten auf die Hochzeitszeremonie im Hohen Atlas.

▲ Bei den Bontoc auf den Philippinen in Nord-Luzon.
▼ Vor dem Ernte-Schlachtfest – fünf Männer brauchte es, um das Schwein zu überwältigen.

▲ Die Nomaden in der Mongolei hießen mich willkommen wie eine gute Freundin.
▼ Mit drei Jemenitinnen – im geschützten Hof haben sie ihre Gesichter entschleiert.

▲ Dolmen aus dem Megalithzeitalter in Nordspanien.
▶ Die Ruinen von Machu Picchu mit dem Huayna Picchu im Hintergrund.
▼ Felsgravuren im Jemen – die Steinböcke waren dem Mondgott geweiht.

SPUREN

Lebendige Vergangenheit

◄ **1993** Elbsandsteingebirge
▼ **1999** Jemen

◄ **2001** Isar
▼ **2002** Jakobsweg

◄ **2003** Namibia
▼ **2007** Jemen

◄ **2009** Ägypten

Ich laufe barfuß. Die Schuhe habe ich an den Rucksack gehängt, denn in kurzer Zeit waren sie angefüllt mit Sand. Abends breite ich auf dem weichen Untergrund meinen Schlafsack aus. Die während des Tages lautlose Coto Donaña füllt sich mit Tönen, Geräuschen, Stimmen. Langsam erwacht mit der abkühlenden Dämmerung das tagsüber verborgene Leben. Insekten sirren durch die Luft, Käfer krabbeln hervor, Vögel zwitschern, und hoch am Nachthimmel fliegen Vögelschwärme. Jeder Morgen bringt mir den Beweis, wie viele Tiere in dieser lebensfeindlichen Wüstenwelt leben. Der Sand ist mit unzähligen Tierspuren bedeckt. Da sind die filigranen Abdrücke von Käfern, wie Perlenschnüre ziehen sie sich um einzelne Grasbüschel. Kaninchen sind durch den Sand gehoppelt. Mäuse, Eidechsen und Vögel haben zarte Muster eingedrückt. Breite Fährten hingegen hinterlassen Hirsche und Wildschweine, die nachts aus den Kiefernwäldchen zum Meer ziehen, um im angespülten Treibgut nach Fressbarem zu suchen.

Dann entdecke ich eine mir unbekannte Spur und folge ihr weit über die Dünen. Es muss ein katzengroßes Tier sein mit breiten Tatzen. Vielleicht ein Luchs? In Südspanien lebte früher der Pardelluchs, eine kleine Variante des europäischen Luchses. Er ist so selten geworden, dass sein Aussterben wohl nicht mehr zu verhindern ist. Die Spur ist im vom Tau feuchten Sand gut sichtbar. Ich erkenne fingerartige Zehen und einen runden Ballen. Meine Ausdauer wird belohnt, plötzlich huscht ein braunes Pelztier aus einem Kiefernwäldchen heraus. An seinen geschmeidigen Bewegungen erkenne ich es sofort. Es ist zwar kein Pardelluchs, dafür aber eine Manguste, eine Schleichkatzenart, die eigentlich in Afrika zu Hause ist und vielleicht in früheren Zeiten zur Bekämpfung der Schlangen ausgesetzt wurde.

Von einem hohen, sichelförmig geschwungenen Dünenkamm

erblicke ich Wasser. Ohne Übergang beginnt das *marisma,* das Marschland: Seen, Teiche, Moore, Schlick, Schilf und sumpfiges Grün bis zum Horizont. Am Rand des Feuchtgebietes setze ich mich auf den Sand. Über mir fliegen Graugänse, die weiter entfernt an einem Gewässer landen. Noch nie habe ich so viele verschiedene Vogelarten an einem Ort gesehen: Uferläufer, Kiebitze, Sichler, Kampfläufer, Rotschenkel und sogar Flamingos. Durch den dunstigen Nebel schimmert die aufsteigende Sonne rötlich blass. In Keilformation und laut schnatternd fliegen immer neue Schwärme der Graugänse ins Marschland hinein. Sie haben die Nacht in den Dünen verbracht, durch einen Wachtposten von anschleichenden Füchsen geschützt. Eine Herde wilder Pferde zieht langsam vom Kamm einer Düne zur Äsung in den Sumpf. Weiter hinten, zwischen glitzernden Wasserflächen, erkenne ich dunkle Punkte. Es sind Stiere, die wild und frei leben.

NAMIBIA
Die rote Wüste

Namibia ist ein faszinierendes Land voller Widersprüche. Gleichzeitig nah und vertraut, dann wieder fremd und exotisch. Wo sonst in Afrika kann man sich mit fast allen auf Deutsch unterhalten, komfortabel reisen und dennoch abenteuerliche und aufregende Begegnungen mit Löwen, Elefanten und Nashörnern haben. Bei meiner Reise im Jahr 2003 war ein wichtiges Ziel für mich die Namib-Wüste, nach der sich das Land Namibia benannt hat.

Weich gibt der Sand unter meinen Schritten nach, nur mühsam komme ich voran. Oben auf dem Dünenkamm weht mir sanfter Wind ins erhitzte Gesicht. Nichts als Wüste um mich herum. So muss die Welt vor Beginn der Zeiten gewesen sein: faszinierend rein, ohne Pflanzen, ohne Tiere, nur Sand, glühend heiß unter der Sonne.

Die Namib-Wüste gilt als die älteste Wüste der Welt, sie soll fünf, einige Wissenschaftler behaupten sogar achtzig Millionen Jahre alt sein. Die ältere Zahlenangabe beruht aber auf einer Vorgängerwüste. Zwischen beiden Wüsten gab es eine feuchte Zwischenperiode.

Ein schmaler, maximal 200 Kilometer breiter Wüstenstreifen zieht sich über 2000 Kilometer an der Atlantikküste entlang von der Südspitze Afrikas bis nach Angola. Der weitaus größte Teil dieser Wüste besteht aus öden Stein- und Geröllflächen, berühmt aber sind die leuchtend roten Sanddünen. Das Rot kommt vom Eisenoxid, das die einzelnen Sandkörnchen als dünne Schicht überzieht. Die eindrucksvollen Dünen befinden sich im Gebiet von Sossusvlei. *Sossus* bedeutet in der Sprache des einheimischen Stammes der Nama

»blinder Fluss«, und *vlei* ist die Bezeichnung der Buren für »Verdunstungspfanne«.

Noch vor 60 000 Jahren floss hier der Fluss Tsauchab und mündete in den Atlantik. Aber dann hat ihm der Sand den Weg zum Meer abgeschnitten. Eingebettet zwischen den Sandbergen liegen flache Becken, die *vlei*. Der harte Boden ist ausgetrocknet und in Schollen aufgebrochen. In regenreichen Jahren schafft es der Fluss manchmal, sie zu füllen, dann schimmern blaue Seen inmitten von roten Sandbergen. Verschwenderisch blühen Blumen, Gräser wiegen sich im Wind, Herden von Gazellen und Antilopen bevölkern dann die Wüste. Dieses Wunder des Lebens aber geschieht nur noch alle paar Jahrzehnte einmal.

Ich sitze oben auf einer 300 Meter hohen Düne. Kein Laut. Vollkommene Stille. Eine überwältigende Ruhe nimmt von mir Besitz. Das Schweigen dieser Welt schlägt mich in seinen Bann. Ich schaue über das Meer aus Sand und beobachte den Lauf der Sonne. Als sie sich dem Horizont zuneigt, ändert sich fließend das Licht, die Farben werden intensiver und übergießen die Dünen glutrot, rosé und golden.

Jetzt ist die Stunde, in der die Wüste zum Leben erwacht. Es raschelt und knistert. Sandkörnchen bewegen sich. Schwarze Käfer krabbeln aus der kühlen Tiefe an die Oberfläche, tasten sich mit langen Beinen durch den Sand. Diese Tenebriokäfer sind wahre Überlebenskünstler. Wenn morgens der Tau kondensiert, stellen sie sich auf den Kopf und lassen die Tropfen, die sich an ihrem Hinterleib sammeln, in die Mundöffnung rinnen. Ihre Nahrung sind vom Wind angewehte Insekten, die sie in Senken und Mulden finden. Der Sand bewegt sich erneut, ein blasses Wesen kriecht hervor. Auffallend sind die riesigen Augen, während der Körper fast durchsichtig ist – ein Wüstengecko. Im Sand vergraben hat er die Hitze des Tages überlebt und hält nun nach Beute Ausschau. Einer einzigartigen Lauf-technik befleißigt sich eine Wüsteneidechse: Damit sie sich die Füße nicht auf dem heißen Sand verbrennt, verharrt die Eidechse immer wieder und hält ein Füßepaar zum Abkühlen in die Luft. Es sieht so komisch aus, dass ich schmunzeln muss.

Der Sonnenball versinkt hinter den Dünen. Der Himmel scheint zu brennen und wirft seinen Widerschein auf die Sandberge. Ein Farbspiel, das mir mit seiner unwirklichen Intensität den Atem nimmt. Dann eine Bewegung am Fuß der Sandberge. Ich schaue ge-nau hin und erkenne eine Oryxantilope. Wie ein Fabelwesen zieht das Tier mit seinen meterlangen, weiß schimmernden Hörnern durch die rot glühende Einsamkeit.

Nördlich der roten Sanddünen erstreckt sich die flache Kieswüste. Vom Atlantik nehme ich den Weg landeinwärts in diese Wüste hin-ein. Nach jedem Kilometer wird es heißer, kein frischer Seewind ist mehr zu spüren. Flimmernde Luft behindert die Sicht. Die Augen schmerzen vom gleißenden Licht. Hier gibt es weder Pflanzen noch Insekten oder Vögel, nur Steine.

Mit Genehmigung der Tourismusbehörde darf ich ausgewiesene Gebiete besuchen und kann an festgelegten Plätzen im Freien über-nachten. Mein Ziel für die Nacht ist der Vogelfederberg. In der flim-mernden Luft wirkt er wie eine geheimnisvolle Insel inmitten eines weiten Geröllfeldes. Vogelfederberg – der Name gefällt mir. Er for-dert geradezu auf, sich eine Geschichte zu seinem Namen auszuden-ken. Mit der rund geschliffenen Form erinnert er entfernt an den Urulu, den magischen Berg der Aborigine in Australien, auch wenn er nicht dessen Größe und rötliche Farbe hat.

In luftiger Höhe, dicht unter dem Gipfel, hat sich eine vom Felsen überdachte Terrasse gebildet. Feiner Sand bedeckt den Boden, und die Fläche ist breit genug, um mein Zelt aufzustellen. Vorher unterziehe ich den Berg einer genauen Untersuchung, finde aber nur Spuren von Schakalen und die Borsten von Stachelschweinen. Menschen scheinen schon lange nicht mehr hier gewesen zu sein.

Vom Vogelfederberg aus kann ich ringsum die Landschaft überblicken, ohne selbst gesehen zu werden. Glutrot versinkt die Sonne, taucht mit ihren letzten Strahlen die weite Ebene in leuchtendes Purpur. Bis zum Horizont dehnt sich die Wüste. Nichts ist da, was den Blick ablenkt, kein Hügel, kein Berg, nicht einmal ein vertrockneter Baum.

Die Wüste ist nur scheinbar unbelebt, aber man muss sich Zeit nehmen und genau hinschauen. Am nächsten Morgen entdecke ich ein seltsames Tier von dämonischer Gestalt, das auf einem Stein hockt. Es steckt in einem Schuppenpanzer, der Rücken ist mit einem gezähnten Dornenkamm bewehrt, der Schwanz zu einer Spirale gerollt, und die Füße gleichen Greifzangen. Am befremdlichsten sind die Augen. Erhöht sitzen sie außerhalb am Kopf und sind von einer Kapsel fest umschlossen. Diese Augenkapseln rotieren nach allen Seiten und bewegen sich völlig unabhängig voneinander.

Vorsichtig nähere ich mich dem bizarren Wesen. Sofort starrt mich ein Auge an, während das andere die Umgebung sondiert. Als ich weiter heranrobbe, richtet es beide Pupillen auf mich. Es ist irritierend, so fixiert zu werden. Plötzlich reißt das Monster seinen knallgelben Rachen weit auf und faucht. Aber ich habe keine Angst und muss lachen, denn die kleine Bestie ist ein harmloses Wüstenchamäleon und kaum größer als meine Hand. Umso mehr imponiert mir sein Mut, mit dem es bereit ist, sein Leben gegen einen übermächtigen Feind zu verteidigen.

In den Nächten zuvor war Nebel in die Wüste gezogen und hatte sich als Tau niedergeschlagen. Genügend Feuchtigkeit, dass Samen kcimen konnten. Ein grüner Hauch liegt über der Kieswüste. Die einzelnen Grashalme verschmelzen in der Ferne zu einem grünlichen Teppich. Jeder neue Morgen, wenn es noch frisch und kühl ist, schenkt mir Lebensfreude, doch nach kurzer Zeit schon, wenn die Sonne höher gestiegen ist, brennt sie mit unbarmherziger Glut herab, und alles Leben scheint erloschen.

Nichts deutet darauf hin, dass die Ebene von einer tiefen Schlucht durchschnitten wird. Erst als ich an der Abbruchkante stehe, kann ich den Einschnitt erkennen, den Kuiseb-Canyon. Der Blick hinab lässt mir den Atem stocken. Welch gigantische Landschaft! Jäh abstürzende Felswände, dunkle Schlünde und Klüfte – ein wildes Schluchtenlabyrinth. Es ist ein phantastischer Irrgarten aus Haupt- und Nebencanyons, wie ein verdorrtes Aderngeflecht, denn nur zur Regenzeit führt der Kuiseb-Fluss Wasser, und auch das nur alle paar Jahre, aber dann urgewaltig, mit tosender Wildheit.

Hier war es, wo sich zwei deutsche Geologen während des Zweiten Weltkrieges versteckten, um der Einweisung in ein Internierungslager zu entgehen. Damals besaß Südafrika das Mandat über das Gebiet des heutigen Namibia. Auf Betreiben Großbritanniens wurden deutschstämmige Bewohner in ein Lager gesperrt. Trotz intensiver Suche fand man die Flüchtlinge nicht. Henno Martin und Hermann Kolb haben sich nicht nur ihre Freiheit bewahrt, sondern in der Wildnis und von ihr gelebt, wie es zivilisierten Menschen sonst nicht möglich ist. Bereichert mit unschätzbaren Erfahrungen kehrten sie kurz vor Ende des Kriegs wieder in die Zivilisation zurück.

Weit beuge ich mich über die Kante, so weit, dass ich gerade noch das Gleichgewicht halten kann. Ich sehe senkrechte Felsen und überhängende Simse, und mir ist klar, hier kommt kein Mensch lebend hinunter. Die Flüchtlinge müssen es weiter östlich versucht haben. Ich wandere am Canyon entlang flussaufwärts, und dort, wo heutzutage eine Brücke den Kuiseb überquert, sind die Felswände flacher, und ich kann gefahrlos in die Schlucht hinabsteigen.

Mit ausreichend Wasser und Nahrungsmitteln für einige Tage begebe ich mich auf die Spuren der beiden Geologen. Anabäume, eine Akazienart mit breiter Krone, Tamarisken und Kameldornbäume stehen am Rand der Schlucht. Büsche und Sträucher mitten im Flussbett beweisen mir, dass schon lange kein Wasser mehr geflossen ist. Das Gehen im lockeren Sand ist mühsam, und am ersten Tag komme ich nicht weit. In der Tiefe des Canyons sammeln sich die Schatten der Nacht, während oben der schmale Himmelsstreifen noch im Tageslicht leuchtet. Mit den Händen schaufle ich eine Schlafmulde in den Sand. Der Himmel über mir verdunkelt sich, es wird Nacht. Kein Laut ist zu hören, als tropfe die Stille des Weltraums von den Sternen herab.

Am nächsten Tag entdecke ich den Lagerplatz der Geologen in einer Grotte hoch oben in der Felswand. Wie in einem Adlerhorst hatten sich die Flüchtlinge wohnlich eingerichtet. Nach über sechzig Jahren sind ihre Lebensspuren noch erstaunlich gut erhalten. Eine Steinplatte diente als Tisch, rußige Steine bildeten die Feuerstelle, und eine aufgeschichtete Steinmauer schützte vor kalten Nachtwinden. Zweieinhalb Jahre hatten sie dieser lebensfeindlichen Umwelt widerstanden, die sengende Sonne am Tage und die Eiseskälte in der Nacht ertragen, und sie mussten Tiere töten, um selbst überleben zu können.

Die Sonne senkt sich zum Horizont. Langsam laufen die Schatten in der Schlucht zusammen, steigen wie dunkles Wasser an den Wänden empor, als würde die Nacht aus der Tiefe der Erde geboren.

Morgen werde ich weiterziehen in die Dornbuschsavanne, wo sich hohe Berge erheben wie die Spitzkoppe und der Brandberg.

VULKANE

Berge aus Feuer

KENIA
TANSANIA
MAUI
BIG ISLAND

KENIA
Schneegipfel am Äquator

Bei einem Gespräch unter Bergsteigern entwickelte sich die Idee, die Schneegipfel Afrikas mit minimalem Aufwand zu besteigen, zuerst den Mount Kenya, danach den Kilimandscharo. Wir wollten ähnlich vorgehen wie bei einer Tour in den Alpen. Zu unserer Gruppe gehörten vier Männer und zwei Frauen. Im Jahr 1980 flogen wir von München nach Kenia.

Müde und zerschlagen nach einer fast durchwachten Nacht schäle ich mich aus verschiedenen wärmenden Hüllen: Schlafsack, Daunenjacke, Pullover ... Obwohl ich mehrere Kleidungsstücke übereinander trage, ist mir eiskalt. Aber quälender als die Kälte sind meine Kopfschmerzen, bedingt durch die Höhe von über 4000 Metern, an die mein Körper noch nicht angepasst ist. Mühsam krieche ich zum Zeltausgang und ziehe den vereisten Reißverschluss auf. Was ich sehe, entlockt mir einen Ausruf der Überraschung. Gestern Abend, bei der Ankunft im Mackinders Camp im Teleki-Valley, war es bereits zu dunkel, um etwas zu erkennen. Jetzt erblicke ich eine fremdartige Natur. Zerklüftetes, rotes Gestein türmt sich auf. Felsige Zacken begrenzen das breite Tal, das sich sanft anhebt, bis es an ein dunkles Bergmassiv stößt. Ein majestätischer Riese – der Mount Kenya – thront dort. Mir stockt der Atem, als mein Blick an der mächtigen Felsskulptur immer höher schweift und ich schließlich den Kopf in den Nacken legen muss, um den schneebedeckten Gipfel zu sehen. Da hinauf will ich! Der Wunsch, dort oben zu stehen, gibt mir so viel Energie, dass mir innerlich heiß wird, sogar die Kopfschmerzen verschwinden.

Die anderen Mitglieder unserer kleinen Bergsteigergruppe schlafen noch. Ich bin jetzt hellwach und eile zum Bach, um mich zu waschen. Das sprudelnde Wasser ist eiskalt, und am Bachufer glitzern Eiszapfen. Doch ich zögere nicht, das kalte Nass mit beiden Händen zu schöpfen und über meinen Körper zu schütten. Nach dem eisigen Bad fühle ich mich herrlich warm und voller Unternehmungslust. Am liebsten würde ich gleich losrennen und zum Gipfel stürmen. Die Sonne leuchtet strahlend hell, doch in den Zelten rührt sich nichts. Als ich den Kocher anwerfe und Tee aufsetze, kommt ein Kamerad nach dem anderen heraus. Meine Fröhlichkeit scheint störend zu sein, sie wissen nicht, dass ich ebenso zerknittert aussah, bevor ich mich in den belebenden Bach gestürzt hatte. Während wir frühstücken, zieht der Mount Kenya immer wieder meinen Blick an. Wolkenbänke umspielen ihn, mal umhüllen sie diesen, bald jenen Felszacken, sodass seine Gestalt ständig wechselt.

Der Berg ist ein längst erloschener Vulkan. Selbst die typische Kegelform ist durch Erosion verwittert, und der Gipfel ist gespalten. Der höhere, der Batian, misst 5199 Meter. Nelion, der Nachbargipfel, ist elf Meter niedriger. Der erste Europäer, der aus der Nähe die beiden Spitzen des Mount Kenya sah, war 1849 der deutsche Missionar Johann Lewis Krapf. Aber er wurde verlacht und sein Bericht als Hirngespinst abgetan. Damals konnte sich in Europa niemand vorstellen, dass es am Äquator einen schneebedeckten Berg geben sollte. Erst 1883 wurde Krapfs Entdeckung von dem britischen Forscher Joseph Thomson bestätigt. Ihm glaubte man, und schon vier Jahre später rüstete Graf Teleki eine österreichisch-ungarische Expedition aus. Die Bergsteiger erreichten nicht den Gipfel, aber gelangten immerhin auf eine Höhe von 4280 Meter. Die Ersten auf dem Nelion-Gipfel waren Halford J. Mackinder mit seinen beiden Bergführern Cesar Ollier und Josef Bracherel im Jahr 1899. Den höheren

Batian erstieg Eric Shipton im Jahr 1929. An diese Entdecker und Erstbesteiger erinnern landschaftliche Bezeichnungen, wie das Teleki-Valley, in dem wir uns gerade befinden. Nelion und Mbatian, Namensgeber für die beiden Gipfel, dagegen waren Häuptlinge, die ihr Volk, die Massai, die ursprünglich am Nil ansässig waren, in die Gegend am Äquator führten.

Wegen des gestrigen kräftezehrenden Anstiegs gönnen wir uns einen Ruhetag. Der Aufschub ist mir sehr willkommen, denn ich möchte die Gegend erkunden. Beim Wandern mit schwerem Gepäck sind intensive Naturbeobachtungen nicht möglich.

Als ich allein durch die Gegend streife, habe ich das Gefühl, in die Vergangenheit abzutauchen und eine urweltliche Natur kennenzulernen, die es sonst kaum noch an einem anderen Ort unseres Planeten gibt. Eigentümliche Pflanzen wachsen an den Abhängen des Tals. Es sind Blumen, so groß wie Bäume. Sie heißen Senecien und gehören zur gleichen Familie wie Astern, ihre äußere Erscheinung aber ist eine völlig andere. Sie werden vier, sogar zehn Meter hoch, haben einen wulstigen, korkig schwarzbraunen Stamm, dessen Äste sich wie ein Kerzenleuchter verzweigen. Nur an den Spitzen der Äste tragen diese seltsamen Pflanzen einen Schopf aus einer saftgrünen Blattrosette.

Ebenfalls Blumen mit Riesenwuchs sind die Lobelien, die entfernt mit Glockenblumen verwandt sind. Schlank und aufrecht stehen sie in der Landschaft wie überdimensionale Kerzen. Viele Hundert Einzelblüten sind in einer Blütenkerze vereint, die sich gegenseitig im Kampf gegen Kälte, Hitze und Austrocknung unterstützen.

Als vor Jahrtausenden in Afrika kaltes Wetter herrschte, wuchsen Senecien und Lobelien auch im flachen Land. Nach der Eiszeit änderte sich das Klima Ostafrikas, es wurde heiß und trocken. Steppen entstanden mit einer Gras-Busch-Vegetation. Die Riesenblumen konnten dort nicht überleben. Nur die kalten Regionen der hohen Vulkanberge boten diesen urtümlichen Pflanzen letzte Rückzuggebiete.

An die extremen Temperaturschwankungen des Hochgebirges sind die Pflanzen der Eiszeit perfekt angepasst. Während des Tages müssen sie sich gegen die brennende Äquatorsonne schützen und nachts Minustemperaturen überstehen. Den Senecien hilft die korkige »Rinde« an Stamm und Ästen, die aus abgestorbenen Blättern gebildet wird. Sie erfüllt mehrere Funktionen, speichert Feuchtigkeit, schirmt die UV-Strahlung ab, isoliert sowohl gegen Kälte als auch gegen Hitze und sorgt dafür, dass wenig Feuchtigkeit verdunstet. Die zur Rosette angeordneten grünen Blätter an den Enden der Äste sammeln an ihrem Grund Regen und Tau, ein Wasserreservoir für den heißen Tag. Nachts aber, wenn draußen klirrender Frost herrscht, ist es im Inneren der Rosette sechs Grad warm.

Die feinen Härchen an den Blättern der Riesenlobelien leuchten im Sonnenlicht. Ein zauberhafter Anblick, als sei die Pflanze von einer Aura umgeben. Dieser Haarpelz erfüllt ähnliche Schutzfunktionen wie die dicke Schicht abgestorbener Blätter bei den Senecien.

Ein metallisch grün schillernder Vogel schwirrt plötzlich herbei. Mit raschen Flügelschlägen schwebt er nach Art südamerikanischer Kolibris vor der Lobelienkerze. Es ist ein Nektarvogel. Doch der Name ist irreführend. Der Vogel will keinen Nektar, sondern stochert mit seinem extrem langen, dünnen und gebogenen Schnabel in der Blüte nach Insekten und erfüllt dabei seine Funktion als Bestäuber. Wenn er seinen Kopf tief in die Blüte senkt, bleibt Pollen an seinen Federn hängen, den er von Blüte zu Blüte trägt. Sein Gefieder lässt an einen fliegenden Edelstein denken, deshalb wird er Malachit-Nektarvogel genannt.

Der Aufstieg am nächsten Tag beansprucht schmerzhaft die Wadenmuskeln, und der Rucksack drückt schwer auf den Schultern. Der Pfad führt vom Teleki-Valley westlich um das Felsmassiv herum auf die Nordseite und immer steil aufwärts. Mein Atem geht stoßweise. Die Höhe macht mir nun doch wieder zu schaffen. Aber die Mühsal wird belohnt durch die großartige Landschaft, an der ich mich nicht sattsehen kann. Mit keiner meiner bisherigen Bergerfahrungen lässt sie sich vergleichen. Eingebettet in rostrotes Felsgestein funkeln himmelblaue, grasgrüne und türkisfarbene Seen. Und die seltsamen Lobelien und Senecien verstärken den fremdartigen Eindruck.

Am Abend erreichen wir die Kami-Hut, eine primitive Wellblechhütte. Sie ist leer und schmutzig wie ein verwahrloster Schuppen. In der Nähe bauen wir unsere Zelte auf. Erschöpft von der Wanderung trinke ich nur Tee und esse etwas Suppe, dann krieche ich gleich in den Schlafsack. Nachts fegt Sturm über die Felsgrate und beutelt mein Zelt. Der Lärm der flatternden Zeltplane zerrt an meinen Nerven, und das Gestänge beugt sich gefährlich. Ich bin aber so müde, dass ich trotz Sturmgeheul immer wieder eindöse, während sich das Zelt bewegt, als wolle es mit mir davonfliegen.

Als ich morgens den Reißverschluss aufziehe, sehe ich direkt vor mir eine schwarze Felswand aufragen. In der kalten Morgensonne wirkt der Mount Kenya auf mich unnahbar. Die senkrechten, dunklen Felswände der Nordseite jagen mir Angst ein. Da will ich hinauf? In diesem Moment erscheint es mir ein irrsinniges Unterfangen. Warum sollte ich mich in Lebensgefahr begeben, um auf einem Gipfel zu stehen? Und doch – nach einem stärkenden Tee und dem Frühstück mit Rosinen, Haferflocken und Milchpulver spüre ich Lust, mich der Herausforderung zu stellen, obwohl tief in mir noch immer ein Fünkchen Angst glimmt.

Entscheiden muss ich mich erst morgen. Vorerst geht die Wanderung immer höher hinauf in backsteinrote, zerklüftete Felsen. Wieder bezaubert mich die skurrile, fremdartige Kulisse. Tief unten liegen einsame Täler mit dunkelblau schimmernden Seen. Am Nachmittag erreichen wir bei 4780 Meter die Top-Hut, die höchstgelegene Hütte am Mount Kenya. Ich fühle mich krank. Die Höhe macht mir zu schaffen. Matt lasse ich mich niedersinken. Helena holt vom nahen Gletscher Eiswasser und kocht eine Suppe. Löffel um Löffel zwinge ich mich, davon zu essen. Danach wird mir langsam besser. Der Schmerz, der wie eine Eisenklammer meinen Kopf umspannt, lässt nach, und der Brechreiz verschwindet.

Nach ein paar Stunden habe ich mich gut erholt und steige mit Helena und Lothar auf den 4985 Meter hohen Point Lenana. Als imposanter Zapfen ragt er seitlich aus dem Mount-Kenya-Massiv heraus. Auch er trägt den Namen eines Massai-Häuptlings. Dieser Gipfel, der nur 200 Meter höher liegt als die Top-Hut, ist mit einfacher Felskletterei erreichbar, bei der man keine Seilsicherung braucht. Der Aufstieg ist eine gute Übung, um die Höhenanpassung zu verbessern.

Jeder Mensch reagiert anders auf die Höhe. Erste Anzeichen von Höhenkrankheit können bereits ab 2000 Meter auftreten, und sie nehmen zu, je höher man steigt. Schwindelgefühl, Kopfschmerzen, Schlaf- und Appetitlosigkeit sind typische Merkmale. Die Symptome verschwinden meist, wenn man sich langsam bewegt und sich viel Ruhe gönnt. Der Körper passt sich an Höhen bis 3000 Meter relativ schnell und problemlos an, vor allem durch die Bildung von roten Blutkörperchen, die den Sauerstoffmangel ausgleichen. Über 3500 Meter wird der Organismus extrem belastet. Der Luftdruck ist so gering, dass nur noch wenig Sauerstoff aufgenommen werden kann. Die vermehrte Bildung roter Blutkörperchen macht das Blut dickflüssig. Zäh fließt es durch die Adern, Herz und Kreislauf werden überfordert, Gewebeflüssigkeit staut sich in der Lunge. Das Atmen wird zur

Qual. Wird ein Höhenkranker nicht rechtzeitig ins Tal gebracht, stirbt er an einem Lungen- oder Hirnödem. Aber fast jeder kann sich an die Höhe akklimatisieren, wenn er sich Zeit nimmt – viel Zeit. Erst nach ungefähr fünf Wochen ist man an Höhen unter 5000 Meter angepasst. An Höhen darüber kann man sich nicht anpassen, sie sind die Lebensgrenze und absolut tödlich, wenn man zu lange oben bleibt. Denn der Organismus baut in dieser Todeszone nur noch ab.

Wer aber hat und nimmt sich schon so viel Zeit, um sich zu akklimatisieren? Die meisten Bergsteiger stürmen aus Zeitmangel mit ungenügender Höhenanpassung auf einen Gipfel. Körperliche Beschwerden werden in Kauf genommen. Der Übergang vom Unwohlsein zum tödlichen Höhenkollaps verläuft manchmal recht schnell, innerhalb weniger Stunden. Deshalb beobachte ich meinen Körper und achte darauf, ob die Anzeichen stärker werden.

Die Anpassung gelingt besser, wenn man langsam geht und viele Pausen einlegt. Mein schwerer Rucksack unterstützt dieses Bemühen, denn wir haben auch unsere Kletterausrüstung dabei. Günstig ist es, nach einem Aufenthalt in größerer Höhe wieder ein paar Höhenmeter abzusteigen, das kurbelt den Akklimatisationsprozess an. Deshalb ist es eine gute Idee, am Nachmittag den Point Lenana zu erklimmen. Als ich die Spitze erreiche, reißt die Wolkendecke auf, die den Berg in milchiges Weiß gehüllt hatte. Ich habe plötzlich freie Sicht. Violette Schatten verdunkeln die tief unten liegenden Täler, und von der Abendsonne wie in Gold getaucht umgibt die flimmernde Savanne das Bergmassiv.

Die Nacht wird kurz werden, darum lege ich mich gleich nach dem Essen ins Zelt. Da wir bei Tagesanbruch am Einstieg sein wollen, stehen wir um vier Uhr morgens auf. Ich hab das Gefühl, gerade erst eingeschlafen zu sein. Taumelig ziehe ich mich an, schnalle mir den leichten Kletterrucksack um, den ich am Abend gepackt hatte.

Benommen stapfe ich mit den anderen über den Lewis-Gletscher. Unsere Stirnlampen leuchten wie Glühwürmchen in der Dunkelheit. Dann kämpfen wir uns durch lockeres Geröll einen Steilhang hinauf. Im ersten fahlen Morgenlicht entrollen wir die Seile und legen Klettergurte an. Je zu zweit bilden wir drei Seilschaften. Die Route ist klettertechnisch nicht schwierig, meist III. Schwierigkeitsgrad, nur wenige Stellen sind etwas schwieriger. In den Alpen könnten wir als erfahrene und geübte Kletterer ohne Sicherung klettern, doch bei 5000 Meter Höhe ist der Körper nicht mehr so leistungsfähig, ein Fehlgriff und man stürzt ab. Jede Anstrengung in dieser Höhe führt zu Luftknappheit. Nach einer Seillänge bin ich atemlos und pumpe am Standplatz wie ein Maikäfer nach Luft, während ich meinen Seilpartner sichere.

Nach fünf Stunden ununterbrochenen Kletterns erreichen wir den Gipfel, den 5188 Meter hohen Nelion. Eine Wolkenkappe hat sich über den Berg gestülpt und hüllt ihn ein, und so haben wir leider keine Sicht auf das Land ringsum. Matt lagern wir zwischen Steinblöcken, trinken Tee und versuchen, Schokolade und Fruchtriegel zu essen. Keiner hat die Kraft, auf den elf Meter höheren Batian zu klettern. Denn zuvor müssten wir einige Hundert Meter hinunter in eine Scharte absteigen und dann an der Felswand wieder hinaufklettern.

Nachdem wir uns ausgeruht haben, machen wir die Seile fertig zum Abseilen. Wir spüren, dass wir überanstrengt sind und uns konzentrieren müssen. Beim Abseilen hängt man in einer Seilschlinge, die man über Oberschenkel, Schulter und Rücken laufen lässt, dem Dülfersitz – denn damals, im Jahr 1980, waren Abseilachter noch unbekannt. Solange man mit den Füßen den Fels berühren kann, besteht kaum Gefahr, aus der Seilschlinge zu rutschen, nur bei überhängendem Felsen baumelt man frei in der Luft und muss aufpassen, den Körper senkrecht zu halten und langsam das Seil mit der rechten Hand abzubremsen oder weitergleiten zu lassen. Es ist eine sichere Abseilart, solange man die Nerven behält. Sobald man aber in Panik gerät oder durch Steinschlag ohnmächtig wird und das Seil loslässt, fällt man unweigerlich aus der Schlinge, und der Absturz ist unvermeidbar.

Es dauert Stunden, bis sich sechs Menschen die 400 Meter am senkrechten Felsen abgeseilt haben, denn nur einer nach dem anderen kann jeweils dreißig Meter hinabrutschen. Dort wird ein »Stand« eingerichtet, wobei man sich an einem oder mehreren Haken sichert, bis alle eingetroffen sind. Dann wird das Seil von oben abgezogen, und die Abseilfahrt geht das nächste Stück hinunter.

Endlich sind wir unten am Bergfuß angekommen, stapfen den Geröllhang hinunter und überqueren den Lewis-Gletscher. Ich spüre die Anstrengung, kann mich kaum noch auf den Beinen halten. Der Weg zur Hütte und zu unseren Zelten erscheint mir endlos weit.

Dort sind inzwischen spanische Kletterer eingetroffen. Bisher hatten wir den Mount Kenya allein für uns, denn damals versuchten nur wenige die Besteigung, und der Berg war auch noch kein touristisches Wanderziel. Die Spanier haben einheimische Träger für ihr Gepäck engagiert. Die Afrikaner begrüßen uns enthusiastisch und freuen sich, dass wir auf dem Gipfel waren. Immer wieder fragen sie: »Ganz oben – *really on the top?*« Während wir erschöpft vor unseren Zelten hocken, bringen sie uns ungefragt heißen Tee und kochen sogar eine Suppe für uns. Sie, die davon leben, Tag für Tag schwere Lasten für ausländische Bergtouristen von Camp zu Camp zu schleppen, waren noch nie auf dem Gipfel. Sie gehören zum Stamm der Kikuyu, und der Berg, den sie Kirinyaga nennen, ist für sie das Herz ihres Landes. Denn sie wissen, hier entspringen aus den Gletschern die Flüsse. Zudem lockt der Berg Wolken an, dann regnet es im Umkreis, und in der Savanne entsteht neues Leben.

TANSANIA
Zelten auf dem Kilimandscharo

»Schnee auf dem Kilimandscharo« – das war einst der Traum von Ferne und Abenteuer. Längst hat dieser Traum seinen Glanz verloren, ist zu einem Standardziel der Reiseveranstalter geworden. Ich hatte das Glück, den höchsten Berg Afrikas zu einer Zeit erleben zu dürfen, als er noch kein durchorganisiertes touristisches Ziel war. Auch im Jahr 1980 gab es bereits Träger und Hütten, doch konnte man seine Tour individuell gestalten. Der Massentourismus hatte den Berg noch nicht in seinem Griff.

Früh am Morgen streife ich durch die Savanne. Ich habe Fernglas und Bestimmungsbuch dabei, um die afrikanische Vogelwelt zu studieren. Da bricht die Sonne durch den Morgendunst, und hoch oben, weit über den Wolken, erblicke ich eine Erscheinung – einen schneeweißen Berg, den Kilimandscharo. Überirdisch sieht er aus, als wäre er ein Phantasiegebilde. Die Massai bezeichnen ihn als »Haus Gottes«, *Ngaja Nga*, die Chagga dagegen, die am fruchtbaren Vulkanhang Mais und Kaffee anbauen, nennen ihn *Kilima Ndjaro,* »Berg der Geister«. Lange schaue ich hinauf zu diesem märchenhaften Schneeberg. Bei dem Gedanken, dass ich bald auf seinem Gipfel stehen werde, durchströmt mich ein starkes Glücksgefühl.

Ich habe keinen Zweifel, dass uns die Besteigung gelingen wird, denn durch die Tour zum Mount Kenya ist unsere Höhenanpassung hervorragend. Nachdem wir uns bei einer achttägigen Safaritour durch die Steppe erholt haben, sind wir von Kenia nach Tansania geflogen zum 325 Kilometer weiter südlichen Kilimandscharo, der nahe der Grenze, aber auf tansanischer Seite liegt. Die Vulkane Ostafrikas, zu denen der Mount Kenya und der Kilimandscharo gehören, ragen vereinzelt aus der heißen Steppe heraus. Jeder Berg bildet wegen der isolierten Lage eine Welt für sich mit seiner eigenen Pflanzen- und Tierwelt.

Der griechische Astronom und Geograf Ptolemäus hatte bereits um 100 n. Chr. über Schneeberge in Afrika geschrieben. Tausend Jahre später bezeugten chinesische Handelsreisende das Vorhandensein von Schnee am Äquator. Der deutsche Missionar, Geograf und Sprachforscher Johannes Rebmann aus Gerlingen in Schwaben war der erste Europäer, der 1848 den Kilimandscharo erblickte und über seine Entdeckung berichtete. Wie beim Mount Kenya reagierte die Königlich Geographische Gesellschaft mit Unverständnis. Einen schneebedeckten Berg im heißen Afrika, das konnte sich damals kaum jemand vorstellen. Aber schon 1889 stand der Leipziger Hans Meyer mit dem Österreicher Ludwig Purtscheller und dem Bergführer Yohani Kinyala Lauwo auf dem Gipfel.

Der Weg zum Kilimandscharo ist mit einem hohen Zaun gesichert, Zutritt ist nur durch ein Tor möglich, hinter dem Eintritt und eine Tagespauschale bezahlt werden müssen, ebenso für die Gipfelbesteigung und für eine möglicherweise notwendige Rettungsaktion, auch wenn sie gar nicht benötigt werden wird. Junge Afrikaner bieten sich als Träger an. Die Männer in unserer Gruppe wollen Träger anheuern, um einen Beitrag zur Entwicklungshilfe zu leisten. So könnten die Einheimischen wenigstens etwas Geld verdienen, andere Arbeit gebe es doch kaum. Ich habe da so meine Zweifel, ob der Tourismus wirklich ein Segen für die Menschen in Afrika ist. Die Männer gehören zum Stamm der Chagga, die zur großen Gemeinschaft der Bantu-Völker gezählt werden. Als Ackerbauern leben sie in Dörfern an den Abhängen des Kilimandscharo. Wer einen Job als

Träger annimmt, ist lange von seiner Familie getrennt, entfremdet sich von ihr und gewöhnt sich durch den Kontakt mit den Ausländern einen anderen Lebensstil an. In den Dorfgemeinschaften entstehen Konflikte, weil sich soziale Unterschiede herausbilden. Die einen gewinnen durch ihre Trägertätigkeit höheres Einkommen und können Besitz anhäufen, der ihnen von den anderen Dorfbewohnern geneidet wird. Immer mehr Chagga werden so vom Tourismus abhängig und geben ihre Lebensform als Ackerbauern auf. Wenn irgendwann keine Ausländer mehr auf den Berg steigen wollen oder aus politischen Gründen nicht können, werden die Einheimischen in Not geraten. Meiner Meinung nach bringt der Tourismus den Einheimischen vor allem Nachteile. Der Wohlstand, den manche Familien durch die Kuliarbeit erreichen, wird sich letztlich zerstörerisch auf die Traditionen und die Lebensweise der Afrikaner auswirken.

Die erste Etappe führt durch tropfnassen Bergwald. Es ist ein ausgetretener, lehmiger Dschungelpfad mit gluckernden Wasserläufen, die im dichten Gebüsch kaum sichtbar sind. Eine Affenherde turnt kreischend durch die Baumwipfel. Zufällig entdecke ich ein Chamäleon, farblich angepasst und im Blättergewirr bestens getarnt. Vor mir geht einer der Träger. Er schleppt, wie alle anderen, das Gepäck auf dem Kopf. Selbst Rucksäcke, die sich doch bequemer am Rücken tragen lassen, balancieren sie auf ihre gewohnte Art.

Schon bald lichtet sich der dichte Urwald. Ich trete hinaus auf eine steppenartige Hochfläche und sehe vor mir den Kibo-Gipfel, ein gewaltiger Bergkegel mit schneeweißer Eiskappe. Der Kibo ist einer der drei Gipfel des Kilimandscharo und mit 5895 Metern der höchste. Weiter vorn, rechts vom Pfad, kann ich auch den zweiten Gipfel sehen, den felsigen Mawenzi. Mit 5145 Metern ist er etwas niedriger und viel älter als der Kibo. Die Erosion hat den Felsklotz zerfurcht und zersplittert. Seine vulkanische Tätigkeit ist seit Langem erloschen, nicht einmal mehr ein Krater ist vorhanden. Der dritte Gipfel, der Shira, ist 4004 Meter hoch und liegt westlich. Von unserer Wanderroute aus ist er nicht zu sehen.

Gut adaptiert, wie wir sind, erreichen wir schon am Nachmittag die Mandara-Hut, die 2700 Meter hoch liegt, und bauen dort in einer Busch- und Graslandschaft unsere Zelte auf. Außerhalb der vorgegebenen Plätze ist Zelten verboten.

Als ich erwache, scheint schon die Sonne und beleuchtet die Schneekappe des Gipfels. Die Steppe aber liegt unter einem grauen Wolkenmeer verborgen. Ich blicke auf diese Wolkenschicht, wie aus einem Flugzeugfenster. Die zweite Tagesetappe ist nur siebzehn Kilometer lang und führt auf 3800 Meter Höhe zur Horombo-Hut. Die Wanderung ist für uns nicht anstrengend, denn der Pfad geht zwar stetig, aber nur leicht bergan.

Es ist noch dunkel, als ich am nächsten Morgen sehr früh aufstehe, um die Gegend zu erkunden. Im Osten schiebt sich gerade ein heller Schimmer in die Schwärze des Nachthimmels. Lautlos streife ich durch die Frühe und habe das Gefühl, in etwas Geheimnisvolles einzudringen. Bald blitzen die ersten Sonnenstrahlen am Horizont auf. Sie verwandeln die Landschaft, übergießen sie mit warmem, belebendem Licht. Wie am Mount Kenya wachsen auch hier Senecien und Lobelien. An den Ästen von knorrig verzweigten Bäumen hängen Bartflechten, die sanft im Winde wehen. Als ich mir die Blüten dieser Bäume genauer ansehe, wird mir klar, dass es sich um Verwandte unserer Heide- oder Erikakräuter handelt.

Weit vorn hat sich etwas bewegt. Ein braunes Tier huscht durch das gelbe Gras. Vorsichtig schleiche ich mich näher. Flink springt es von einem Stein zum nächsten, dann sehe ich sie. Viele dieser braunen Pelztiere kuscheln sich auf einem flachen Stein zusammen, um sich gegenseitig zu wärmen. Sie sehen aus wie Murmeltiere, die ich aus den Alpen kenne. Es sind Klippschliefer, die trotz täuschender Ähnlichkeit nicht mit Nagetieren, sondern mit Huftieren verwandt sind. In längst vergangenen Zeiten, vor Jahrmillionen, lebten Schliefer überall auf der Erde. Sie gehören zur altertümlichen Gruppe der Vor-Huftiere, die in anderen Gebieten längst ausgestorben sind. Solche Tierarten, die in ihrer Entwicklung auf einem früheren Stadium stehen geblieben sind, nennt man »lebende Fossilien«. Die Schliefer zeigen uns, wie die Vorfahren der Pferde ausgesehen haben. Denn auch die Ahnen der Pferde waren nur einen halben Meter groß und hatten noch keine Hufe, sondern Hornplatten an den Zehen wie die Schliefer.

Die rundlichen Tiere lassen sich von der Morgensonne den Pelz wärmen. Ein Nachzügler hat sich verspätet und erklimmt den breiten Steinblock, um sich inmitten der anderen zu sonnen. Er wird durch freundliches Nasenstupsen begrüßt. Eifrig belecken sich die Tiere gegenseitig die Schnauze und die Ohren.

Ich habe mich niedergehockt und freue mich an der Familienidylle. Es lebt immer ein Männchen mit zahlreichen Weibchen und Jungtieren zusammen. Sobald die Söhne erwachsen sind, verjagt sie der Vater, der ihre Konkurrenz fürchtet. Die Töchter werden in den »Harem« integriert. Die Sonne wärmt jetzt stärker, und die jungen Klippschliefer spielen übermütig. Sie tollen umher, springen den Eltern auf den Rücken, kugeln durcheinander, stoßen schrille Schreie aus und quietschen vor Vergnügen. Bald haben auch die Erwachsenen genug Wärme getankt, der Hunger meldet sich. Alle Klippschliefer springen vom Sonnenstein herunter und verteilen sich fächerförmig im Gras. Sie weiden im Halbkreis mit den Köpfen nach außen, um Feinde rechtzeitig wahrzunehmen. In der trockenen Vegetation suchen sie nach frischen Kräutern und jungen Gräsern. Sie scheinen schmackhaftes Grün zu finden, denn ich höre sie genüsslich schmatzen. Für mich ist es ein beglückendes Gefühl, zwischen diesen friedfertigen Tieren zu sitzen. Die Afrikaner nennen die Klippschliefer »Kleine Brüder der Elefanten«. Fast möchte man es nicht glauben, da doch kaum Ähnlichkeit besteht, aber die nächsten Verwandten der murmeltierkleinen Klippschliefer sind tatsächlich Elefanten. Biologen haben lange gebraucht, um diese Tatsache zu erkennen, die den Einheimischen auch ohne wissenschaftliche Studien seit alters her bekannt war.

Ein lauter Warnpfiff! Unwillkürlich zucke ich zusammen. Das alte Männchen hat ihn ausgestoßen. Er hält Wache, damit seine Familie gefahrlos fressen kann. Hoch oben am Himmel kreist ein schwarzer Punkt – ein Greifvogel. Die Klippschliefer verschwinden blitzschnell in ihren Höhlen unter den Steinen.

Unsere dritte Etappe führt zur Kibo-Hut auf 4700 Meter Höhe, der letzten Hütte vor dem Aufstieg. Trotz des Rucksacks, der mit Zelt, Schlafsack, warmer Kleidung, Kocher, Nahrungsmitteln, Wasser und Fotoapparat etwa zwanzig Kilogramm wiegt, spüre ich kaum die Anstrengung, denn der Pfad steigt nur sanft aufwärts. Mit offenen Sinnen nehme ich die Umgebung wahr. Der Mawenzi drängt sich in meinen Blick. Mit seinen schroffen Felswänden bietet er ein verlockendes Kletterziel. In der Ebene vor dem Felsklotz wachsen die bizarren, vom Wind zerzausten Erikabäume, gespenstisch mit Bartflechten behangen. Dort leuchtet aus dürrem Gras eine blutrote Blüte – die Feuerlilie. Sie erinnert mich an eine Märchenblume, mit der man Felsen öffnen und in edelsteingeschmückte Höhlen eindringen kann. Eng an den Boden schmiegen sich dottergelbe Strohblumen. Aus der Entfernung leuchten sie wie zur Erde gefallene

Sterne. Alle diese Pflanzen wachsen nur hier am Kilimandscharo und nirgendwo sonst auf der Erde. Selbst am Mount Kenya gibt es zwar ähnliche, aber genetisch veränderte Arten.

Je höher wir kommen, umso karger wird die Flora. Dann bedecken nur noch Flechten den steinigen Untergrund. Wir erreichen den breiten Sattel zwischen Mawenzi und Kibo. Auf dem lockeren Ascheboden liegen tonnenschwere Steinblöcke. Als der Kilimandscharo noch vulkanisch aktiv war, sind sie glühend aus dem Erdinneren herausgeschleudert worden. Es ist faszinierend, sich gedanklich Jahrmillionen zurückzuversetzen, in eine Zeit, als hier Naturgewalten tobten. Aber der Kilimandscharo ist keineswegs erloschen. Die Vulkanologen formulieren es so: Er verharrt auf niedrigem Niveau. Seine vulkanische Aktivität bezeugen Dampfwölkchen, die Fumarolen. Wahrscheinlich ist er zuletzt im 16. Jahrhundert ausgebrochen.

Die Kibo-Hut liegt nahe der Aufstiegsroute unterhalb des Gipfelhanges. Bei der Hütte gibt es weder Trink- noch Waschwasser; darüber waren wir vorher informiert und haben unsere Wasserflaschen und Behältnisse unterwegs an einer Quelle gefüllt. Obwohl wir um ein Uhr nachts mit dem Aufstieg beginnen wollen, legen wir uns schlafen oder versuchen es wenigstens.

Die Route ist ein festgetretener Zickzackweg auf einer riesigen Geröllhalde. Tagsüber brennt die Äquatorsonne auf den Hang, deshalb geht man besser in der Kühle der Nacht. Da keine bergsteigerischen Schwierigkeiten zu bewältigen sind, kann man ohne Gefahr im Dunkeln hinaufsteigen. Das Risiko liegt einzig in der Höhe. Gerade weil man so einfach auf den Kilimandscharo hinaufwandern kann, kommt es immer wieder zu Höhenerkrankungen und sogar zu Todesfällen, wenn Leute nicht akklimatisiert sind und die Warnungen des eigenen Körpers ignorieren.

Meine Stirnlampe beleuchtet den Pfad. Als ich zurückschaue, sehe ich unter mir die Lampen der anderen glimmen. Ich gehe langsam, Schritt für Schritt. Schnaufend ziehe ich die dünne Luft in meine Lungen. Der Rucksack mit der Ausrüstung für mehrere Tage lastet schwer auf Rücken und Schultern. Mechanisch stapfe ich vor mich hin. Noch eine Kehre und noch eine und noch eine ... Irgendwann und irgendwo muss dieser Weg doch ein Ende haben! Es ist, als würde er in den Himmel führen.

Endlich, genau bei Sonnenaufgang, erreiche ich den Gipfel am äußeren Kraterrand, den Gilman's Point. Zuerst sind es nur einzelne Strahlen, doch dann rollt der runde Sonnenball über den Horizont. Mir ist zumute, als würde ich von einer Lichtorgel umbrandet. Tief unten liegt die Erde eingehüllt in Nebeldunst. Vor vier Tagen noch war ich dort gewesen in der Savanne, hatte gesehen, wie die Morgensonne die mächtige Silhouette des Kilimandscharo vergoldete, und mich sehnlichst hinaufgewünscht über die Wolken, auf den Kibo-Gipfel, da, wo ich jetzt stehe. In diesem Moment scheint es mir undenkbar, jemals wieder abzusteigen, hinunter in die Niederungen des Daseins. Könnte ich doch für immer hier oben bleiben, auf dem von ewigem Eis bedeckten »Thron der Götter«, dem heiligen Geisterberg *Kilima Ndjaro*. Vielleicht sind die mystischen Vorstellungen, die sich um den Kilimandscharo ranken, in Vorzeiten entstanden, als Schamanen auf den Geisterberg stiegen und sich von Eingebungen inspirieren ließen? Durch die Anstrengung des Aufstiegs durchlässig geworden, ahne ich etwas von dieser uralten Kraft des Berges.

Inzwischen sind auch andere Gruppen am Gilman's Point angelangt, die meisten total erschöpft von der Höhe und dem steilen Anstieg. Keiner hat Kraft, zum höchsten Punkt am Kraterrand zu steigen, dem Uhuru Peak. Nach einer kurzen Verschnaufpause werden sie bald wieder absteigen, zurück in die »Welt unten«. Ein kurzer Moment auf dem höchsten Berg Afrikas, der dann nur noch Erinnerung sein wird. Wir aber werden oben bleiben. Deshalb haben wir Zelte und Kochgeräte im Rucksack. Schon fühle ich mich als Teil dieses Berges, der sich gigantisch aus der Erde erhebt und den Himmel berührt.

Vom Kraterrand steigen wir hinunter und hinein in die viele Kilometer breite Senke des Kraterbeckens. Fast die Hälfte des Beckens ist von einem Gletscher ausgefüllt, der einer riesigen, in Eis erstarrten Kaskade gleicht. Im Schutz dieser senkrechten Gletscherwände stellen wir unsere Zelte auf. Wir hoffen, so vor Stürmen sicher zu sein, wenn sie über den Gipfel rasen. Gerade bin ich mit dem Zeltaufbau fertig, da verschwindet die Sonne, und der Himmel verdunkelt sich schlagartig. Schon fegt ein Sturm heran, Eiskristalle, Schnee und Hagel prasseln herab. Er wütet heftig und andauernd, den ganzen langen Tag, und zwingt uns, in den Zelten auszuharren.

Am nächsten Morgen – strahlender Sonnenschein. Ich habe trotz der Höhenlage fest geschlafen, fühle mich frisch und bin tatendurstig. Sofort krabble ich aus dem Zelt und erkunde die Umgebung. Ich bin bezaubert von der fremden, kalten Schönheit des Eises. Auf braunschwarzem Ascheboden erheben sich steil und glatt die Eiswände, geformt von Wind und brennender Sonne. Sie bilden weiße Türme, glitzernde Eispyramiden, himmelwärts ragende, blau schimmernde Eisschwerter – eine erstarrte Märchenwelt. Ich fühle mich wie Kay im Reich der Schneekönigin, bin geblendet von der kalten Schönheit, kann mich nicht sattsehen an den bizarren Formen, habe alles vergessen, laufe staunend und träumend umher.

Zuerst bemerke ich nicht, dass Nebelschleier allmählich die Sonne verhängen. Nicht lange, da faucht der Wind durch die Kaskaden und zerrt wild an den Eistürmen. Es wird immer dunkler und kälter. Ein Unwetter! Die Eiskönigin zeigt ihre Macht. Schnell will ich zurück ins Zelt, doch wo ist es? Der Sturm peitscht mir Eiskristalle ins Gesicht. Sie verkleben mir die Augen. Kaum kann ich noch etwas erkennen. Nur jetzt nicht die falsche Richtung einschlagen. Ungeschützt könnte ich den Schneesturm in dieser Höhe nicht lange überleben.

Endlich – schemenhaft erkenne ich die Zelte im Schneegestöber. Niemand hat meine Abwesenheit bemerkt. So ernte ich wenigstens keine Vorwürfe, aber es hätte mir auch keiner zu Hilfe kommen können. Wieder heult der Sturm bis in die Nacht hinein. Und wie die Tage zuvor – am nächsten Morgen ist der Himmel blank geblasen, und die Sonne scheint warm. Wir nutzen das Schönwetter und wandern gemeinsam zum Kraterloch. Die meisten Bergtouristen sehen diesen Eingang ins Erdinnere nicht, weil ein hoher Wall die Sicht versperrt. Nachdem wir diese 280 Meter hohe Barriere aus Geröll und Felsgestein überwunden haben, blicken wir hinab in einen tiefen und riesigen Schlund. Das Loch inmitten des Berges misst 2,5 Kilometer im Durchmesser. Weiße Dampfwolken quellen hervor, und giftgelber Schwefel kündet davon, dass der Vulkan noch nicht ganz erloschen ist.

Während ich am Abgrund stehe und lange hinabschaue, kommt es mir vor, als sei der Kilimandscharo ein lebendiges Wesen, das sich selbst mit urgewaltiger Kraft geschaffen hat. Nun ist der Vulkan alt und müde, ertrunken in Schutt, Asche und ausgeglühtem Gestein. Er zerfällt langsam und zerbröckelt immer mehr. Doch noch immer ist er mächtig und gefährlich. Vielleicht brüllt er noch einmal los mit einer in Jahrhunderten angesammelten Wut, zeigt ein letztes Mal seine Stärke. Mir flößt das urgewaltige Vulkanwesen Respekt ein, und fast wünsche ich, dass er noch einmal aufwacht und seine rote Glut versprüht.

Am vierten Tag unseres Aufenthalts auf dem Gipfel steigen wir hinauf zum äußeren Kraterrand. Der höchste Punkt des Kilimandscharo, der Freiheitsgipfel oder Uhuru Peak, misst 5895 Meter. Wir werden belohnt mit einer einzigartigen Sicht über die kilometerweite Vulkanlandschaft mit dem Kaskadengletscher, den ausgedehnten Aschehalden, den bunten Schlackefeldern und den inneren Kraterwällen. Was für ein Berg!

Mein Blick wandert hinunter zum Mawenzi, dem kleinen, ganz erloschenen Nachbargipfel, der von durchsichtigen Wolkenfedern umspielt wird. Weit hinaus blicke ich in das heiße afrikanische Land. In diesem Augenblick, da ich auf dem höchsten Berg Afrikas stehe, strömen Freude, Dankbarkeit und tiefe Ruhe in mich ein, und ich schaue und schaue so lange, bis ich den ganzen herrlichen Kontinent zu sehen meine mit seinen geheimnisvollen Mythen, seinem Reichtum an Naturwundern und an Völkern mit ihren vielfältigen Traditionen und Lebensweisen. Gleichzeitig entsteht aber vor meinem inneren Auge auch das andere Afrika, dieser Erdteil voller Armut und Leid, und beide Sichtweisen überblenden sich zu einem Bild, das sich mir unauslöschlich einprägt.

MAUI
Wie auf einem fernen Planeten

Meine Reise nach Maui fand im Jahr 1994 statt. Es ist die zweitgrößte Insel des Hawaii-Archipels. Die flachen und weiten Täler zwischen den beiden Vulkanen sind mit Zuckerrohr und Ananas bepflanzt. Wildromantische Steilküsten und Klippen auf der Nordostseite verlocken zu Ausflügen und die goldgelben Sandstrände an der West- und Südküste zum Baden und Surfen. Vom Boot aus kann man Buckelwale beobachten, die in geschützten Buchen ihre Jungen zur Welt bringen. Die größte Attraktion aber ist der 3055 Meter hohe Vulkan Haleakala.

Gott Maui war wütend auf die Sonne. Sie zog viel zu schnell über den Himmel – ein Tag dauerte nur wenige Minuten. Kaum war sie im Osten aufgegangen, versank sie schon wieder im Westen. Hina, die Mutter von Maui, konnte ihre Wäsche in den kurzen Sonnenminuten nicht trocknen. Als guter Sohn wollte er seiner Mutter behilflich sein und dachte sich einen Plan aus, wie er die Sonne zwingen könnte, länger zu scheinen.

Maui war als Mensch geboren worden. Weil er missgestaltet war, hatte Hina ihr Baby ins Meer geworfen. Die Tat war nicht grausam wie in unserer Vorstellung, sondern gut gemeint. Die Mutter wollte die Seele ihres Sohnes retten. Wenn das Neugeborene von einem Hai verschlungen würde, könnte es wiedergeboren werden. So geschah es. Maui bekam bei seiner zweiten Geburt nicht nur einen vollkommenen Körper, die Götter verliehen ihm dazu Unsterblichkeit und magische Kräfte.

Um die Sonne zu fangen, knüpfte Maui aus Kokosfasern ein Netz und stieg zum Krater hinauf. Dort versteckte er sich und wartete, bis die Sonne über den Kraterrand gekrochen kam. Sofort warf er sein Netz, fing die Sonne ein und band sie mit starken Seilen am Felsen fest. Er ließ sie erst wieder frei, als sie versprach, jeden Tag zwölf Stunden lang die Erde zu wärmen. Hina konnte endlich ihre Wäsche trocknen, und stolz erzählte sie allen von der Tat ihres Sohnes.

Maui ist nur einer der Götter im Pantheon der polynesischen Götterwelt, die die Neusiedler aus Tahiti nach Hawaii mitbrachten.

Ein Highway führt hinauf zum »Haus der Sonne«, wie der Gipfel genannt wird. Jeden Morgen warten dort vor Kälte zitternde und in Decken eingehüllte Touristen auf den Sonnenaufgang. Ich aber will es Maui gleichtun und aus eigener Kraft zum Vulkan hochsteigen.

In der Inselhauptstadt Wailuku habe ich Quartier im »Banana Bungalow« bezogen, in dem vor allem Jugendliche wohnen, die zum Surfen auf die Insel gekommen sind, aber vom Wandern rein gar nichts halten. Nur Aristides Servin aus Buenos Aires, der als Surflehrer arbeitet, hat einen Tipp für mich. Es gebe einen Fußweg zum Krater, erzählt er, allerdings befinde er sich auf der anderen Seite, an der Südküste. Nach drei Tagen habe ich Glück; holländische Touristen wollen die Insel umrunden und nehmen mich bis zur Ranch Kaupo mit. Dort schultere ich meinen Rucksack und marschiere los. Mangobäume beschatten den Weg, der beidseitig mit Stacheldraht abgesperrt ist. An Abzweigen und Toreinfahrten warnen Schilder »Keep out« und »Private property«. Der Vulkanhang ist weiträumig gerodet und in eine Farm für Rinder und Pferde verwandelt worden.

Der Weg scheint nicht für Wanderer angelegt zu sein, denn er führt pfeilgerade in die Höhe, keine Windung oder Biegung erleichtert den Aufstieg zum 3000 hohen Kraterrand. Dabei habe ich noch Glück, weil die Glut der Sonne von Nebelschleiern gedämpft wird.

Als es zu regnen beginnt, bin ich zunächst dankbar für die Abkühlung. Doch dann wird der Regen stärker, und Windböen stürmen über die Bergkämme. Es pfeift und rauscht, ein Höllenlärm. Wolkenfetzen jagen am Himmel. Es herrscht eine gespenstische Stimmung, als wäre ein Dämon entfesselt worden. Mir dämmert langsam die Erkenntnis, dass ein Hurrikan die Insel streift. Hawaii wird oft von Wirbelstürmen heimgesucht. Manchmal richten sie gewaltige Schäden an, wie zwei Jahre zuvor der Iniki, der 1992 auf Kauai wütete, wobei Maui weitgehend verschont blieb. Der Sturm wird immer bedrohlicher. Tief hinabgebeugt kämpfe ich mich auf Händen und Füßen vorwärts. Aber umkehren wäre sinnlos. Eine Ortschaft, wo ich Sicherheit finden könnte, ist an der Küste nicht in erreichbarer Nähe. Außerdem habe ich den Kraterrand schon fast erreicht. Im Krater hoffe ich, vor dem Unwetter geschützt zu sein.

Abrupt erstirbt der Wind, das Wüten des Sturms ist erloschen. Wunderbare Ruhe umgibt mich. Ich habe den Wall überwunden und steige in den Kraterkessel hinab. Endlich habe ich Muße, mich umzusehen. Unter mir, in tausend Meter Tiefe, liegt eine ovale, etwa zwölf Kilometer lange und fünf Kilometer breite Senke. Der Kraterboden ist gespickt mit Aschekegeln und Minikratern, aufgehäuften Schlackehalden und Lavahügeln. Das Farbenspiel dieser mineralischen Welt bezaubert mich. Wie von einem Künstler geschaffen, fließen Kupferrot, Ocker, Orange, Sepia, Grau und Schwarz harmonisch ineinander. Ich kann mich des Eindrucks nicht erwehren, auf einem anderen Planeten gelandet zu sein.

Nach dem Aufstieg im tobenden Sturm und dem steilen Abstieg hinab in den Krater bin ich total erschöpft. Eigentlich möchte ich sofort mein Zelt aufstellen und mich hineinlegen, doch das Lavageröll als Untergrund ist zu scharfkantig und würde den Zeltstoff zerreißen. Ich wähle den Pfad zur Kapalaoa Cabin, einer Wanderhütte, die aber verschlossen ist. Ich habe Glück, neben der Hütte finde ich einen als *Campground* ausgewiesenen ebenen Platz.

Am Abend hat es der Sturm geschafft, in den Krater einzudringen. Im Zelt beobachte ich durch den geöffneten Eingang den Tanz der Wolken. Vom Wind getrieben, stauen sie sich außen an den Kraterwänden, werden immer mächtiger. Auf einmal überborden sie den Rand und fluten hinein in den Kraterkessel. Bevor Regen herabströmen kann, lösen sie sich auf, spurlos, wie durch Geisterhand berührt. Wieder wallen neue Wolken herein. Doch kaum sind sie im Krater, wirbeln und kreiseln sie, werden dünner und dünner, fransen aus, bilden Schleier. Immer transparenter werden sie, bis nichts mehr von ihnen übrig bleibt. Die trockene Wüstenluft des Kraters saugt mit heißem Atem die feuchten Wolken in sich auf.

In der Nacht rüttelt der Sturm wild am Zeltgestänge. Doch müde vom Gewaltmarsch schlafe ich schnell wieder ein.

Am Morgen färben rote, orange und dunkelgraue Wolken den Morgenhimmel. Ein glühender Ball schiebt sich über den Kraterrand. Als die Strahlen den Vulkanboden erreichen, ertönt wie auf Befehl Geschnatter und Geflatter. Große Vögel rauschen durch die Luft und landen dicht neben meinem Zelt. Es sind Gänse! Inmitten der Mondlandschaft des Kraters eine Schar Gänse – kann es etwas Überraschenderes geben? Nene heißen diese Hawaiigänse, weil ihr Ruf so ähnlich klingen soll. Sie machen aber ganz andere Geräusche, trompeten schrill, krakeelen wild. Ein Ganter ist besonders wütend über meine Anwesenheit. Mit gestrecktem Hals kommt er immer näher und faucht mich an wie eine Schlange. In zwei Meter Entfernung verharrt er; das gibt mir Gelegenheit, ihn genau zu betrachten. Schnabel, Kopf und die Rückseite des Halses sind tiefschwarz. Vorn hat er eine rahmgelbe Farbe, ein dunkler Ring umschließt ihn und markiert den Übergang zur hellgrauen Brust. Der

Rücken zeigt ein Wellenmuster in verschiedenen Grautönen. Die Nene haben sich an ein Leben im rauen Gebirge angepasst. Die Schwimmhäute zwischen den kräftigen Zehen sind bis auf einen kleinen Rest zurückgebildet. In ihrem Lebensraum gibt es keine Seen oder Teiche, in denen sie schwimmen könnten. Stattdessen klettern, springen und hüpfen sie sehr geschickt über die Lava auf der Suche nach spärlich im Geröll wachsenden Grashalmen.

Ich baue das Zelt ab, packe meine Sachen in den Rucksack und mache mich auf den Weg, den Krater zu erkunden. Das Knirschen der Schlacke bei jedem Tritt klingt ungewöhnlich laut in der klaren Luft. Tausend Meter tief in der abgeschiedenen Welt eines Kraters zu wandern vermittelt mir ein eigenartiges Gefühl. Einen Ausbruch muss ich nicht befürchten, der letzte war im Jahr 1790, also vor mehr als 200 Jahren. Der Pfad führt über scharfkantige Lava und rotbraune Schlackehalden. Kaum sichtbar wächst in der wüstentrockenen Gegend unscheinbare Vegetation: winzige Farne, dürre Gräser, graue Flechten.

Dann auf einmal sehe ich große Pflanzen, sie bilden mit ihren lanzetartigen Blättern igelförmige Kugeln mit einem Durchmesser von einem halben Meter. Es sind die seltenen Silberschwerter, ihre Blätter glänzen matt wie das Mondlicht. Die *Hinahina,* wie sie von den Hawaiianern genannt werden, wachsen an keinem anderen Ort der Welt, nur im Krater der Insel Maui, und haben sich an die Wüstenhitze während des Tages und die eisige Kälte in der Nacht angepasst. Die feinen Härchen an den schwertförmigen Blättern verhindern die Verdunstung und schaffen im Inneren der Kugel ein Mikroklima. An den Härchen kondensiert morgens der Tau, rinnt in die Mitte der Blattrosette, wird dort aufgesaugt und rettet die Pflanze vor dem Verdorren. In der extremen Umwelt wachsen die Silberschwerter sehr langsam. Erst mit etwa fünfzehn Jahren blühen sie –

ein einziges Mal in ihrem Leben. Eine purpurfarbene Blütenkerze ragt dann aus der silbernen Blätterkugel zwei Meter hoch hinaus. Nach dieser Anstrengung ist die Kraft der Pflanze erschöpft und sie stirbt.

Die zweite Nacht im Krater verbringe ich auf dem Zeltplatz bei der Holua Cabin, einer schlichten Holzhütte. Nach dem Sonnenuntergang wird es wieder schlagartig kalt. Die Abenddämmerung ist kurz, bald funkeln Sterne am Himmel. Langsam schiebt sich der Mond über den Kraterrand und verzaubert die Welt mit seinem silbernen Licht.

Früh wache ich auf. Eisige Kälte lässt mich erschauern. Reif hat sich an der Zeltwand gebildet. Es ist still, so still, dass es in meinen Ohren summt und brummt. Nebelschwaden wabern, und der Morgen kleidet sich in zarte Farben. Glühend erscheint die Sonne. Wieder beginnt, wie auf ein Signal, das Leben im Krater. Vögel fliegen zwitschernd vorbei, ein Fasan segelt gackernd über die Lava, Hawaiigänse rufen ihre Partner.

Plötzlich öffnet sich die Tür der Hütte, ein Mann tritt heraus. Es ist Nick Shema, ein Biologe. Spät in der Nacht sei er gekommen, erzählt er mir, um heute Morgen gleich mit dem Beobachten und der Zählung der Nene beginnen zu können. Von Nick erfahre ich, dass es einst Tausende Hawaiigänse gab, schätzungsweise 25 000. Aber im Jahr 1962 lebten gerade noch dreißig Tiere. Fast wären sie für immer von der Erde verschwunden.

»Was war die Ursache für ihr Sterben?«, frage ich.

»Die rapide Veränderung ihres Lebensraums durch Rodung und Anbau von Zuckerrohr, zudem waren gefährliche tierische Feinde nach Hawaii gebracht worden: Katzen, Hunde, Mungos und Ratten. Fünf Wochen lang befinden sich die Nene in der Mauser, können dann nicht fliegen und sind eine leichte Beute, auch Eier und Küken fallen Raubtieren zum Opfer. Dem englischen *Severn Wildfowl Trust* gelang es, die Gänse zu züchten und danach auszuwildern. Inzwischen leben wieder ungefähr 800 von ihnen auf Big Island und Maui, die meisten davon im sicheren Krater.«

Nick Shema ist vor zwei Jahren nach Hawaii gekommen. Seine eigentliche Forschungsarbeit gilt den Kleidervögeln, die es nur auf Hawaii gibt. Ähnlich wie an den Darwinfinken auf Galapagos können Biologen an ihnen das Wirken der Evolution studieren. Die Kleidervögel haben sich dem fremden Lebensraum angepasst, verschiedene Nischen besetzt und sich dabei in neue Arten aufgespalten. Je nachdem, auf welche Nahrung sie sich spezialisierten, hat sich die Schnabelform sowohl bei Darwinfinken als auch bei den Kleidervögeln verändert.

Vor einigen Millionen Jahren gelangten die Vögel vom amerikanischen Festland zu den 3000 Kilometer entfernten Hawaii-Inseln. Die finkenkleinen Vögel sind wahrscheinlich von einem Sturm erfasst und weit übers offene Meer vertriftet worden. Ein Glück für die erschöpften Tiere, dass sie nach dem unfreiwilligen Flug auf dem Archipel landeten und nicht im Meer umkamen. Möglicherweise ereignete sich dieser Zufall nur ein einziges Mal, denn alle Kleidervogelarten stammen von einer Urform ab. Durch die Isolation auf den einsam im Ozean gelegenen Inseln und die Anpassung an den fremden Lebensraum entstanden 34 Arten.

»Dreizehn Arten sind schon ausgestorben – ein unwiederbringlicher Verlust. Elf weitere werden bald für immer verschwunden sein«, bedauert Nick.

Ich erzähle ihm von meiner Forschungsarbeit auf den Galapagos-Inseln. Spontan bietet er mir an, ihn zu begleiten. Er will im Bergregenwald an der Ostküste Kleidervögel beobachten. Wir steigen auf dem Sliding Sand Trail den 900 Meter hohen Kraterwall hinauf, ein die Wadenmuskeln strapazierender, rutschiger Pfad. Die Mühsal wird durch die Aussicht belohnt. Von Kehre zu Kehre öffnet sich der Blick in das Krateroval immer weiter und eindrucksvoller. Wieder spüre ich, wie die fremdartige Landschaft mich verzaubert und mir das Gefühl vermittelt, auf einem anderen Stern zu sein.

Beim *Visitor Center* hat Nick seinen Wagen geparkt, mit dem wir in sein Beobachtungsgebiet fahren.

»Bevor der Mensch nach Hawaii kam, gab es auf den Inseln eine einzige Säugetierart, die Hawaii-Fledermaus«, erzählt Nick, während wir die *Road to Hana,* eine gut ausgebaute Asphaltstraße, entlangfahren. Nick weist auf hohe Bäume am Berghang: »Das sind Koa-Bäume, eine endemische Art. Es gibt sie nur auf Hawaii. Wenn sie blühen, schmücken sie sich mit leuchtend gelben, puscheligen Blüten. Die Blätter sind halbmondförmig, bei sehr jungen Bäumen sind sie noch gefiedert, denn Koa-Bäume sind verwandt mit Akazien. Wie sie nach Hawaii gelangten, ist ein Rätsel. Ihre Früchte sind viel zu schwer, um in der Luft zu schweben und vom Wind transportiert zu werden. Entweder waren die Samen ursprünglich leichter oder Vögel waren die Transporteure.«

»Vielleicht haben Polynesier den Koa-Samen mitgebracht?«, vermute ich.

»Ausgeschlossen! Der Baum wächst seit Millionen Jahren auf Hawaii. In dieser langen Zeit sind fünfzig Insektenarten entstanden, die vom Koa-Baum leben. Die von den Polynesiern eingeführte Kokospalme dagegen wird von keinem einzigen Insekt befallen. Die Zeitspanne von rund tausend Jahren hat nicht ausgereicht, dass Baum und Insekt eine Beziehung eingehen konnten. Die Evolution braucht einen längeren Atem für ihre Arbeit.« Nick unterbricht seine Erklärungen, um sich beim Fahren auf eine scharfe Kurve zu konzentrieren, und beginnt dann wieder: »Es gab einen Kleidervogel, den *Orange*

Greater Koa Finch, der in enger Gemeinschaft mit dem Koa-Baum lebte.«

Im Bestimmungsbuch finde ich später den deutschen Namen: Palmers Papageischnäbler oder Großer Koa-Fink.

»Er hatte einen kräftigen Schnabel entwickelt, um die Koa-Samen zu knacken«, berichtet Nick. »Zuletzt wurde der Vogel 1896 gesehen, danach nie mehr. Die Hawaiianer wussten von der engen Beziehung zwischen Vogel und Baum. Wenn einer dieser dickschnäbligen Kleidervögel sein Nest im Geäst gebaut hatte, wurde der Baum nicht gefällt.«

In Nicks Beobachtungsgebiet leben drei verschiedene Kleidervogelarten: Apapane und Iiwi, sie haben korallenrote Federn, nur die Flügel sind pechschwarz. Beide saugen Nektar, unterscheiden sich aber durch die Länge ihres gebogenen Schnabels. Die dritte Art, der Elepaio, dagegen ist unauffällig braun gefärbt und ernährt sich von Insekten. Nicks Interesse gilt den Elepaio, dreißig Brutpaare hat er gezählt, ist aber besorgt, weil nur 28 Jungvögel aufgezogen wurden.

»Die Nester werden von Ratten, verwilderten Katzen und von dem aus Indien eingeführten Mungo ausgeraubt. Ein Paar hatte acht Nester gebaut, doch jedes Mal wurden die Eier oder Küken gefressen«, sagt der Biologe bedauernd.

Auf kaum sichtbaren Pfaden geht er vor mir durch den Wald. Soweit ich sehen kann, sind es vor allem Koa-Bäume, die hier wachsen, hohe Bäume mit silbergrauen, säulenartigen Stämmen. Die Äste sind mit gelbgrünen Flechten ummantelt, die im Sonnenlicht wie ein goldener Flies schimmern. Zahlreiche gertendünne Koa-Bäumchen recken sich zwischen den alten Riesen zum Licht. Auch Ohia-Lehua-Bäume sehe ich, die mir wegen ihrer roten Blütenquasten auffallen. Sie gehören zu den Eisenholzbäumen und haben winzige, lederartige Blätter. Außerdem erkenne ich die Kukui-Bäume.

Sie wurden von den Polynesiern aus Tahiti mitgebracht. Früher wurden die ölhaltigen Nüsse ähnlich wie Kerzen verwendet, deshalb tragen sie den Namen Kerzenbaum. Mehrere der walnussgroßen Nüsse fädelte man auf die starke Mittelrispe eines Palmblattes, die oberste Nuss wurde angebrannt. Eine nach der anderen entzündete sich dann an der vorherigen. Die schwarzen Nüsse eignen sich auch als Schmuck. Ich habe eine aus polierten Kukui-Nüssen gefertigte Kette und Ohrgehänge gekauft, kostbar glänzend wie Obsidian.

Es bereitet mir Mühe, Nick zu folgen. Leichtfüßig eilt er dahin. Bekleidet ist er mit Jeans, Bergschuhen und einer blauen Kappe, um den Hals hängt sein Fernglas. Schon längst habe ich die Orientierung verloren und würde wohl allein nicht mehr aus dem Dickicht herausfinden. Ab und zu bleibt Nick stehen, und ich schnappe erleichtert nach Luft. Nick aber lauscht. Durch das Blättergewirr dringen leise Töne: »Wiid, wiiid«, aber kein einziger Vogel lässt sich blicken. Bäume, in denen sich Nester befinden, hat der Forscher mit einem blauen Band markiert. Die napfförmigen Gebilde aus Gräsern, Flechten, Spinnenfäden sind etwa so groß wie meine Faust und hängen in drei bis acht Meter Höhe im Geäst armdünner Koa-Bäumchen. Zur Kontrolle benutzt Nick eine Angelrute, an der er einen Autospiegel befestigt hat. Wenn er den Spiegel über das Nest hält, kann er von unten sehen, was sich darin befindet. Wir haben kein Glück – die Nester sind leer.

»Die Vögel beginnen mit der Balz im Januar, von März bis Juli legen sie Eier und ziehen Junge auf. Jetzt, Anfang August, ist die Brutsaison so gut wie vorbei«, erklärt Nick. In der Nähe eines Nests entdeckt er zwei Elepaio-Küken, braune, kuschelige Federbällchen. Immer zu zweit hüpfen sie synchron von Ast zu Ast. Nick lockt sie mit Zischlauten näher. Sie blicken uns wachsam und neugierig an. Die Hawaiianer hatten zu den Elepaio-Vögeln eine innige Beziehung, denn sie glaubten, sie würden ihnen anzeigen, welche Bäume für den Bau eines Kanus besonders geeignet seien. Wenn sie einen Baum fällen wollten, hielten sie Ausschau nach einem Elepaio, folgten ihm und wo er sich niederließ, diesen Baum fällten sie.

Auf einmal ertönt zwitschernder Gesang. Vor mir sitzt ein Elepaio-Männchen auf einem Zweig. Die Brust ist rostrot, die Kehle dunkel, der Rücken braun und die Flügel sind mit hellen Streifen gebändert. Wie ein Zaunkönig stellt er seinen Schwanz in die Höhe und schmettert sein Lied. Dann huscht er geschickt an den Stämmen hinauf und kopfüber hinunter wie ein Baumläufer und pickt Insekten aus der Rinde. Ein finkenkleiner, unauffälliger Vogel – aber wir schauen ihm wie gebannt zu, weil wir wissen, er ist einmalig auf der Erde. Es gibt ihn nur hier, nirgendwo sonst.

Nick fährt mich zum Krater zurück. In der Nähe des *Visitor Center* kann ich mein Zelt aufbauen. Am nächsten Morgen will ich von oben den Sonnenaufgang beobachten.

Durch seinen Erfolg mit der Sonne übermütig geworden, wollte Maui den Göttern das Geheimnis ewigen Lebens stehlen und es den Menschen zum Geschenk machen. Zur Strafe für diesen Frevel verwandelten ihn die Götter wieder in einen sterblichen Menschen. Die Göttin der Nacht nutzte die Gelegenheit und tötete Maui. An diese Geschichte denke ich, als ich frierend in 3000 Meter Höhe auf dem Vulkan sitze. Allmählich schleicht sich Licht in die Dunkelheit. Fahlweiß zuerst, dann ein helles Blau, in das sich weiches Rot und lichtes Gelb mischt. Auf einmal scheint die Wolkendecke glutüberströmt, als würde sie brennen, und reißt schließlich weit auf, gibt den Blick frei. Der Pazifik tief unten schimmert wie flüssiges Silber. Plötzlich erscheint golden der strahlende Feuerball über der scharfen Linie des Horizonts. Ein neuer Tag beginnt auf Maui.

BIG ISLAND
Im Reich der Feuergöttin Pele

Die größte Insel des Hawaii-Archipels heißt Big Island. Mit 700 000 Jahren ist sie die jüngste. Auf ihr kann man die Geburt des Inselreiches täglich live erleben. Bei meiner Reise im Jahr 1994 begab ich mich auf die gefährlich lockenden Spuren der Göttin Pele.

Pele, die Vulkangöttin, hat einen unsteten Charakter. Immerfort ist sie auf Wanderschaft, nie kann sie an einem Ort bleiben. Den 4205 Meter hohen Mauna Kea hat sie schon lange verlassen. Im benachbarten Mauna Loa kocht sie nur noch gelegentlich. Ihr bevorzugter Aufenthalt ist der Kilauea. Doch nicht in seinem Hauptkrater schürt die launenhafte Göttin ihren Feuerherd, sondern in einem unscheinbaren, winzigen Seitenkrater, dem Puu'oo, als wolle sie sich verstecken; denn sie liegt im immerwährenden Streit mit ihrer Schwester Namakaokahai, der Meeresgöttin. Seit Urzeiten sind die Schwestern verfeindet, und am Puu'oo kommen sie sich gefährlich nahe. Sie kämpfen erbittert gegeneinander – Feuer und Wasser, keine von beiden kann die andere besiegen.

Mit den Aloha Airlines bin ich zur Inselhauptstadt Hilo geflogen. Das *Island hopping* – damit ist gemeint, dass man mit dem Flugzeug von Insel zu Insel »hüpft« – ist die auf dem Archipel übliche Fortbewegungsart, bei der man schnell und preiswert unterwegs ist, zumal kein regulärer Schiffsverkehr zwischen den Inseln besteht.

Auf den Inseln Kauai und Maui habe ich einige Erfahrungen gesammelt, wie man ohne Auto auf Hawaii vorankommt. Auf Big Island ist es besonders einfach. Hier gibt es fünf Kilometer vom Zentrum Hilos entfernt die »Arnott's Lodge« eine Herberge für *hiking adventures*. Nachdem ich vom Flughafen aus angerufen hatte, wurde ich mit einem Kleinbus abgeholt. Endlich finde ich auf Hawaii eine Unterkunft, in der ich mich wohlfühle. Inmitten tropischer Vegetation stehen Holzhäuser im Hawaii-Stil mit Veranden und Balkonen. Es gibt Einzel- und Mehrbettzimmer, jede Etage hat eine eigene Küche und Aufenthaltsräume. Die Arnott's Lodge wird zu meinem Basislager auf Hawaii. Hier kann ich mich nach jeder anstrengenden Wanderung erholen und neu auftanken.

Die Felsenbucht Kealakekua liegt an der sonnigen Westküste. Ein schmaler Pfad führt zum historischen Schauplatz, wo am 17. Januar 1779 Tausende Hawaiianer ihr Makahiki-Fest zu Ehren des Friedensgottes Lono feierten. Ein Regisseur hätte das damalige Geschehen nicht besser in Szene setzen können. Gerade als die Feierlichkeiten ihrem Höhepunkt zustrebten, tauchten am Horizont zwei Schiffe auf und näherten sich der Küste. Ihre weißen Segel bauschten sich im Wind. Die Hawaiianer staunten, solch riesige »Bauwerke«, die übers Meer fuhren, hatten sie noch nie gesehen. Sie glaubten, Gott Lono erscheine, und bereiteten dem britischen Seefahrer James Cook und seiner Mannschaft einen jubelnden Empfang. Nie zuvor und niemals danach sind Seefahrer von Einheimischen überschwänglicher begrüßt worden. Zwei Wochen wurde ausschweifend gefeiert.

Nachdem sie Geschenke ausgetauscht hatten, segelte James Cook mit seinen Schiffen *Discovery* und *Resolution* weiter, geriet aber unweit der Nordküste in einen Hurrikan, der die *Discovery* stark beschädigte. Das veranlasste den Kapitän zur Rückkehr, dorthin, wo sie so überströmende Freundlichkeit erfahren hatten. Die Kealakekua-Bucht lag einsam und verlassen da, das Fest war beendet, und der

Häuptling hatte ein *kapu,* ein Tabu, über den Ort verhängt, niemand durfte ihn betreten.

Die Briten aber brauchten die Hilfe der Hawaiianer für die Reparatur des Schiffes und besuchten die Einheimischen in ihren Dörfern. Der Häuptling begann zu zweifeln, ob Cook wirklich der war, für den sie ihn hielten. Warum hatte er als allmächtiger Gott sein Schiff nicht vor dem Sturm geschützt? Die Einheimischen waren weiterhin freundlich, doch nach jedem ihrer Besuche auf dem Schiff fehlten Gegenstände. Da sich gezeigt hatte, dass die Fremden keine Götter waren, war ihr Eigentum nicht mehr geschützt, sondern gehörte allen, so wie es bei ihnen Brauch war. Also nahmen sie mit, was ihnen gefiel.

Als die Einheimischen mit dem Beiboot der *Discovery* davonruderten, ging James Cook mit einer bewaffneten Mannschaft an Land, um den Häuptling gefangen zu nehmen. Es war der 14. Februar 1779, als der berühmte Kapitän beim Kampf erschlagen wurde. In ohnmächtiger Wut schossen die Briten mit Kanonen in die Menge, auf Menschen, mit denen sie Tage zuvor Feste gefeiert hatten, töteten viele und zündeten ihre Palmblatthäuser an.

Der Mauna Kea ist mit 4205 Meter der höchste Berg Hawaiis, und, wenn man die Meter unter Wasser hinzurechnet, höher als der Mount Everest. Zum Gipfel führt eine Autostraße hinauf, und ich schließe mich einer von Arnott's Lodge organisierten Tour an. Die Straße musste gebaut werden, weil auf dem Gipfel ein Observatorium eingerichtet wurde. Im Minibus sind zwölf Mitfahrer aus zehn verschiedenen Ländern versammelt. Neben mir sitzt René aus der Schweiz. Seit einem Jahr sei er schon unterwegs, erzählt er mir. Er denke noch nicht an Rückkehr und fachsimpelt mit mir über sein nächstes Reiseziel – die Philippinen. René ist nicht der einzige Langzeit-Traveller, der mir hier begegnet. Hawaii scheint so eine Art Zwischenstopp für Weltreisende zu sein.

Wir fahren an Bananen-, Ananas- und Zuckerrohrplantagen und großen Viehfarmen vorbei. Riesige Gebiete der ursprünglichen Vegetation wurden dafür gerodet. Über enge Serpentinen schraubt sich die Straße den Aschekegel hinauf, eine Mondlandschaft mit schwarzen Buckeln und roten Zacken. Arnott, der die Tour selbst führt, macht uns neugierig auf ein besonderes Naturwunder – einen See inmitten dieser lebensfeindlichen Landschaft. Ihn zu sehen, müssten wir etwa einen Kilometer zu Fuß gehen – bei 4000 Meter Höhe für viele eine ungewohnte Anstrengung. Leider können wir den Anblick des Sees Lake Wainau nicht genießen, weil die anderen einfach nicht bis dahin gehen wollen. So steigen wir wieder in den Bus und fahren zum Gipfel hinauf. Oben pfeift uns ein eiskalter Wind um die Ohren, und die Idee, in den Tropen Ski zu fahren, scheint gar nicht so abwegig. Laut Arnott liege manchmal Schnee hier oben. Mauna Kea bedeutet »Weißer Berg«.

Inmitten rotschwarzer Mondlandschaft bieten die silbern glänzenden Kuppeln der Sternwarte einen futuristischen Anblick. Wie von Geisterhand bewegt drehen sich Türme, öffnen sich Schächte für die Fernrohre. Lautlos richten sie den Fokus auf unendlich weit entfernte Sterne im Weltall. Eine Besichtigung des Observatoriums sei nicht möglich, antwortet Arnott auf meine Frage. Als die Sonne versinkt, mischen sich am Himmel leuchtendes Orange und Violett und werfen ihren Widerschein auf das Wolkenmeer unter uns. Nach Einbruch der Dunkelheit entfalten die Sterne eine Strahlkraft von unglaublicher Intensität. Arnott sagt, er könne sich an diesem Anblick des Sternenhimmels nie sattsehen, sooft er schon hier gewesen sei. Nur er, René und ich stehen draußen und schauen zum Himmel. Alle anderen sitzen im Fahrzeug, langweilen sich und sind missmutig. Sie verstehen nicht, warum wir nicht in die Lodge zurückkehren, es sei doch Nacht und nichts mehr zu sehen.

Mit Arnott habe ich vorher ausgemacht, dass er mich am Zeltplatz des Mauna Loa absetzt. Ohne dass ich ihn darum bitten muss, wartet er, bis ich mein Zelt im Licht der Scheinwerfer aufgebaut habe.

Der Mauna Loa ist nur um wenige Meter niedriger als der Mauna Kea. Ingesamt sind es fünf schildförmige, sich überlappende Vulkane, aus denen Big Island zusammengewachsen ist. Die Vulkangöttin Pele hat sich hier besonders lange aufgehalten und eine riesige Insel geschaffen, die so groß ist, dass alle anderen Inseln des Archipels mit ihrer Landmasse leicht hineinpassen würden.

Bevor ich mit dem Aufstieg zum Krater des Mauna Loa beginne, erkundige ich mich im Infozentrum, wie aktiv der Mauna Loa noch ist. 1984, vor zehn Jahren, hat er zuletzt Lava gespuckt. Aber die Vulkanologen zerstören meine Hoffnung, einen Ausbruch live erleben zu können: Es gibt keine Anzeichen für neue vulkanische Aktivität. Sie beobachten alle Veränderungen, messen den Umfang des Berges und registrieren jede Erschütterung. Vor dem Ausbruch eines Vulkans sind die Magmakammern in seinem Inneren zum Bersten gefüllt, der Berg schwillt an wie ein Hefekuchen. Entleeren sich die Kammern beim Ausbruch, zieht sich der Berg wieder zusammen. Es ist, als atme der Vulkan. Wenn der Mensch genau zuhört, kann er den Herzschlag der Erde vernehmen. Erst sechzehn Jahre später sollte ich auf Island den Ausbruch eines Vulkans aus nächster Nähe erleben.

Die Richtung zum 4170 Meter hohen Gipfel ist mit Steinpyramiden markiert. 45 Kilometer lang ist die Strecke und schwierig zu gehen. Immer wieder ist frische Lava über alte, schon verwitterte geflossen. Manche Stellen blieben ausgespart. So ist ein Muster aus roten, gelben, grauen und schwarzen Farbtönen entstanden.

Auf einen tätigen Vulkan zu steigen ist ein verlockendes Abenteuer. Ich habe das Empfinden, über den Bauch der Erde zu gehen. Gewaltige Massen hat sie aus sich herausgeschleudert, aufgetürmt zu einem riesigen Steinbuckel, und doch scheint gerade hier die »Haut« besonders dünn zu sein. Fast meine ich, das Glühen in ihrem Körper zu spüren. Ich sehe Spalten mit gezackten Rändern, tief hinabreichende Öffnungen, zinnoberrot ummantelt, und Lavatunnel, durch die einst flüssiges Gestein strömte. In der Lava eingeschlossen glitzern winzige Kristalle. Sie schillern in allen Farben. Wie im Märchen wandere ich durch ein geheimnisvolles Zauberreich voller Edelsteine.

Auf 3000 Meter Höhe steht eine Schutzhütte, die Red Hill Cabin. Von hier sind es noch 22 Kilometer bis zum Krater, ein Tagesmarsch. Die Tür ist nicht abgeschlossen. Der saubere, windgeschützte Raum wirkt einladend, aber noch verspüre ich kein Bedürfnis nach Rast, bin wie berauscht vom Erleben der Vulkanwelt und wandere weiter. Am Abend ist es dann allerdings schwierig, einen geeigneten Platz für mein Zelt zu finden. Die Sonne versinkt am Horizont – jetzt dauert es nur noch fünfzehn Minuten, bis die Nacht hereinbricht und es zu dunkel ist, ein Nachtlager aufzubauen. Überall um mich herum ist nichts als frische Lava. Auf dieser scharfkantigen, zersplitterten und glasigen Fläche kann ich das Zelt nicht aufstellen. Seitwärts fällt mir ein Aschekegel auf und verspricht einen weichen Untergrund. Es ist gefährlich, vom markierten Trail abzuweichen, man kann in verborgene Spalten hineinfallen und nie mehr herauskommen. Als würde ich über einen Gletscher gehen, taste ich mit meinem Stock den Untergrund ab. Bei jedem Schritt fürchte ich, einzubrechen und für immer zu versinken. Endlich habe ich den Aschehaufen erreicht, und tatsächlich kann ich hier das Zelt aufstellen.

Die Nacht ist kalt und klar. Ich wache mehrmals auf, höre ein

Grollen und Grummeln. Wahrscheinlich sind es Spannungen und Explosionen im Inneren des Vulkans, aber man kann sich auch vorstellen, dass die schlafende Pele schnarcht und hustet.

Die Sonne erscheint über der Wolkenschicht, die sich wie ein weißes Laken am Fuß des Berges ausbreitet. Sie kündigt sich mit einem rot gezackten Rand an, dann springt sie plötzlich als runder Ball hervor. Kein Laut ist zu hören, sogar der Wind schweigt. Wieder wandere ich durch eine Wunderwelt glitzernder Kristalle und pechschwarzer Lava, die vom Ausbruch aus dem Jahr 1984 stammt. Der Strom war gewaltig, erreichte die Küste und hätte fast Hilo zerstört. Sechs Kilometer vor der Stadt kam der Glutstrom zum Stehen und erkaltete.

Gegen Mittag stehe ich am Kraterrand und blicke hinab in die *caldera,* eine tiefe, kreisrunde Senke, die angefüllt ist mit Lavaschollen und aufsteigenden Dämpfen. Das Magma ist nun zu festem Gestein erstarrt, doch noch vor wenigen Jahrzehnten war die *caldera* mit einem glutflüssigen See gefüllt.

In der Nacht schlafe ich in der Hütte am Gipfel. Der gemütliche und saubere Raum hat Doppelstockbetten mit Wolldecken, einen Holztisch und Stühle, sogar Streichhölzer und Kerzen liegen bereit. Am Morgen ist der Tau gefroren und ziert als Eiskristalle die Steine. Ich bin dankbar, vor Wind und Kälte geschützt gewesen zu sein. Durch die Fenster der Hütte blicke ich nach draußen in eine unwirtliche Landschaft. Wie seltsam, ich fühle mich geborgen, auf einem noch tätigen Vulkan. Während ich frühstücke, habe ich das Empfinden, als hätte sich mein Zeitgefühl verschoben, als wären Wochen, Monate, Jahre vergangen. Als spiele Zeit keine Rolle mehr und ich wäre schon seit Ewigkeiten hier am Krater, am Eingang ins Erdinnere. Es ist eine andere Welt mit anderen Regeln und Gesetzmäßigkeiten, eine Welt des Anorganischen. Es gibt keinen Baum, keine Blume, kein Insekt, keinen Vogel. Nichts Lebendiges existiert auf diesem Gipfel. Und doch wirkt das Reich der Feuergöttin Pele nicht tot, sondern voller Kraft und Energie, voller Bewegung und Wandlung.

Der dritte Vulkan, den Pele auf Big Island geschaffen hat, ist der 1247 Meter hohe Kilauea. Die Göttin hat sich nicht die Zeit gelassen, den Vulkan höher zu bauen, das Herdfeuer glimmt nur noch, und die Glut ist fast erloschen. Ein gut markierter und ausgebauter Rundweg führt am Kraterrand entlang und hinab in die zehn Kilometer breite *caldera*. Ich wandere durch ein Zyklopen-Labyrinth. Ströme geschmolzenen Gesteins sind über die Flanken des Kilauea hinabgeflossen. Der Feuerflut fielen Wälder mit seltenen Bäumen und Pflanzen zum Opfer, und der Ort Kalapana an der Küste, den die Einwohner gerade noch rechtzeitig verlassen konnten, wurde vernichtet. Der Boden des ehemals glühenden Kratersees ist »gefroren«, in dicken, schwarzen Lavaschollen erstarrt, zwischen deren Rändern weißer Rauch hervorquillt. Es sind Fumarolen, die ein höllisches Ballet aufführen. Inmitten der zehn Kilometer großen, ovalen Kratersenke des Kilauea bricht ein kreisrundes Loch hinab in die Tiefe, ein weiterer Krater, der Halemaumau. Er hat einen Durchmesser von knapp einem Kilometer und dünstet schwefelgelben Atem aus. Noch im Jahr 1924 brodelte am Grund des neunzig Meter tiefen Kraters ein glühender Lavasee. Am Rand der senkrecht abfallenden Wände liegen Opfergaben: ein Korb mit saftigen Südfrüchten – Ananas, Avocado, Mandarinen, Apfelsinen, Nektarinen, daneben eine Schachtel Zigaretten und Geldmünzen. Geschenke für Pele.

Mein Wunsch ist es, der Göttin noch näher zu kommen. Der Pfad zum sechzehn Kilometer entfernten Puu'oo, Peles neuem Wohnsitz, ist mit Steinmännchen markiert. Die scharfkantige, zerklüftete, wild zerrissene Lava erschwert das Gehen, nur langsam komme ich voran. Schweflige, beißende Luft weht mir entgegen, immer wieder tun sich Risse in der Lava auf, aus denen es gespenstig dampft. Im Dunstschleier erkenne ich schließlich den Kraterrand. Der Puu'oo ist nur eine kleine, 250 Meter hohe Erhebung an der Flanke des Mauna Loa, dafür wabert aber an seinem Grund glühendes Magma. Ein goldener See aus flüssigem Gestein leuchtet in dreißig Meter Tiefe unter mir. Ätzende Gase steigen hoch und vernebeln die Sicht. Gerade noch kann ich erkennen, dass der See einen Abfluss hat. Ein rot glühender Fluss wälzt sich elf Kilometer weit zum Meer. Dort, wo der Lavastrom ins Meer mündet, trifft Pele auf ihre Schwester Namakaokahai, die Meeresgöttin.

Normalerweise fliehen Menschen, wenn ein Vulkan ausbricht. Nur auf Hawaii ist es anders. Hier eilen die Besucher herbei, um den Lavastrom zu besichtigen. Jeden Abend, wenn in der Dunkelheit die Glut besonders gut sichtbar ist, erleben sie ein natürliches Feuerwerk. Auf einer Asphaltstraße, die durch die Lava gebaut wurde, fahren Touristen bequem bis auf einen Kilometer heran. Wer will, kann sich zu Fuß so weit nähern, wie er die Hitze verträgt. Eine Absperrung oder Sicherheitskontrolle gibt es nicht.

Zuerst sehe ich die wallenden Dampfwolken, ein weithin sichtbares Zeichen. Die heiße Feuerzunge und der kalte Ozean stoßen dort zusammen, und das Wasser beginnt zu kochen. Ich gehe weiter an der Küste entlang. Eine gewaltige Feuersäule steigt in den Himmel. Ihr Donner verhallt in den Weiten des Pazifiks. Flüssiges Gestein regnet in die brodelnde See, Dampfwolken schießen himmelwärts. Vom Berg Puu'oo, in dessen Feuersuppe ich gestern hinabgeblickt hatte, schiebt sich eine schwarze Teigmasse unter Knistern und Krachen herab. Die abgekühlte schwarze Oberfläche ist trügerisch dünn, man würde sofort in das darunter fließende Magma einbrechen. Durch Risse und Spalten schimmert es rot, Glutaugen leuchten aus der Schwärze, weiten sich und erlöschen wieder. In ständiger Bewegung verändert sich der Feuerstrom. Ab und zu wird er von Explosionen aufgerissen, und Lava schießt donnernd empor.

Dort, wo sich der zähe, glühende Strom ins Meer ergießt, geschieht Dramatisches. Feuer und Wasser, zwei feindliche Elemente, treffen aufeinander. Hitze und Kälte, Licht und Dunkelheit prallen zusammen. Die Wellen branden an, reißen die glühende Masse mit sich, tragen sie auf ihren Wogen. Im Wellenschaum funkelt und glimmt Lava wie seltsame Tiefseefische, bevor sie erlöschen und untertauchen.

Es ist ein toller Tanz. Gebannt von dem einzigartigen Naturschauspiel vergesse ich die Zeit. Die schwefligen Gase brennen mir in der Kehle, aber ich kann nicht aufhören zu schauen. Plötzlich faucht es, als säße ein junger Drache im Feuerstrom gefangen, Feuerblitze schießen auf. Das Fauchen schwillt an, wird mächtig und drohend. Der Drache ist rasend schnell erwachsen geworden und brüllt schauerlich. Gesteinsbrocken fliegen hundert Meter und höher. Aus der Lavazunge steigt eine Feuerfontäne auf. Für mich ist es wie ein Abschied von Hawaii. Morgen werde ich wieder in einer Maschine der Aloha Airlines sitzen, und wenn ich Glück habe, kann ich von oben einen Blick hineinwerfen in den Höllenschlund des Kraters, wo Göttin Pele ihr Feuer schürt.

TIERE

Entdecken und Beobachten

GALAPAGOS
FEUERLAND

GALAPAGOS
Räuberische Klippenkrabben

Während meiner Zeit auf den Galapagosinseln sammelte ich reiche Erfahrungen. Die spannenden Erlebnisse inspirierten mich zum Schreiben. So war mein Robinson-Leben auf der Insel Caamaño 1980 und 1981 der Beginn meiner Tätigkeit als Schriftstellerin.

Vom ersten Augenblick an bin ich von diesen eigenartigen Tieren fasziniert. Ich sitze zwischen Meer und Land auf einem sonnendurchglühten Lavastein, den die Gischt umspült. Hoch aufgerichtet auf langen Beinen nähert sich mir eine rote Klippenkrabbe. Die hellblau schillernden Stielaugen vollführen kreisende Bewegungen. Wie feinste Sensoren registrieren diese Augen genau die Umgebung. Die Krabbe sieht mich, obwohl ich mich nicht rühre, und macht einen leichten Bogen, bleibt außerhalb meiner Greifweite. Ich bin erstaunt. Woher weiß sie, wie weit sie sich mir gefahrlos nähern kann? Vielleicht ist dieser Sicherheitsabstand einfach ein Erfahrungswert. Rätselhaft dennoch, denn außer mir lebt kein Mensch auf der kleinen Insel Caamaño, und ich habe bisher noch nicht versucht, Klippenkrabben zu fangen.

Ich beobachte weiter. Die Krabbe läuft nicht, sondern schreitet wie auf Zehenspitzen. Das erweckt den Eindruck von gespielter Harmlosigkeit. Ich kann mir nicht helfen, das Tier führt etwas im Schilde. Sie tänzelt umher, kreiselt mit den Stielaugen und bereitet sich auf etwas vor.

Plötzlich springt die Krabbe mit einem weiten Satz über einen fast einen halben Meter breiten Spalt auf einen anderen Lavablock, mitten hinein in eine Gruppe junger Klippenkrabben. Die stieben in eiliger Flucht nach allen Seiten auseinander. Nur ein Tier reagiert nicht schnell genug. Schon hat die Große es mit ihren gewaltigen Scheren an einem Bein gepackt, hält es fest wie mit einer Schraubzwinge. Ein Entkommen scheint unmöglich. Da ergreift die Kleine ihre letzte Chance und amputiert ihr Bein. Krabben haben an ihren Beinen Sollbruchstellen und können bei Gefahr Körperteile abstoßen. Bei den nächsten Häutungen wachsen die Glieder allmählich wieder nach. Die Kleine entwischt und die Große umklammert das abgetrennte Bein. Der Überfall hat sich gelohnt. Die Räuberin knackt den harten Beinpanzer und beginnt, das zarte, eiweißreiche Muskelfleisch zu fressen.

Die übliche Nahrung der Klippenkrabben sind Algen. Bei Ebbe weiden sie den freiliegenden Algenrasen ab und suchen im Tang nach Kleinstlebewesen. Mit besonderer Vorliebe fressen sie jedoch Fleisch: tote Fische, ausgewürgte Nahrungsreste der Seevögel und jeden Kadaver, der am Meeressaum angespült wird. Dass sie jedoch auch Jagd auf Artgenossen machen, wusste ich bisher nicht.

Die eiweißreiche Nahrung verschafft einen Überlebensvorteil: Die Krabbe wächst schneller und kann sich früher fortpflanzen. Da tote Fische und ähnliche Leckerbissen nur hin und wieder angeschwemmt werden, frönen Klippenkrabben kannibalischen Genüssen. Artgenossen gibt es ja genug, in großer Zahl hocken sie auf Lavasteinen. Doch es ist nicht so einfach, an die Beute heranzukommen, denn Krabben sind stets auf der Hut vor einem plötzlichen Überfall.

Deshalb haben die Tiere regelrechte Techniken bei der Jagd auf kleinere Artgenossen entwickelt: Der Angriff erfolgt immer blitzschnell mit einem Überraschungssprung. Ist das Opfer klein genug, wird es zwischen den Beinen wie in einem Käfig festgehalten und mit den scharfen Scheren sofort getötet.

Als Schutz vor Räubern der eigenen Art versammeln sich die Tiere in möglichst großen Gruppen nach dem Motto: In der Menge fällt der Einzelne weniger auf und ist besser geschützt. Alle Individuen dieser Schutzgemeinschaft sind ungefähr gleich groß, so können sie einander nicht zur Gefahr werden.

Der Körper ausgewachsener Krabben hat etwa die Größe meines Handrückens, rechne ich die Beine dazu, erreichen die Tiere eine Spannbreite von über zwanzig Zentimetern. Die Männchen sind etwas größer als die Weibchen und haben kräftige, dunkelrote Scheren. Nur auf Galapagos sind die Panzer beider Geschlechter und auch der von Halbwüchsigen feuerrot. Klippenkrabben an anderen Meeresküsten färben sich nur zur Fortpflanzungszeit rot und sind sonst dunkelgrün getarnt.

Ein besonders gefährlicher Moment im Leben einer Krabbe ist die Paarung. Woher soll das Tier wissen, ob der Partner das Sprichwort »Liebe geht durch den Magen« nicht wörtlich nimmt? Um sich gegenseitig zu testen, die Ängste zu beschwichtigen und das Begehren zu steigern, führen sie einen rituellen Tanz auf. Sie stemmen sich mit ihren Beinen hoch auf, sodass sie fast wie auf Stelzen gehen, staksen aufeinander zu und wieder fort, drehen sich umeinander und umkreisen sich. Die weibliche Krabbe hütet sich davor, in den Fangbereich der langen Scheren des Männchens zu kommen. Noch ist sie unsicher, ob er sie nicht doch zum Fressen gern hat. Immer wieder weicht sie ihm aus, läuft rückwärts und nähert sich wieder seitlich. Auf mich wirkt es wie ein neckisches Weglauf- und Fangspiel, und doch ist es ein Spiel auf Leben und Tod.

Schließlich verharrt das Männchen und dreht seine Scheren im Kreis, Bewegungen, die es nur bei der Werbung zeigt. Langsam nähert er sich der Partnerin. Sie entzieht sich nun nicht mehr. Bewegungslos wartet sie auf ihn. Wie zwei in rote Panzer gekleidete Ritter beim Turnierkampf stehen sich die beiden gegenüber. Sie beäugen sich, schätzen einander ab. Dann folgt der erste körperliche Kontakt. Sacht berührt das Weibchen mit dem vorderen Laufbein den Panzer des Männchens, fast so, als wolle es den Partner beruhigend streicheln. Nach minutenlangem gegenseitigem Abtasten fasst das Weibchen endlich Vertrauen, knickt seine Scheren ein und verschränkt sie über dem Mundfeld. Das Männchen legt seine gefährlichen Scheren und das erste Laufbeinpaar über den Rücken des Weibchens und schwingt sich mit einer eleganten »Bauchwelle« unter die Partnerin. Bauchseite an Bauchseite, das Männchen unter dem Weibchen, überträgt das Männchen seinen Samen in die Samentasche des Weibchens, dort werden dann die Eier befruchtet. Nach der Übertragung des Samens dreht sich das Männchen vom Bauch des Weibchens wieder nach oben; beide stehen sich noch lange Minuten gegenüber, betasten und berühren sich.

Das Weibchen trägt die befruchteten Eier bis zum Schlüpfen der Larven außen an ihrem Bauch, bedeckt und geschützt vom Pleopodium, einem schildartigen Deckel, der sich aus umgebildeten Laufbeinen entwickelt hat. Gelegentlich klappt das Weibchen diesen schwanzähnlichen Fortsatz auf, reinigt das Gelege sorgfältig mit den Scheren, entfernt unbefruchtete oder verpilzte Eier. Wenn die Larven schlüpfen, begibt sie sich in einen flachen Gezeitentümpel und entlässt den Nachwuchs ins Wasser. Bei der nächsten Flut schwimmen diese ins offene Meer. Die Larven leben dort, bis sie sich in stecknadelkopfkleine Krabben verwandeln, dann erst kommen sie an Land und verstecken sich in der porösen Lava. Die Winzlinge tarnen sich vor Feinden mit einem dunkelgrünen, fast schwarzen Panzer. Nach jeder Häutung sind sie ein wenig größer und mit der Zeit werden sie rot, so wie ihre Eltern. Der Panzer der Krabben besteht aus Chitin und ist nicht dehnbar. Wenn das Tier heranwächst, muss es also immer wieder die äußere Hülle abstreifen. Der Panzer reißt auf, und die Krabbe kriecht heraus. Unter dem alten Panzer hat sich eine neue Chitinschicht gebildet, die zunächst noch weich und verletzlich ist, aber an der Luft schnell aushärtet. Übrig bleibt ein pergamentartiges, durchsichtiges Gehäuse, das die Form der Krabbe in allen Details zeigt.

Krabben haben keine Lungen, sondern Kiemen. Warum können sie dann trotzdem an Land leben? Sie besitzen ein raffiniertes Atmungsorgan, die Kiemenkammer und eine Umwälzpumpe. Ständig läuft aus ihrer Mundöffnung Wasser heraus, fließt an der Bauchseite entlang, reichert sich dabei mit Sauerstoff an, bis das nun sauerstoffreiche Wasser an den Beinansätzen wieder in den Körper eintritt. In der Kiemenkammer wird der Sauerstoff vom Körper aufgenommen und das Wasser für einen neuen Kreislauf zum Munde gepumpt. Ab und zu begeben sich die Krabben in flache Tümpel, um ihren Wasservorrat zu erneuern.

Ihr Lebensbereich ist die Spritzwasserzone; das tiefe Meer jedoch scheuen sie. Selbst in höchster Bedrängnis flüchten sie nicht ins Wasser, denn sie können nicht schwimmen. Fallen sie doch ins Wasser, schlagen sie hilflos mit ihren Laufbeinen und versinken. Wenn sie es nicht schnell genug schaffen, am Meeresgrund zur Küste zurückzulaufen, müssen sie ertrinken, denn ihre Kiemenkammer ist nicht für die Atmung im Wasser eingerichtet. Im Meer lauern zudem gefährliche Feinde, allen voran der Hieroglyphenbarsch, der mit seinen mächtigen Kiefern die härtesten Panzer mühelos knackt. Aber auch Muränen und Tintenfische lieben Krabbenfleisch. An Land haben die Krabben auf Galapagos nur einen einzigen Feind – den Lavareiher. Deswegen können sie sich hier die auffällige Farbe leisten und müssen sich nicht tarnen, wie an anderen Küsten, wo sie die Lieblingsspeise zahlreicher Feinde sind.

Das Gefieder des Lavareihers ist dunkelgrau wie die Lava. Optisch fast unsichtbar schleicht sich der kaum zwanzig Zentimeter kleine Vogel in Zeitlupe an seine Beute an. Hat er ein mögliches Opfer erspäht, wippt sein kurzer Schwanz erregt auf und nieder. Dann stößt er plötzlich mit seinem metallharten Schnabel zu, wobei sich sein vorher eingezogener Hals zu unerwarteter Länge streckt. Wenn er gierig eine zu große Krabbe gewählt hat, würgt er minutenlang, um sie hinunterzuschlucken.

Tag für Tag beobachte ich die roten Klippenkrabben und meine schließlich, alles über ihr Leben zwischen Ebbe und Flut zu wissen. Doch die erstaunlichste Verhaltensweise ist mir noch verborgen geblieben. Allmählich lerne ich, einige Individuen zu unterscheiden, und mir fällt auf, dass sich bestimmte Krabben immer an gleichen Stellen aufhalten. Überrascht frage ich mich, sind diese Tiere ortstreu? Besitzen sie gar ein Territorium? Um sicher zu sein, markiere ich einige Krabben mit Farbtupfern und protokolliere ihre Aufenthaltsorte. Tatsächlich! Die markierten Individuen haben angestammte Plätze, auf denen sie aber nur zur Flut sitzen. Sobald das Wasser zurückweicht, laufen alle Krabben dem nassen Element hinterher, um am Spülsaum den nun freiliegenden Algenrasen abzuweiden und im Tang nach tierischer Nahrung zu suchen. Etwa fünfzig Meter beträgt die Entfernung, die von den Krabben zurückgelegt wird. Ein Gewirr von Steinen und Gezeitentümpel muss überwunden werden. Umso erstaunlicher, dass die Krabben sich in dem unübersichtlichen Gelände orientieren können. Mit steigender Flut wandern alle Krabben auf die ufernahen Steine zurück – und kommen genau auf ihrem jeweiligen Heimatstein an. Rätselhaft, wie machen die Tiere das? Wie finden sie im Lavageröll bei derart weiten Entfernungen immer an die gleiche Stelle? Wer würde einfachen Lebewesen wie Krabben eine solch komplexe Leistung zutrauen.

Während wir Menschen einen technischen Kompass benötigen, haben viele Tiere ein spezielles Sinnesorgan, einen eingebauten Kompass, um sich zu orientieren. Erst im Jahr 1948 wurde die Kompassorientierung an Vögeln und auch Bienen entdeckt und später für viele weitere Tierarten nachgewiesen, dazu zählen besonders Insekten, aber auch Amphibien und Krebse. Sie haben in ihrem Körper »Messinstrumente«, die die Höhe und den Verlauf des Sonnenbogens genau berechnen. Selbst bei bewölktem Himmel bestimmen sie mithilfe polarisierten Lichts die Richtung.

Ob die Klippenkrabben sich wirklich mit dem Sonnenkompass orientieren? Ich wollte es genau wissen. Um die Tiere unter extremen Bedingungen zu testen, fing ich fünf der größten Krabben, markierte sie mit einem Farbpunkt und setzte sie an einem ihnen unbekannten, bis einen Kilometer von ihrem Heimatort entfernten Küstenabschnitt aus. Es dauerte ein paar Tage – aber nach einer Woche saß jedes verfrachtete Tier wieder auf seinem Stein. Eine unglaubliche Leistung.

Aber warum ist es für Krabben wichtig, auf einem ganz bestimmten und immer demselben Stein zu sitzen? Warum nehmen sie die gefährliche Rückreise auf sich? Die Antwort ist einfach: In bekannter Umgebung ist das Überleben sicherer. Vom Wasser drohen den Tieren die größten Gefahren. An einem unbekannten Ort werden sie eher ein Opfer von Flut und Brandung. An ihrem Heimatort kennen sie alle Versteckmöglichkeiten, können sich also vor kannibalischen Artgenossen und dem Lavareiher in Sicherheit bringen. Wahrscheinlich kennen sie sich auch untereinander. Schließlich bilden sie Gruppen und zeigen soziale Verhaltensweisen, wie Drohen, Imponieren, Rückenzudrehen und gegenseitiges Betasten mit den Beinen. Sich an einem vertrauten Ort aufzuhalten macht das Leben leichter und bedeutet Sicherheit vor vielerlei Gefahren.

FEUERLAND
Besucher aus der Kälte

Im Jahr 2007 durchstreifte ich ein halbes Jahr lang den Süden Argentiniens von Feuerland bis zum Lago Nahuel Huapi. Die Insel Feuerland durchquerte ich zu Pferd von der Estancia Haberton bis zum Atlantik. Danach wanderte ich die Küste entlang, war fasziniert von der einsamen Naturlandschaft und den Begegnungen mit wilden Tieren.

Wo der Río Noguera in den Atlantik mündet, habe ich mein Zelt auf einer kleinen Anhöhe windgeschützt aufgebaut. Nichts deutet auf die Anwesenheit von Menschen hin, keine Siedlung weit und breit. Von hier will ich entlang der einsamen Küste nach Norden wandern zur achtzig Kilometer entfernten Estancia San Pablo.

Kalte Windböen jagen vorbei. Ich lehne mich mit dem Rücken gegen eine Lösslehmwand, die noch sonnenwarm ist und mich vor dem Wind schützt. Vor mir schäumt graugrün mit weißen Schaumkronen das flutende Meer. Wie ein lebendes Wesen wirkt es auf mich. Sein Kommen und Gehen bei Ebbe und Flut ist wie ein Aus- und Einatmen in regelmäßigen Zügen. Der Anblick des bewegten, sich ständig verändernden Meeres, die wechselnden Stimmungen, das Panorama aus Licht und Farben bannen mich. Langsam senkt sich die feuerländische Abenddämmerung herab. Goldene Wolken leuchten, angestrahlt von der Sonne im Westen.

Auf den anrollenden Wellen surfen Magellangänse. Zuerst traue ich meinen Augen nicht, denn ich habe noch nie surfende Gänse gesehen. Aber sie tun es tatsächlich. Sie wählen sich eine Welle aus, paddeln auf den Wellenkamm hinauf, und los geht der wilde Ritt. Sie lassen sich ans Ufer tragen, und mit einem Hopser springen sie an Land, weit genug weg vom Sog der zurückzischenden Brandung. Der Trupp wartet, bis auch die Letzte das nasse Element verlassen hat, dann watscheln sie wie aufgezogenes Spielzeug laut schnatternd am Strand entlang zu ihren Schlafplätzen.

Ein paar Austernfischer suchen noch eilig den Ufersaum nach Nahrung ab, und Kormorane ziehen landeinwärts zu ihren Schlafbäumen. Auf einmal fällt Nieselregen aus dem inzwischen nachtschwarzen Himmel und treibt mich ins Zelt. In der Nacht wache ich auf – da ist ein eigenartiges Geräusch. Ich lausche, vernehme aber nur den Schlag der Wellen. Dann höre ich es deutlich, ein feines Rieseln. Vorsichtig öffne ich das Zelt – tatsächlich, es schneit, und das mitten im Südsommer. Am Morgen ist mein Lager im Pulverschnee versunken. Bald schmilzt er, denn die Sonne steigt zwar etwas blass, aber doch die Erde wärmend aus dem Meer.

Ich nutze die Nähe des Río Noguera für ein eisiges Bad. Das dunkelbraune Moorwasser fühlt sich samtweich an, perlt über meine Haut und ist weniger kalt, als ich befürchtet hatte. Danach ist mir sogar wärmer als zuvor, und ich bin bereit zum Abmarsch.

Ich gehe am Uferstreifen die Küste entlang. Der Sand hat eine graue Farbe, langsam lasse ich ihn durch die Finger rinnen. Zur Hälfte besteht er aus schwarzen, zur anderen aus weißen Körnchen, vom Meer zermahlenen, kalkigen Korallen und dunklem Basalt.

An der Küste wimmelt es von Leben. Regenpfeifer und Strandläufer sausen am Spülsaum entlang, reaktionsschnell weichen sie den Wellen aus, kurven schwirrend im Pulk davon, schlagen einen Bogen und landen wieder an der fast gleichen Stelle. Austernfischer, befrackt oder ganz in Schwarz, staksen umher und bohren ihre roten Schnäbel in den feuchten Schlick. Möwen übertönen mit ihrem Geschrei die Brandung, und einige schweben kaum eine Armlänge von mir entfernt in der Luft und beäugen mich. Sie sind einfach neugierig, denn Menschen werden sie an dieser Küste selten zu sehen bekommen. Auf Totholz hockt ein Wanderfalke, der Nomade der Lüfte. Tanggänse, reinweiß die Männchen, braun die Weibchen, gründeln nach Algen, während die größeren Magellangänse die Ufer abweiden. Zwischen den hohen Gräsern würde ich die Gänsescharen gar nicht wahrnehmen, wenn nicht jeweils ein Ganter auf einer Erhöhung stünde, der wachsam Ausschau hält.

Plötzlich habe ich das Gefühl, als würde mich jemand beobachten. Blitzschnell drehe ich mich um – da ist niemand. Ein Rauschen, dann fällt ein Schatten auf mich. Erschrocken blicke ich nach oben – ein Kondor! Direkt über mir, nur wenige Meter entfernt. Riesig ist er. Seine Flügel haben eine Spannweite von drei Metern. Er ist so nah, dass er mir Angst einjagt. Unwillkürlich ducke ich mich. Will er mich angreifen? Bewegungslos schwebt der Vogel über mir, und ich höre, wie die Luft durch seine Schwingen pfeift. Er reckt den Hals weit vor, wendet den Kopf zur Seite, und ich blicke direkt in eines seiner Augen. Wir starren uns an und wissen nicht, was wir voneinander halten sollen. Den Kopf hin- und herdrehend beäugt er mich mal mit dem linken, dann wieder mit dem rechten Auge. Schließlich segelt er landeinwärts. Ich blicke ihm nach und fühle mich auserwählt. Ein frei lebendes Tier hat mir aus reiner Neugier seine Aufmerksamkeit geschenkt.

Am Cabo Gruesa in der Nähe des Río Lainez entdecke ich auf einer Anhöhe den idealen Platz für mein Zelt, wieder mit Blick aufs Meer. Vor dem beißenden Wind schützen Büsche und hohe Gräser. Ich will ein paar Tage rasten, die Umgebung erkunden und dem Río Lainez ins Landesinnere folgen. Wenn ich wie ein Sherpa mit schwerem Gepäck durch die Gegend stapfe, kann ich kaum Tiere entdecken und beobachten; das geht viel besser mit einem leichten Tagesrucksack auf den Schultern.

Wie immer erwache ich frühzeitig, die Sonne verbirgt sich noch hinter dem Horizont. Das Zelt ist mit Reif bedeckt. Ich setze Teewasser auf, und bis es heiß wird, laufe ich den Hang zum Fluss hinunter, um mich zu waschen. Es kostet mich diesmal weniger Überwindung, in das eiskalte Nass zu tauchen, denn ich weiß, wie herrlich warm das Blut danach durch meinen Körper pulsiert. An diesem Morgen bin ich nicht allein am Fluss. Über die glatt geschliffenen Kiesel, zwischen denen dünn einige Gräser und Kräuter wachsen, schreiten gänsegroße Vögel. Ihre Schnäbel sind lang und gebogen. Sie haben rosa Füße, und ihr Gefieder leuchtet honiggelb. Es sind Gelbnacken-Ibisse. Eine Gruppe von acht Tieren stakst wippend umher auf der Suche nach Insekten. Ihre gravitätischen Bewegungen lassen sie königlich erscheinen, und tatsächlich wurde Ibissen in Ägypten zur Zeit der Pharaonen göttliche Verehrung entgegengebracht. Einer der Ibisse spielt mit einem Stöckchen, hält es im Schnabel und wirft es weg, greift es wieder und schleudert es ein Stück weiter.

Nachdem ich Tee getrunken und eine Schale mit Haferflocken gegessen habe, ziehe ich los. Und nun geht auch die Sonne über dem Meer auf. Wie ein aufgeschlagenes Ei ist sie von hellen Schlieren umgeben. Leider versteckt sie sich bald wieder hinter grauen Wolkenbänken.

Meine Wanderung beginne ich am Fluss. Die Ibisse sind davongeflogen, dafür dümpeln Enten im Wasser, und zwei Geierfalken hocken im dürren Geäst eines abgestorbenen Baumes. Sie sind etwa so groß wie Bussarde, wirken aber imposanter mit ihren hohen Beinen, dem schwarzen Schopf, den nach hinten abstehenden Federn und der puterroten Färbung im nackten Gesicht. »Krrok«, machen sie sich mit gutturalem Krächzen bemerkbar, als ich unter ihrem Ansitz vorbeigehe. Ich genieße es, allein zu sein in einer unberührten Wildnis ohne Wege und Pfade. Gräser und Blätter sind in der Frühe noch bereift und glitzern im Morgenlicht.

In einiger Entfernung bewegt sich etwas. Lautlos schleiche ich mich näher heran, dabei muss ich an die Feuerlandindianer denken, die sich wohl ähnlich an ihr Wild angepirscht haben. Wieder schwanken die Gräser – ein Tier mit grauem Pelz schiebt sich heraus. Es ist ein *zorro gris,* ein Graufuchs. Er ist kleiner als der Rotfuchs, seine Schnauze ist kurz, die Nase liegt eingebettet im dichten Fell, nur die schwarze Nasenspitze ist sichtbar. Der Graufuchs muss mich bemerkt haben, er verharrt wie festgefroren ein paar Sekunden, dann passiert das Unerwartete: Er schnürt auf mich zu! Wahrscheinlich ist er ebenso neugierig wie der Kondor, der mich Tage zuvor in Augenschein genommen hat. Als der Fuchs nur noch wenige Meter entfernt ist, hebt er schnüffelnd die Nase, um zu prüfen, ob sein Gegenüber Feind oder Freund ist. Ich rühre mich nicht, zwinkere nicht einmal, aber mein Geruch verrät mich und macht ihn misstrauisch. Ein Satz, und der kleine Graue verschwindet im Gebüsch.

Regen fällt nieder, was mich aber nicht weiter stört, denn ich bin regendicht und warm bekleidet. Eine Weile folge ich dem Fluss, freue mich an hellen Kiesbänken, wo tiefroter Ampfer wächst und entwurzelte und angeschwemmte Bäume mit ihrem silbern gebleichten Holz einen pittoresken Anblick bieten. Zuerst glaube ich, eine Maus husche zwischen den dürren Ästen umher, dann erkenne ich, dass der braune Federball ein Zaunkönig ist. Er knickst, stellt den kurzen Schwanz steil in die Höhe und schmettert sein Lied.

Wie grün schillernde Pfeile jagt ein gefiedertes Geschwader durch die Luft, umkreist die Bäume und fällt lärmend in die Kronen ein. Ich wusste, dass auf Feuerland Papageien leben, dennoch bin ich jetzt freudig überrascht, sie beobachten zu können. Mit Papageien verbindet man die Vorstellung von Palmenstränden und feuchtheißen Urwäldern. Wer würde daher vermuten, dass sich diese farbenprächtigen Tropenvögel in eine raue Gegend aus Fels, Eis und Schnee verirren. Doch die Natur ist vielfältiger und wandlungsfähiger, als wir uns das oft vorstellen, und so haben sich auch Papageien an das fast antarktische Klima angepasst. Ihre Vorfahren lebten in Australien und Neuseeland, einige Vögel wurden wahrscheinlich von Stürmen erfasst, nach Feuerland verschlagen und entwickelten sich hier zu einer neuen Papageienart. Etwa so groß wie eine Dohle, wirken sie robust und widerstandsfähig.

Mithilfe des Fernglases bewundere ich, wie schön sie sind. Ihr Gefieder changiert zwischen Smaragd- und Olivgrün, und die langen Schwanzfedern leuchten rostrot. Im nasskalten Feuerland wirken sie wie Boten des Lichts und der Sonne. Die Vögel wagen sich sogar auf den Boden, angeln mit ihren Füßen geschickt nach den Rispen der langen Gräser, ziehen sie herunter und knabbern die Samen heraus.

Aufsteigender Nebel verschleiert geheimnisvoll die Landschaft. Das braune Moorwasser des Río Lainez fließt leise plätschernd dem Meer zu und gluckert, wenn es bei den Windungen ans Ufer stößt. Weiter entfernt entdecke ich eine Holzhütte. Vielleicht ein *puesto,* eine Unterkunft für Schafhirten? Ein Blick hinein zeigt, dass die Hütte schon lange nicht mehr benutzt wurde. Das Bettgestell, bedeckt von modernden Fellen, ist zusammengebrochen, rostende Büchsen, rußige Töpfe, verbeultes Essgeschirr und eine abgebrochene Messerklinge liegen herum.

Weiter wandere ich, kreuz und quer liegen umgestürzte Bäume auf dem mit Farnen, rot leuchtenden Fuchsien, Gräsern und Kräutern überwachsenen Boden. Langsam taste ich mich voran in diesem verwachsenen, urzeitlichen Wald. Es ist seltsam still, ab und zu knarrt ein Ast, vom Wind bewegt.

Die Tage sind lang im Sommer. Gegen zehn Uhr Abends beginnt die Dämmerung, und erst eine Stunde später bricht die Nacht herein. Die untergehende Sonne zaubert rote und goldene Farben an den Himmel. Als ich zu meinem Zelt zurückkehre, fällt mir unten am Fluss ein eigenartiges Wesen auf: Oval ist es wie ein Ei und mindestens einen Meter groß, auf der einen Seite weiß, oben mit orangeroten Flecken, und auf der anderen schwarz gefärbt – ein Königspinguin. Er steht einfach so da, wie hingezaubert. Ein Fremdling aus der Kälte.

Vom Meer kommend ist er in die Mündung des Río Lainez hineingeschwommen und offensichtlich auf dieser Kiesbank gestrandet. Es ist das erste Mal in meinem Leben, dass ich einen Königspinguin sehe. Sie brüten nicht wie die sehr ähnlichen Kaiserpinguine auf dem antarktischen Festland, sondern auf vorgelagerten Inseln, wo es ebenfalls eisig kalt ist. Dort schlüpfte mein Besucher aus dem Ei. Erst mit einem Jahr wuchs ihm das wasserdichte Federkleid, und er konnte den Sprung ins nasse Element wagen. Seither lebte er Tag und Nacht im Meer, wo er auch schläft und sich von Fischen, Tintenfischen und anderen Meerestieren ernährt. Das Wasser ist die wahre Heimat der Königspinguine. Aber warum ist er an Land gekommen? Ob er krank ist? Eine Verletzung kann ich nicht erkennen, aber er wirkt müde und erschöpft. Trotz meiner Nähe schließt er die Augen.

Ich freue mich, als er am nächsten Morgen noch da ist. Ohne sich gerührt zu haben, steht er an derselben Stelle auf der Kiesbank. Da ich bis zum Abend unterwegs sein will, erwarte ich, den Königspinguin nach meiner Rückkehr nicht mehr vorzufinden. Ich wandere eine baumlose Anhöhe hinauf. Von oben blicke ich weit über die urweltliche Landschaft mit dem mäandrierenden Río Lainez, seinen

Nebenflüssen und einmündenden Bächen, sehe rötliche Moore und dunkle Wälder, hinter denen die Andengipfel bläulich und weiß schimmern. In einer Senke am Wiesenhang weiden Guanakos, eine Gruppe von acht Weibchen, mehreren Jungtieren und einem Hengst. Er ist größer und kräftiger als die Stuten, steht etwas abseits und wacht über seinen Harem. Es sind grazile Tiere, hellbeige, zimtfarben und weiß, mit langen, schlanken Hälsen, dunklen Augen und nach oben gespitzten Ohren. Guanakos sind die wilden Vettern von Lamas und Alpakas, die von den Indianern schon vor Jahrtausenden domestiziert wurden. Einen Höcker wie Dromedare und Trampeltiere haben die südamerikanischen Kamele nicht, dennoch erkennt man an Kopfform und Haltung sofort die nahe Verwandtschaft.

Obwohl ich mindestens 300 Meter von der Gruppe entfernt bin, stakst der Hengst unruhig umher und wittert mit hoch erhobenem Kopf. Auch die Stuten hören jetzt auf zu fressen und werfen die Köpfe auf. Ihr ängstliches Verhalten beweist, dass diese Neuweltkamele noch immer gejagt werden. Nur wenige Guanakos haben auf Feuerland überlebt, deshalb hat die Regierung Abschussquoten festgesetzt. Doch ob die Besitzer der Estancias sich daran halten, wenn sie ihren Gästen einen Jagderfolg versprochen haben?

Vorsichtig versuche ich mich zu nähern, aber das stimmt den Hengst erst recht misstrauisch. Hoch richtet er sich auf und stößt einen Alarmruf aus, fast wie Pferdewiehern, aber schriller, stakkatoartig und weithin zu hören. Stuten und Jungtiere galoppieren davon, der Hengst verharrt noch, startet ein paar Scheinangriffe in meine Richtung. Er will die Flucht seiner Herde decken. Beim Angriff eines Pumas wäre dieses Verhalten sinnvoll, wenn allerdings ein bewaffneter Mensch der Gegner ist, kostet es den Guanako-Hengst das Leben.

Ich gehe weiter und gelange in einen verbrannten Wald. Das Feuer hat schlimm gewütet und den Wald über viele Kilometer zerstört. Verkohlte Baumgerippe ragen wie Skulpturen anklagend in den Himmel. Kein Baum wurde verschont. Alle sind verbrannt bis in die Kronen, jedoch die toten Wurzeln verankern die ausgeglühten Stämme noch immer im Boden. Es heißt, dass Schafzüchter absichtlich Feuer legen, um neues Weideland zu gewinnen. Unrechtsbewusstsein haben sie dabei nicht; schließlich ist es ihr eigenes Land, das sie zur Wollegewinnung erworben haben und nicht, um Wälder zu schützen. Doch wo Wald verbrennt, wächst keiner mehr, dafür sorgen auch die Schafe, die jeden jungen Schössling verbeißen. Zudem wächst hier alles nur langsam; 200 Jahre mindestens braucht ein Baum, um seine volle Größe zu erreichen. Die verkohlten Bäume wirken auf mich ungeheuer trostlos, einzig die Blüten der weißen Margeriten und die gelben Habichtskräuter, die zwischen den versengten Wurzeln wachsen, hellen meine Stimmung auf.

Den Rückweg wähle ich durch das Tal des Río Vasco. Hier waren Biber tätig, die ursprünglich aus Kanada stammen und auf Feuerland frei gelassen wurden, sich unkontrolliert vermehren und zahlreiche Wälder unter Wasser setzen und dadurch vernichten. Konisch zugespitzte Baumstümpfe, gefällte Bäume, Dämme und eine Biberburg zeugen von ihrer fleißigen Bautätigkeit. Biber sind die einzigen Tiere, die ähnlich wie der Mensch aktiv Landschaften umgestalten.

Als ich wieder beim Zelt ankomme, steht da noch immer, wie ein treuer Wächter, der Pinguin. Am nächsten Tag führt mich meine Wanderung weit ins Landesinnere, und ich kehre erst bei Dunkelheit zurück. Im Lichtkegel meiner Taschenlampe leuchtet das weiße Bauchgefieder des Pinguins hell auf. Ich erzähle ihm, dass ich morgen weiterwandern werde und wir uns verabschieden müssen.

Der nächste Morgen beginnt sonnig. Weiße Wölkchen schweben am azurblauen Himmel, das Meer leuchtet seltsam hellgrün. Der

Pinguin liegt auf dem Bauch und schaut mir bei der Morgenwäsche zu. Beim Abbau des Zeltes merke ich, wie schwer es mir fällt, den Platz zu verlassen. Ich habe das Empfinden, bereits ein Teil dieser herben, feuerländischen Natur geworden zu sein. Nach einem kräftigen Frühstück verstaue ich alles im Rucksack; nichts bleibt zurück, nichts deutet darauf hin, dass ich eine Zeit lang hier gelebt habe.

Als ich den Rucksack schultere, setzt sich auch »mein« Pinguin in Bewegung. Ich halte inne und beobachte ihn. Er lässt sich nicht vom Fluss ins Meer tragen, sondern geht zu Fuß. Zögernd setzt er Schritt vor Schritt, dann marschiert er immer zielstrebiger zur Küste. Am Strand angekommen verharrt er unschlüssig, blickt hinaus in die ozeanische Weite, die seine wahre Heimat ist. Plötzlich spreizt er seine Stummelflügel vom Körper, wirft den Schnabel in die Höhe und stößt einen seltsamen Ton aus, der wie ein krächzendes Trompeten klingt. Ich lausche überrascht, denn die ganze Zeit über war der Pinguin stumm gewesen. Als habe er einen endgültigen Entschluss gefasst, watschelt er noch näher an die Wasserkante heran, legt sich bäuchlings auf die nächste anlandende Welle und lässt sich vom rückströmenden Wasser mitziehen. Einen Augenblick noch sehe ich seinen Kopf, dann taucht er ab und ist verschwunden.

Nun kann auch ich gehen.

BEGEGNUNGEN

In fremden Kulturen

MAROKKO
PANAMA
MONGOLEI
BUENOS AIRES

MAROKKO
Hochzeitsmarkt der Aït Hadiddou

Im Jahr 1988 reiste ich nach Marokko. Ich hatte einen Bericht über Imilchil gelesen, ein Dorf im Atlasgebirge. Dort findet jeden Herbst ein Hochzeitsmarkt statt, wobei es die Frauen seien, die sich während des Festes einen Mann wählen würden. Das machte mich neugierig, weil es so gar nicht zur üblichen Vorstellung von der Rolle der Frau in arabischen Ländern zu passen schien. Mit eigenen Augen wollte ich mich von der Richtigkeit der Aussage überzeugen.

Anmutig lächelnd sitzt Hadija auf dem Stoffbündel, das ihr der Vater fürsorglich hingeschoben hat. Sie ist ein schönes Mädchen mit zarten Gesichtszügen. Ihre dunklen Augen mustern die Mitfahrer, nicht etwa scheu und schüchtern, wie ich es bei einem arabischen Mädchen erwartet hätte, sondern mit offenem, selbstbewusstem Blick. Die 15-jährige Hadija ist, wie ich bald erfahre, gar keine Araberin, sondern ein Berbermädchen vom Stamm der Aït Hadiddou. Sie fährt mit ihrem Vater zum Hochzeitsmarkt nach Imilchil. Mithilfe eines anderen Fahrgastes, der für mich übersetzt – Hadija spricht nur die Berbersprache –, erfahre ich, dass sie in Imilchil heiraten wird, wobei sie mich fröhlich anblickt. Umso mehr bin ich von ihrer Heiterkeit überrascht, als ich erfahre, dass sie den Bräutigam noch nie gesehen hat.

»Er kommt aus einem anderen Dorf, weit von unserem entfernt«, erklärt sie mir. »Mein Vater hat mir versichert, er sei ein guter Mann.« Hadija scheint es wenig auszumachen, dass sie an einen Mann verheiratet wird, den sie überhaupt nicht kennt. Stolz betont sie, ihr

Verlobter habe einen besonders hohen Brautpreis für sie gezahlt. Gern würde ich das Mädchen über die Hochzeitsbräuche der Berber ausfragen, aber da das Gespräch mit Hadija nur durch die Hilfe anderer möglich ist und der Vater aufmerksam lauscht, möchte ich sie nicht in Verlegenheit bringen und bezähme meine Neugier. Da mein Ziel ebenfalls der Hochzeitsmarkt ist, hoffe ich, dort mehr zu erfahren.

Die steinige und steile Piste windet sich in Serpentinen die Berge des hohen Atlas empor, oft bedrohlich nahe am Abgrund. Der Anhänger ist voll beladen mit Menschen: Frauen, Männer, Kinder, sogar Babys sind dabei und dazu Warenpakete, Stoffballen, Teppichrollen und Unmengen von Körben und Kisten. Trotzdem wurde mir bereitwillig ein Eckchen frei gemacht, als ich in den überfüllten Lkw kletterte. Dicht an dicht stehen wir aneinandergedrängt, nur Kinder und ältere Frauen sitzen auf dem Gepäck. Später tippt mich eine Frau an und bedeutet mir, eine Weile ihren Sitz einzunehmen. Die Fahrt dauert den ganzen Tag, und so bin ich froh über das Angebot.

Hin und wieder halten wir bei einsamen, an die Berghänge geschmiegten Siedlungen an. Passagiere steigen aus, andere kommen hinzu. Ohne zu murren oder Ungeduld zu zeigen, warten die Reisenden auf die Weiterfahrt, während sich das Palaver um den Fahrpreis schier endlos hinzieht. Wir rücken noch ein bisschen mehr zusammen, um den Hinzukommenden Platz zu machen. Keiner regt sich auf, wenn ihm jemand auf die Füße tritt, und niemand empört sich über einen Rippenstoß des Nachbarn. Setzt sich der Lkw wieder in Bewegung, stimmt die Fahrgemeinschaft einen Singsang an. Mit melodischen Tönen summen sie eine Strophe aus dem Koran, bitten so Allah um Schutz und eine glückliche Ankunft.

Die Sonne versinkt am Horizont. Noch immer haben wir unser Ziel nicht erreicht. Die Scheinwerfer des Lastwagens durchschneiden die Dunkelheit. Außerhalb des Lichtkegels wirkt die Schwärze bedrohlich. In tiefer Nacht erreichen wir ein Plateau auf 2000 Meter Höhe. Das sei der Festplatz, erfahre ich. Die Ortschaft Imilchil ist jedoch nicht in der Nähe, wie ich geglaubt hatte, sondern liegt 25 Kilometer entfernt. Im Scheinwerferlicht erblicke ich schwarze Beduinenzelte; es müssen Hunderte sein. Ich fühle mich in eine längst vergangene Zeit versetzt, als Karawanen auf den Weihrauch- und Seidenstraßen unterwegs waren und in der Wüste ihr Lager aufschlugen.

Abseits will ich mich mit meinem Schlafsack hinlegen, aber meine Mitreisenden wollen das nicht zulassen. Sie organisieren ein Quartier im Zelt des Händlers Mohammed. Alljährlich kommt er mit Bruder und Cousin zum Markt, um Schmuck zu verkaufen. Die Männer reichen mir die Hand zum Gruß. Der Cousin mit Namen Boumlik, ein älterer Mann mit grauen Haaren und grauem Schnurrbart, bereitet Tee. Er füllt eine silberne Kanne zu einem Drittel mit Zucker, den er von einem großen Block abschlägt, fügt Schwarztee und frische grüne Minze hinzu. Dann gießt er kochendes Wasser darauf. Dieser heiße, übersüße Tee belebt mich angenehm, vertreibt meine Müdigkeit, denn die lange Fahrt, vom Wind gebeutelt und in Staub eingehüllt, hat mich erschöpft. Obwohl es schon Mitternacht ist, kocht Hassan, Mohammeds Bruder, ein einfaches Essen aus Kartoffeln, Zwiebeln, Tomaten und Gewürzen – selten habe ich etwas Köstlicheres gegessen. Mohammed, Boumlik und Hassan gewähren mir herzliche Gastfreundschaft, lassen mich großzügig in ihrem Zelt schlafen, während sie sich unter das Vorzelt legen. Um mich nicht zu beschämen, behaupten sie, so könnten sie besser auf ihre Waren aufpassen.

Ich erwache beim ersten Lichtschimmer und höre gemurmelte Gebete. Als ich aus dem Schlafsack schlüpfe und den Zelteingang öffne, reicht Boumlik mir lächelnd eine Tasse heißen, duftenden

Minztee. Im frühen Tageslicht erkenne ich erst, wie groß das Plateau ist und wie viele Teilnehmer inzwischen eingetroffen sind und ihre Zelte aufgebaut haben. Boumlik versteht Englisch, so kann ich ihm sagen, dass ich auf einen Berg in der Nähe steigen werde und erst später zurückkomme. Der Berg ist völlig kahl, nicht einmal anspruchslose Polsterpflanzen wachsen hier. Der Aufstieg lohnt sich trotzdem. Ringsum erheben sich Berge angestrahlt vom Morgenlicht. Ich bewundere die herbe Schönheit der Landschaft. Sie wirkt auf mich wie ein Aquarell, gemalt in sanften Erdfarben. Zwischen den wüstentrockenen Bergen, die mich an Marmorkuchen, Schokoladen- und Karamellpudding erinnern, zieht sich ein schmaler grüner Streifen – das Tal des Flusses Asif Melloul. Unterhalb meines Aussichtsberges liegt der riesige Handelsmarkt, reiht sich Zelt an Zelt wie ein bunter Flickenteppich. Noch immer kommen neue Aussteller hinzu, Staubfahnen zeigen das Anrollen von Lastwagen, und von allen Seiten nähern sich Karawanen. Maultiere sind mit schweren Lasten beladen, und Dromedare, eins hinter das andere gebunden, treffen ein. Herden von Ziegen, Schafen und Kühen werden herangetrieben und auf einem freien Platz zusammengepfercht. Der Hochzeitsmarkt bietet den in abgelegenen Dörfern lebenden Berbern die Gelegenheit, sich einmal im Jahr zu treffen, zu handeln und aus einem großen Warenangebot zu wählen – vielleicht auch einen zukünftigen Partner oder eine Partnerin zu finden.

Immer im Herbst, nach der Ernte, findet das Fest, von den Einheimischen *moussem* genannt, in der ersten, zweiten oder dritten Septemberwoche statt, abhängig vom Mondwechsel. Fünf Tage dauert das Ereignis. Als Festplatz wurde das Hochplateau gewählt, weil sich hier von alters her ein Grabmahl befindet, die Koubba des Marabout, eines Heiligen mit Namen Sidi Ahmed Oulmghami, ein berühmter Mann und von den Berbern sehr verehrt.

Ich steige wieder hinab in die Zeltstadt. Überall Stimmengewirr und rhythmische Musik, der Duft von Gebratenem und Gebackenem zieht durch die Luft, Gewürze verströmen aromatische Gerüche. Schlangenbeschwörer führen ihre Schaustücke vor, dazu die monotonen Rufe der Bauchladenhändler und der Geldwechsler. Ein Kreis andächtig Lauschender umringt einen Märchenerzähler. Festlich geschmückte Mädchen flanieren durch die Gassen zwischen den Zelten. Sie tragen gestreifte Umhänge aus Wollstoffen, die *handira*, sind mit Silberschmuck behängt und auffallend geschminkt. Keck lächeln sie junge Männer an, rufen ihnen Scherzworte zu und kichern. Ihre selbstbewusste Art erinnert mich an Hadija, die ich gestern bei der Fahrt kennengelernt habe.

An Zelte und Verkaufsstände schließt sich der Tiermarkt an. Kamele drängen sich aneinander, brüllen, gurgeln und keuchen, zerren an ihren Stricken, bis sie sich niederlegen und resigniert ihren langen Hals auf den Boden ausstrecken. Das braune Fell der Tiere mischt sich mit der Farbe der Erde. Herden von Eseln und Mulis schreien sich heiser, dazwischen ertönt das ängstliche Meckern der Ziegen. Die Unruhe schwillt an, wenn eine neue Karawane eintrifft. Die Bauern und Viehhändler hocken bei ihren Tieren, entfachen kleine Feuer, um Tee zu kochen. Mit ihren Umhängen aus braunem, hartem Stoff heben sie sich kaum von der Umgebung ab. Immer mal wieder nähert sich ein Käufer in weißer *djellabah,* dem mantelartigen Gewand der Araber, auf dem Kopf den blauen Turban.

Müde vom Schauen, Staunen und Herumlaufen ruhe ich mich hinter dem Verkaufsstand meiner Gastgeber aus. Auf Seidenstoff ausgebreitet liegen silberne Armreifen, Bernsteinketten, Korallenschmuck, Ringe und Schmuckdöschen. Fasziniert beobachte ich ihre Verkaufskunst. Spielerisch, als würden sie gar nicht handeln, sondern nur ein nettes Gespräch führen, tauschen Käufer und Verkäufer Höflichkeiten aus, unterhalten sich über zunächst belanglose Dinge. Die Käuferinnen, meist ältere Berberfrauen, hocken sich nieder zum Plaudern. Eine zieht plötzlich unter ihren vielen Röcken Schmuckstücke hervor und bietet sie dem Händler zum Kauf oder Tausch an. Mich, die Fremde, mustern sie unauffällig aus den Augenwinkeln, ich spüre ihre Neugier. Zu gern würden sie wissen wollen, warum die Ausländerin bei den Händlern herumsitzt.

Am dritten Tag, einem Samstag, findet der Höhepunkt, die Hochzeitszeremonie, statt. Ich hatte mir vorgestellt, dass sich die Braut auf dem Markt ihren Zukünftigen aussucht, doch jetzt erfahre ich, dass vorher arrangierte Ehen geschlossen werden. Noch mehr Menschen sind angekommen. In den Zeltgassen stauen sich die Leute, man kommt kaum noch voran. Im Strom und Gegenstrom lasse ich mich treiben, bis ich zur Koubba des Marabout gelange. Der Platz vor dem Grabmahl ist mit roten Teppichen ausgelegt. An den Rändern sitzen und stehen die Leute und warten gespannt auf den Hochzeitszug. Ein Trommelwirbel lässt das Stimmengewirr verstummen. Sie kommen – zwanzig junge Mädchen, rechts und links von Vater und Bräutigam flankiert. Beim Eingang des Grabmahls, das einer kleinen Moschee ähnelt, hält der Brautzug an. Die Mädchen haben sich einen langen, dunkelblauen, mit feinen Streifen in Hellblau, Rot, Grün, Gelb und Weiß gemusterten Umhang um die Schultern gelegt. Die Kopfhauben sind mit silbernen Pailletten verziert. Ihre Hände haben die Mädchen mit Henna rot gefärbt und die Gesichter bunt bemalt: die Augen mit Khol schwarz umrandet, auf den Wangen orangerote Flecken, und an den Nasenflügel wurde Safrangelb aufgetragen. Die Schminke dient zum Schutz vor feindlichen Mächten. Trotz ihrer islamischen Religionszugehörigkeit glauben die Aït Hadiddou an Magie. Schwarz wirkt gegen Verwünschungen, Rot wehrt den bösen Blick ab, und Gelb schützt vor Dämonen. Am Kinn hat man den Mädchen ein magisches Zeichen tätowiert, das einer Palme ähnelt, damit keine Krankheiten durch den Mund in den Körper eindringen können.

Alle warten auf den Provinz-Gouverneur. Mit dem Flugzeug wurde er bis Imilchil geflogen und rollt nun mit einer Wagenkolonne auf den Festplatz. An einem kleinen Holztisch platziert empfängt er die Heiratswilligen und setzt den Hochzeitsvertrag auf. Nachdem Braut und Bräutigam unterschrieben haben, bekommen sie das Dokument überreicht, die Ehe ist geschlossen. Hand in Hand betritt jedes Paar die Koubba und bittet um den Segen ihres Schutzpatrons Sidi Ahmed Oulmghami.

Unter den Jungverheirateten entdecke ich endlich Hadija. Doch ich muss genau hinschauen, so verändert wirkt sie auf mich. Ernst und in sich versunken blickt sie zu Boden. Was sie wohl über den Mann an ihrer Seite denkt, mit dem sie nun verheiratet ist? Er scheint viele Jahre älter zu sein, ist klein und sehnig, das hagere Gesicht von Sonne und Wind gegerbt. Wie die anderen Männer trägt er die weiße *djellabah* und um die Hüften den Krummdolch, der bei den Berbern *kumiat* heißt.

Wieder ertönt rhythmische Musik. Trommeln und Tamburine werden geschlagen. Frauen, in weißen, silberbestickten Gewändern, klatschen in die Hände und tanzen mit aufreizenden Bewegungen, die Köpfe stolz erhoben, auf eine Männergruppe zu. Diese weichen vor den Frauen einige Schritte zurück und klatschen dabei in die Hände. Nun bewegen sich die Frauen rückwärts, die Männer folgen, bis die Frauen ihrerseits wieder auf die Männer zuschreiten. Die professionelle Tanzgruppe führt den *haidours* vor, den rhythmischen Schreittanz der Berber.

Später treffe ich Hadija, doch überraschenderweise nicht an der Seite ihres Ehemannes, sondern in der Mitte ihrer Freundinnen Rislan und Sura. Schäkernd und kichernd ziehen sie zu dritt durch die Zeltstadt. Ich bitte die Mädchen in eine Teestube. Sie winken einen Jungen heran, der uns beim Übersetzen behilflich sein soll. Lachend erzählen sie mir, dass sie alle drei gerade geheiratet haben. Rislan, mit vierzehn die Jüngste, sagt unbefangen: »Bestimmt lasse ich mich bald wieder scheiden und suche mir einen, der mir gefällt.« Sura zeigt auf den spitzen Hut, der mit glänzenden und klimpernden Schmuckblättchen verziert ist, und behauptet: »Ich wollte nur diesen Hut, deshalb habe ich geheiratet.«

Ich erfahre, dass unverheiratete Mädchen, erkennbar an einer runden Kappe, als Kinder gelten. Und Kindern ist nicht erlaubt, ihren Zukünftigen selbst zu wählen. Der erste Ehemann wird von den Eltern ausgesucht. Dann kann sie den spitzen Hut tragen, der sie als Erwachsene kennzeichnet. Wird sie vom Ehemann geschieden, darf sie einen Mann ihrer Wahl heiraten.

»Es ist einfach, einen Neuen zu finden«, behauptet Hadija, »denn für eine geschiedene Frau muss kein Brautpreis bezahlt werden.«

»Dann verstehe ich aber nicht, warum die Männer eine arrangierte Ehe eingehen und sich in Kosten stürzen?«

Die Mädchen kichern verschämt, und der Übersetzer hat Mühe, mir zu erklären, dass das Ansehen eines Mannes steigt, wenn er ein Mädchen mit runder Kappe, also eine Jungfrau, heiratet. Hadija, Rislan und Sura verabschieden sich. Sie haben noch einen weiten Weg vor sich in ihre Dörfer. Dort wird die Hochzeit in der Großfamilie gefeiert. Dann erst sind sie nach Stammesrecht wirklich verheiratet. Nun verstehe ich auch, warum es ihnen jetzt noch erlaubt ist, ohne Ehemann mit ihren Freundinnen unterwegs zu sein.

Ziellos lasse ich mich durch die Zeltstadt treiben. Die untergehende Sonne taucht die Umgebung in warmes Licht und zaubert rote Schäfchenwolken an den Himmel. Auf einmal wird mir bewusst, dass hier Tausende von Menschen viele Tage auf engstem Raum zusammenleben, und doch ist alles friedlich und harmonisch. Es gibt keine Betrunkenen, die durch die Gassen der Zeltstadt grölen und torkeln, und niemanden, der einen belästigt. An den Ständen winken mir Händler zu. »Nur mal schauen«, sagen sie und dann breiten sie einen Teppich zum Sitzen aus und schenken mir süßen Minztee ein. Während der Unterhaltung zeigen sie mir so ganz nebenbei ihre Waren: Keramik, Stoffe, Teppiche, Kleider, Ketten, Ringe, Armreifen. Auch wenn ich nichts kaufe, behalten sie ihre höfliche Freundlichkeit.

Es ist Nacht. Die Zelte sind mit Kerzen, Gaslampen oder mit einem Holzkohlenfeuer erleuchtet. Innen sitzen Menschen, trinken Tee, plaudern und schweigen.

PANAMA
Arche Noah auf einer Bluse

Im Jahr 1984 reiste ich nach Panama. Ich hatte den Auftrag, über ein Naturschutzprojekt der Smithsonian Institution zu berichten. Diese amerikanische Stiftung widmete sich dort unter anderem der Erforschung und Auswilderung des Grünen Leguans. Nachdem ich die Forschungs- und Aufzuchtstation am Rande des Urwaldes besucht und meine Reportage fertiggestellt hatte, traf ich in der Hauptstadt Panama City zufällig auf Cuna-Indianerinnen, die mich einluden, sie auf den San-Blas-Inseln zu besuchen.

Kleine Frauen mit glatten und pechschwarzen Haaren trippeln durch die Straßen von Panama City. In der bunt gemischten Bevölkerung der Hauptstadt fallen sie mir sofort auf und wecken meine Neugier. Die Frauen sind reich mit Silbergeschmeide behangen, farbige Perlenschnüre bedecken die Arme von den Handgelenken bis zum Ellenbogen, in der Nase tragen sie einen auffälligen Ring aus Gold, der durch beide Nasenlöcher gefädelt ist. Sie schleppen schwer an großen Bündeln. In einem schattigen Park, zu dem ich den drei Frauen gefolgt bin, machen sie halt. Auf einer Bank öffnen sie ihr Gepäck, holen farbenprächtige Stoffe heraus und breiten sie zum Verkauf aus. Ich schaue interessiert zu und bin sofort fasziniert von den kräftigen Farben, den dekorativen Ornamenten und den phantasievollen Motiven. Ich komme mit den Frauen ins Gespräch und erfahre, dass sie zum Stamm der Cuna-Indianer gehören und weit entfernt an der Küste leben. Erst bei genauem Hinsehen erkenne ich, dass die Stoffe nicht bedruckt sind, sondern aus kunstvollen Applikationen bestehen, bei dem die Muster ausgeschnitten und aufeinandergenäht wurden, manchmal bis zu sieben Lagen übereinander. So entstehen bunte und plastische Bilder. Die Schöpferinnen dieser Kunstwerke nennen ihre Bilder *molakana* oder kurz *molas*, was Bluse heißt. Zwei Stoffbilder als Vorder- und Rückenteil zusammengenäht gehören unverzichtbar zur traditionellen Tracht der Cuna-Frauen. Seitdem die geschäftstüchtigen Indianerinnen die Begeisterung der Touristen für ihre Werke entdeckt haben, reisen sie bis in die Hauptstadt. Wie Bilder gerahmt sind die *molas* ein dekorativer Wandschmuck. Museen zeigen Ausstellungen der malerischen Kleidungsstücke, auch Privatsammler haben an den Stoffbildern Gefallen gefunden und sind von ihrer Vielfalt begeistert.

Doch warum die Künstlerinnen ihre Bilder schaffen und was sie mit ihnen ausdrücken wollen, darüber ist kaum etwas bekannt. Ich nehme mir Zeit für Gespräche und gewinne nach und nach ihr Vertrauen. Die Cuna-Indianer gehören zu den Ureinwohnern Mittelamerikas, die nach der Eroberung durch die Spanier als eigenes Volk überlebt haben. Sie halten bis heute an alten Stammesordnungen fest und sprechen Chibcha, ihre eigene Sprache, beherrschen aber auch Spanisch.

Das Leben der Cuna und der anderen Indianerstämme veränderte sich radikal, als die Spanier Süd- und Mittelamerika eroberten. Im Jahr 1513 kam Vasco Nuñez de Balboa mit seinen Gefolgsleuten nach Panama, und als erstem Europäer gelang es ihm, das Land vom Atlantik bis zum Pazifik zu durchqueren. Es ging ihm und seinen Leuten nicht um die geografische Erforschung des Landes, sondern allein um Gold. Die Eroberer gierten nach dem kostbaren Metall, durch das sie Reichtum und Macht zu erlangen hofften. Für die Einheimischen aber war Gold ein göttliches Element, aus dem sie Kultgegenstände herstellten.

Die Spanier brachten gefährliche Krankheiten ins Land, gegen die die Indianer keine Abwehrkräfte besaßen. Die Überlebenden wurden versklavt und mussten in Bergwerken unter unmenschlichen Bedingungen nach Gold schürfen. Nur wenigen gelang die Flucht in Bergregionen und unzugängliche Sumpfgebiete. Als die fremden Ausbeuter sie auch dort aufspürten, flüchteten die Cuna-Indianer an die Ostküste und von dort auf die San-Blas-Inseln.

Der Archipel besteht aus 365 Inseln, manche sind nicht größer als ein Fußballfeld und mit Palmen bewachsen, andere randvoll mit Bambushütten bebaut. Auf keiner Insel gibt es Süßwasser, es muss vom etwa zwanzig Kilometer entfernten Festland geholt werden. Mit ihren Kanus paddeln die Indianer mühsam gegen hohe Meereswellen ankämpfend zur Küste und mit gefüllten Wassergefäßen wieder zurück. Jede Familie baut zwei Bambushütten; in einer wird gekocht, die andere dient als Wohn- und Schlafraum. Alle Familienmitglieder schlafen in Hängematten, die am Tag unter das Dach gezogen werden. Und weil es außer Hocker keine Möbel gibt, wirken die Hütten tagsüber leer und kahl.

Ihre *molas* nähen die Cuna-Frauen erst seit ungefähr 150 Jahren. Vorher gingen sie unbekleidet, denn das Klima ist angenehm warm. Ihre Haut bemalten sie mit dekorativen Mustern. Rot und schwarz waren die bevorzugten Farben, die sie aus Pflanzen extrahierten. Die Bemalung befriedigte ihren Schönheitssinn, aber wichtiger war der Schutz gegen Dämonen, denn die Farben, Muster und Symbole dienten als Abwehrzauber. So hofften die Cuna, die Macht der bösen Geister zu brechen. Vergleichbar wenn wir uns zum Fasching oder Karneval mit bunten Farben schminken. Mit einem Clown-, Katzen- oder Seeräubergesicht verwandeln wir uns nicht nur äußerlich, sondern fühlen uns dann auch stärker und mutiger, als hätten wir eine schützende zweite Haut bekommen.

Unter dem Einfluss der Missionare befahl die Regierung Panamas den Indianern, Kleidung zu tragen. Die Cuna befürchteten, dass die Malerei, von Stoffen bedeckt, sie nicht mehr schützen würde. Also sannen sie auf einen Ausweg. Zunächst trugen sie knielange, sackähnliche Kleider und versuchten, die ursprüngliche Körperbemalung auf das Gewebe aufzutragen, die Farbe blätterte bald ab. Da hatten die Frauen eine Idee. Sie färbten die Stoffe, zerschnitten sie und nähten sie Stich um Stich wieder zusammen und übereinander. Anfangs waren sie ungeübt, wie die in Sammlungen aufbewahrten ältesten *molas* zeigen. Sie bestehen aus zwei bis drei Stofflagen, weisen große Zwischenräume auf und sind mit groben Stichen zusammengenäht. Die heutigen Stücke sind fein gearbeitet, die Nähte sieht man kaum. Von Generation zu Generation verbesserten die Frauen ihre Fähigkeiten, und mit der Zeit wurden die *molakana* immer vollkommener und ideenreicher.

Geometrische Muster, die an die ehemalige Körperbemalung erinnern, verwenden sie für ihre eigenen Blusen, zum Verkauf aber fertigen sie phantasievolle Bilder. Tierdarstellungen sind besonders gefragt. Viele Tiere haben für die Cuna mythologische Bedeutung. In ihrer Vorstellung hat nicht Gott die Welt geschaffen, sondern die Erdmutter Olotilisobi. Das erste Tier, das die Erdmutter schuf, war die Meeresschildkröte. Sie gilt den Cuna als Vermittlerin, an die sie sich wenden können, wenn sie Hilfe benötigen. Der Tintenfisch dagegen ist ein gefährliches Geistwesen. Er bedroht die Frauen während der Schwangerschaft, plagt und kneift sie mit seinen Tentakeln. Eulen gelten als Unglücksboten, aber auch als Helfer in der Not. Der Grüne Leguan wurde ihnen von der Erdmutter als schmackhafte Fleischnahrung geschenkt. Wenn es gelingt, ihn zu erbeuten, wird ein Fest gefeiert. Darum wird er gern auf den *molas* abgebildet. Für ihr tägliches Essen holen sie Fische, Schnecken und Krebse aus dem

Meer, auch diese Tiere sind es wert, auf den Blusen einen Platz zu finden. Aber nicht nur nützliche, sondern auch ganz alltägliche und sogar unliebsame Tiere wie Moskitos, Fliegen, Wespen, Zecken und Skorpione werden aus Freude an der Natur und am Gestalten dargestellt. Kein Tier ist zu unauffällig oder zu hässlich, um übersehen zu werden. Ich bin überrascht, wie genau die Frauen ihre Objekte studiert haben. Die Form der Fühler, sogar die Anzahl der Beine sind der Wirklichkeit entsprechend dargestellt. Doch wie bei jedem Kunstwerk ist vor allem die kreative Umsetzung entscheidend. Die Wirkung ihrer Stoffbilder beruht auf künstlerischer Abstraktion und Überhöhung, und stets wird nach der Ausgewogenheit zwischen Detail und Gesamtwirkung gesucht.

Der Vormittag ist der täglichen Arbeit vorbehalten. Die Frauen säubern die Hütten, waschen Wäsche, kochen und arbeiten auf den gartenkleinen Feldern. Am Nachmittag widmen sie sich mit großer Ausdauer ihrer Näharbeit.

»Seit zwei Monaten nähe ich daran«, antwortet eine der Frauen auf meine Frage. »Wenn du nächste Woche wiederkommst, ist sie fertig, dann kannst du sie kaufen.« Die Näherinnen hocken in kleinen Gruppen zusammen und tauschen Tagesereignisse, Gedanken und Meinungen aus. So hat das Herstellen der Blusen außer dem Geldverdienen auch eine wichtige soziale Bedeutung. Unter den Frauen gibt es einen stillen Wettbewerb. Jede versucht, die andere an Einfallsreichtum zu übertreffen. Kein Gegenstand ihrer Umwelt, den sie nicht abbilden, sogar Dinge, die sie bei ihren Verkaufsfahrten in der Hauptstadt entdecken: Coca-Cola-Dosen, Werbesprüche, Nationalflaggen, Flugzeuge, Hochhäuser und Autos.

Eine Frau, die besonders ungewöhnliche, bisher noch nie verwendete Motive erfindet, genießt hohes Ansehen, erfahre ich. Es sind allein die Frauen, die Stoffbilder fertigen. Schon etwa dreijährige Mädchen sehe ich neben den Frauen sitzen. Sie beginnen unter Anleitung der Mutter, Stoffe zu zerschneiden und einfache Muster zu nähen.

Den Männern obliegt es, Wasser vom Festland zu holen, erzählen mir die Frauen. Jede Familie hat ihren eigenen Anlegesteg für einen oder zwei Einbäume. Während die Frauen am Nachmittag nähen, hocken ihre Männer im Dorfparlament, reden und debattieren stundenlang. Die Frauen lächeln darüber. Großzügig überlassen sie es den Männern, sich wichtig zu fühlen, denn in Wahrheit haben sie das Sagen. Bei den Cuna existiert das Matriarchat, also das Mutterrecht, das bedeutet, nur die mütterliche Linie ist erbberechtigt. Bei der Heirat nimmt der Mann seine Hängematte und folgt seiner Frau in die Hütte der Schwiegereltern, bis sich die junge Familie ihre eigene Behausung gebaut hat. Die Frauen besitzen alle materiellen Güter, deshalb ist es den Männern auch strikt verboten, das Nähen der *molakana* zu erlernen. Denn der Verkauf der bunten Stoffbilder ist die wichtigste Geldquelle für die Indianerinnen.

Tagsüber fährt mich ein Cuna-Indianer von einer Insel zur anderen. Die Leute sind Besucher gewohnt und breiten bereitwillig ihre Werke vor mir aus und erklären, wie sie hergestellt werden, doch über Nacht darf ich nicht bleiben. Ihr am häufigsten benutztes Fremdwort ist *money*. Wenn ich nach der Bedeutung der Bilder frage, lachen sie nur und holen geschäftstüchtig immer neue, noch schönere Stücke hervor und bieten sie selbstbewusst an.

Aber die *molakana* sprechen für sich. Die Indianerinnen haben einen Weg gefunden, die Schönheit der Natur künstlerisch zu gestalten. Ob Ameise oder Schmetterling, Adler oder Fisch – alle Lebewesen, ob groß oder winzig, ob essbar oder giftig, ob Kuscheltier oder Schreckgespenst –, sie alle versammeln sich auf den Blusen der Cuna-Indianerinnen wie auf einer bunten Arche Noah.

MONGOLEI
Im Reich der Totenflüsterer

Die Mongolei war das Ziel meiner Sehnsucht, seit ich denken kann. Nachdem ich mein Biologiestudium abgeschlossen hatte, bewarb ich mich an der Universität Halle für eine Forschungsarbeit in diesem Land. Aus politischen Gründen war meine Teilnahme am Expeditionsteam nicht möglich. Die Ablehnung war der letzte Grund für meine Flucht aus der DDR im Jahr 1974. Es vergingen Jahre mit Reisen fast in die halbe Welt, doch die Mongolei blieb mein fernes Sehnsuchtsziel. Endlich, 2006, konnte ich meinen Wunschtraum verwirklichen. In der Hauptstadt Ulaanbataar lernte ich die mongolische Sprache, danach teilte ich fast ein Jahr lang das Leben der Nomaden und durchquerte auf dem Rücken von Pferden und Kamelen das Land.

Sterne glitzern zwischen den Ästen. Heftig fegt der Wind durch die Baumwipfel. Ein gewaltiges Rauschen erfüllt die Luft. Mit meinem Pferd halte ich mich dicht hinter dem Schimmel, auf dem Bayarhu reitet, der mich mitten in der Nacht geweckt hat. Er will mich zu einer Schamanin bringen, die in einer Zaatan-Familie ein Kind heilen soll.

Ich befinde mich im hohen Norden der Mongolei, nahe der russischen Grenze, wo sich urweltliche Taiga ausbreitet, dichte Wälder bedecken das Land. Mächtige Lärchen, sibirische Zirbelkiefern und silberstämmige Birken recken ihre Kronen in den Himmel. Farne und Moospolster wuchern am Boden, unter denen unergründliche Sümpfe lauern. Hier leben die Zaatan mit ihren Rentieren, die mich und meinen mongolischen Begleiter Bayarhu gastfreundlich aufgenommen haben.

Der Pfad durch den Urwald scheint kein Ende zu nehmen. Wie lange reiten wir schon durch die Nacht? Ich habe längst das Zeitgefühl verloren. Da erkenne ich in der Dunkelheit die Umrisse eines Tipis: Holzstangen im Kreis aufgestellt, oben fest verschnürt und mit Leder bespannt. Hier lebt die Schamanin Gomba. Im Inneren des Tipis hocken Männer, Frauen und Kinder dicht beieinander, erhellt vom schwachen Lichtschein einer Öllampe. Bayarhu raunt mir zu, Gomba sei eine berühmte *böö*. Sie werde sogar ein wenig gefürchtet wegen ihrer Zauberkraft. Er weist auf eine rundbäckige Frau mit gutmütigem, mütterlichem Gesicht. Ihr Lächeln erlischt sofort, als sie die Schamanentracht anlegt, eine Art Kaftan aus farbigen Stofffetzen, auf die Felle und Federn appliziert sind. Bunte Schnüre und Bänder hängen herab, winden sich wie Schlangen über ihren Rücken. Spiegelscherben sind aufgenäht und eigenartige Metallteile, die aussehen wie Pfeile, Messer und Haken. Eisenringe rasseln wie bei einem Kettenhemd. Diese Bezeichnung ist treffend, denn der Schamanenmantel ist eine Rüstung, ein Schutzpanzer für den Kampf mit Dämonen. Die Tiere, die ihre Häute, Felle und Federn gespendet haben, stellen der Schamanin ihre Kräfte und Fähigkeiten zur Verfügung, damit sie in der jenseitigen Welt den bösen Mächten überlegen ist, weil sie fliegen, schwimmen, tauchen und galoppieren kann. Die flatternden Stoffbahnen verwirren ihre Verfolger, die Spiegel blenden; schon die Medusa wurde von ihrem eigenen Spiegelbild getötet.

Der Glaube, dass die Natur von unsichtbaren Wesen bewohnt ist, hat seit Urzeiten bis heute überdauert und seine Spuren in allen Religionen hinterlassen. Der Schamane fungiert als Mittler zwischen Menschen und Geistern, zwischen Diesseits und Jenseits. Er kann die Schwelle in die andere Welt, die jeder am Ende seines Lebens überschreiten muss, schon zu Lebzeiten überqueren und wieder zurückkehren. Indem er sich in einen ekstatischen Zustand versetzt, löst sich seine Seele vom Körper und begibt sich auf Reisen. Der Schamane unternimmt diese Jenseitsreise, um die verirrte Seele eines kranken Menschen zu finden und sie zur Rückkehr zu bewegen. Der Übergang in die Totenwelt ist für den Schamanen riskant und voller Gefahren. Raum und Zeit gibt es dort nicht, alles ist substanzlos und durchlässig. Ohne den Schutz von Hilfsgeistern würde er nie wieder den Weg zurückfinden.

Diese Hilfsgeister, es sind die toten Verwandten, zwingen einen Menschen, Schamane zu werden, denn keiner wird es aus freiem Willen. Die Berufung geht mit einer schweren Krankheit einher, meist während der Pubertät, und sie trifft Mädchen und Jungen gleichermaßen. Es ist eine Zeit voller Qual und Leid. Albträume, Depression und Verwirrung bis zum Wahnsinn plagen den Auserwählten. Wer sich verweigert, dessen Krankheit verschlimmert sich. Er kann sogar sterben, wenn er die Berufung nicht annimmt.

Das Gewand wiegt schwer. Die Schamanin braucht Hilfe beim Ankleiden. Der Kopfschmuck ist eine Art Krone mit Adlerfedern, Bändern und Tüchern. Ein Vorhang aus Schnüren verdeckt ihr Gesicht. Die Heilerin schlägt mit dem Schamanentrommelstock aus Rentierknochen auf eine lederbespannte Trommel, die fast so groß ist wie sie selbst, und singt zu den dumpf hallenden Schlägen. Der Rhythmus wird immer schneller. Sie wiegt sich hin und her, stößt schrille Schreie aus: »Ah, juja, jeha, jo johe!« Dom-dom-dom, dröhnt die Trommel. »Ah-yah-yah!«, kreischt die Schamanin. Sie wimmert und winselt, hustet und spuckt. Die pfeifenden, schnalzenden und knurrenden Laute aus ihrem Mund klingen bedrohlich und könnten genauso gut dem Rachen eines wilden Tieres entstammen. Ich fühle mich in die Steinzeit zurückversetzt, als der Mensch in den Tieren seine nahen Verwandten sah, die größer, mächtiger, stärker waren als er selbst, die er aber dennoch beherrschen konnte, indem er sich die Tiergeister untertan machte.

Das kranke Kind, um das es bei der Zeremonie geht, liegt fest in eine Decke gehüllt im Arm seiner Mutter. Die Schamanin bezieht es nicht in ihre Handlungen ein, widmet sich ganz dem Kampf um die Seele des Kindes. Sie dreht sich wie wild im Kreis, droht zu stürzen, fängt sich wieder und verfällt in Zuckungen. Ihr Körper schüttelt und biegt sich, ihre Augen rollen nach hinten, gespenstisch leuchten die weißen Augäpfel.

Ganz plötzlich erwacht Gomba aus der Trance. Eine Frau hilft ihr beim Ablegen der Schamanentracht. Sie lässt sich das kranke Kind reichen, wiegt es in ihren Armen und flüstert ihm leise ins Ohr. Wir verabschieden uns mit der Hoffnung auf Heilung des Kindes und reiten zu unserem Lager.

Der neue Tag kündigt sich bereits an. Vom Erlebten aufgewühlt, will ich mich noch nicht zum Schlafen zurückziehen, sondern wandere zum nahe gelegenen See. Ein Dunstschleier liegt über dem Gewässer. Auf einem Ast, der aus dem Wasser ragt, hockt ein schwarzes Etwas. Bei genauerem Hinsehen erkenne ich einen Kormoran. Er hat schon gefischt und breitet seine Flügel zum Trocknen aus. Meine Schritte hinterlassen eine Spur im Gras, denn beim Gehen streife ich Tautropfen ab, die an jedem Grashalm hängen.

See und Wiese hüllen sich in wabernden Nebel, der schließlich auch in den Wald eindringt. Im milchigen Weiß verwandeln sich Büsche in Kobolde und bemooste Baumstümpfe in Trolle. Flechten hängen von den Zweigen, greifen mit feuchten Fingern in mein Gesicht. Laut kracht ein Ast. Lange starre ich ins Unterholz, kann nichts erkennen und gehe vorsichtig weiter.

Wieder narren mich die Nebelschleier, lassen eine Astgabel wie ein Geweih erscheinen. Der Ast bewegt sich eigentümlich, bekommt ein Auge und eine lange Nase. Vor mir steht ein Riese, über zwei Meter hoch, ein massiger Körper auf schlanken Beinen – ein Elch. Er kümmert sich nicht um meine Anwesenheit, zieht schweigsam wie eine Spukgestalt an mir vorbei ins sumpfige Dickicht.

Es ist so still, dass ich außer meinen Schritten nur das ferne Rauschen der Nadelbäume höre, die sich sanft im Wind wiegen. Ein Kratzen von Krallen und der schemenhafte Schatten auf einem umgefallenen Baum erregen meine Aufmerksamkeit. Ich schleiche mich näher und erkenne zwei Streifenhörnchen. Eins verfolgt das andere, dann bemerken sie mich, richten sich auf den Hinterbeinen auf und recken dabei den buschigen Schwanz in die Höhe. Husch, verschwindet das eine im Reisiggewirr, das andere in einer Baumhöhle. Nicht lange, da schaut es neugierig wieder hervor. Ich habe mich inzwischen bis auf einen Schritt genähert, und nun blicken wir uns direkt in die Augen. Flink springt es aus der Höhle, klettert einen Baum hinauf, wo oben schon das andere wartet. Einträchtig hocken sie nebeneinander auf dem Ast, zwei anmutige Plüschtierchen, und blicken interessiert auf mich herab. In der Nähe pocht ein Specht gegen einen hohlen Stamm. Er hat gelbe Federn am Kopf, die bei der Schlagbewegung wie eine goldene Kappe leuchten.

Weiter gehe ich in den Wald hinein, der sich am Berghang hinaufzieht. Je höher ich steige, umso lichter wird es. Als ich den Gipfel erreiche, bin ich dem Nebel entkommen. Wie ein weißer See liegt der Dunst unter mir.

Plötzlich spüre ich, dass ich nicht mehr allein bin. Langsam wende ich den Blick: Da steht er, lautlos ist er hinter mir aufgetaucht, starrt mich unverwandt mit schrägen, gelbgrünen Augen an – ein Wolf! Am helllichten Tag! Die Sonne beleuchtet sein Fell, es schimmert in verschiedenen Farben, grau, braun, gelb, die Brust ist hell, fast weiß.

Vielleicht bin ich durch die Begegnung mit der Schamanin sensibilisiert, oder durch die durchwachte Nacht ist mein Sein durchlässiger geworden, empfänglich für unerklärliche Vorgänge. Ich spüre die Verbindung zwischen mir und dem Wolf wie ein Strömen gegenseitigen Verstehens, und wie sich aus Tönen eine Melodie formt, vernehme ich die Botschaft: »Ich bin, und ich werde immer sein.«

Lautlos, wie er auftauchte, ist er verschwunden. Der Platz, wo er eben noch stand, ist leer. Vor meinen Augen hat er sich aufgelöst wie ein Trugbild. Doch er war da und hat einen Teil von mir mit sich genommen und mir dafür ein Stück von sich gegeben.

BUENOS AIRES
Musik, die süchtig macht

Im Jahr 1987 reiste ich nach Buenos Aires, der Hauptstadt Argentiniens. Für einen Dokumentarfilm über den Tango war ich als Ton- und Kameraassistentin engagiert. Nie zuvor hatte ich mich mit Musik beschäftigt. Die Arbeit an dem Film war für mich der Einstieg in ein mir bisher völlig fremdes Gebiet.

»Mögen Sie Tango?«, fragt der Taxifahrer und dreht sich nach mir um, bei dem dichten Verkehr in Buenos Aires ein gefährliches Unterfangen. Er wendet sich wieder nach vorn, beugt sich zum Radio hinunter, dreht an den Knöpfen, stellt die Musik lauter, riskiert noch einen Blick nach hinten und sagt mit stolzem Ton in der Stimme: »Das ist Carlos Gardel, der da singt, unser Carlito.«

Vor wenigen Wochen hatte ich diesen Namen zum ersten Mal gehört. Durch die Vorbereitung auf den Film erfuhr ich, dass Gardel ein weltberühmter Tangosänger war, der jedoch bereits 1935 bei einem Flugzeugunglück starb. Trotzdem ist er im Bewusstsein der Argentinier gegenwärtig und wird wie ein Volksheld verehrt, vielleicht, weil er für die einfachen Leute ihren Traum vom Glück verkörpert. Gardel, der in ärmlichen Verhältnissen aufwuchs, erlangte in den 20er- und 30er-Jahren Weltruhm als Sänger und Filmstar. Fotografien zeigen ihn im Smoking, den weißen Seidenschal lässig über die Schulter geworfen, mit einem sieghaften Lächeln. Gardel gelang es, aus dem Elend herauszukommen, schaffte es bis an die Spitze der Gesellschaft, dafür bewundern ihn die Argentinier bis heute.

»Besuchen Sie den Friedhof Chacarita«, empfiehlt der Taxifahrer, als ich aussteige. »Halb Buenos Aires pilgert an sein Grab, denn morgen ist der 24. Juni – sein Todestag.«

Am nächsten Tag bin ich eine der Ersten auf dem Friedhof. Das Grab finde ich sofort, die lebensgroße Statue des Sängers weist mir den Weg. Da steht er, das Lächeln für alle Ewigkeit ins Gesicht gemeißelt. Seine beim Singen leicht erhobene Hand scheint nach einer Zigarette zu verlangen, und so ist es zum Ritual geworden, dass ihm seine Anhänger gern einen brennenden Glimmstängel zwischen die mit Grünspan bedeckten Bronzefinger stecken.

Ich bleibe nicht lange allein, bald strömen Menschen herbei. Der Friedhof kann die Verehrer kaum noch fassen. Das Grab ist über und über von Blumen und Kränzen bedeckt. Die Zigarette in Gardels Hand erlischt kein einziges Mal, immer wieder wird eine neue zwischen seine Finger gesteckt. Ansprachen werden gehalten, Huldigungen vorgebracht und altbekannte Lieder abgespielt. Verzückt lauschen die Leute seiner Stimme.

»*El canta cada dia mejor* – er singt jeden Tag besser«, sagt jemand bewundernd, als würde der Sänger noch leben.

Ich schaue in die Gesichter der Männer und Frauen – und sehe glücklich glänzende Augen. Während sie Gardels Stimme lauschen, vergessen sie den Alltag, und die Zukunft erscheint freundlicher.

Die Einwohner von Buenos Aires nennen sich selbst *porteños,* die vom Hafen, denn schließlich sind ihre Vorfahren alle in dieses Land eingewandert. Der Hafen hat ihr Schicksal bestimmt, und dort, in den Hafenvierteln, ist auch der Tango entstanden. In den Jahren um 1900 kamen Einwanderer zu Tausenden aus vielen europäischen Ländern, sie flohen vor Armut und Elend und hofften auf ein besseres Leben in Argentinien. Doch das Land hatten Großgrundbesitzer bereits unter sich aufgeteilt. So blieben fast alle Einwanderer dort, wo sie angekommen waren, am Hafen. Buenos Aires wurde zur Endstation. Die Stadt quoll über von Menschen. Elendsviertel entstanden. Manche der Gestrandeten suchten im kriminellen Milieu ihre Chance, andere flüchteten sich in Alkohol und Glücksspiel. In den Hafenkneipen von La Boca, dem alten Stadtviertel, entstand die Musik, die zu einem Symbol für Buenos Aires werden sollte. Nur hier und in der Schwesterstadt Montevideo, die am jenseitigen Ufer des Río de la Plata liegt, konnte er entstehen. Hier hat der Tango seine Wurzeln und treibt noch immer frische Blüten.

Der Tango ist nicht nur Musik, er ist ein Spiegelbild der *porteños,* ihres Daseins und ihrer Geschichte. Die Musik erzählt von Enttäuschungen, von Leid und Unglück. Mit überschäumender Sentimentalität wird das traurige Schicksal beklagt. Doch es ist keine Traurigkeit um ihrer selbst willen, es geht um konkrete Verluste. Man trauert und besingt die verlorene Liebe, die verlorene Heimat, die verlorene Jugend und die verlorene Unschuld. Dass diese Trauer mit einer trotzigen Sinnlichkeit und einer schier unersättlichen Lebensgier gekoppelt ist, macht die scheinbar nie versiegende Kraft dieser Musik aus.

An den Wochenenden drängen die *porteños* in die Tanzsalons. Die Veranstaltungen beginnen erst sehr spät, vor elf Uhr nachts kommt kaum einer. Ich bin viel zu zeitig da und habe Gelegenheit, mich umzuschauen. Der große Raum ist kahl und ungastlich, die Farbe blättert von den Wänden, und der Stuck rieselt sacht von der Decke. Prächtige Kristalllüster betonen die morbide Stimmung. Der Holzboden ist vom Tangotanzen glatt poliert. An den Wänden befinden sich je eine Bankreihe, und vorn beim Podium, wo die Kapelle Platz nehmen wird, stehen einige Tische mit Stühlen. Dieser Salon ist noch einer der besseren, denn er kann sich Musiker leisten; viele andere müssen sich mit Schallplatten behelfen.

Wie auf ein geheimes Signal füllt sich, kaum hat es elf Uhr geschlagen, der Saal im Tanzsalon »Torquato Tasso«. Es sind einfache Leute: Handwerker, Kleinbürger, Arbeiter, alle haben sich herausgeputzt. Die Damen in glitzernden Kleidern, geschlitzt und eng anliegend. Die hochhackigen Schuhe dürfen nicht fehlen. Die Herren tragen Anzüge aus feinem Stoff. Und sie tanzen, tanzen, tanzen. Jung sind sie alle nicht mehr, doch von ihrer tänzerischen Eleganz haben sie nichts eingebüßt. Scheinbar mühelos meistern sie die schwierigen *cortes* und *quebradas,* umschlingen und verknoten die Beine, aggressiv und zärtlich zugleich, sinnlich und doch kontrolliert. Ein Tanz wie ein Spiel zwischen Enthemmung und Bändigung.

Von Anbeginn war der Tango ein Paartanz, der zunächst nur von Männern getanzt wurde, denn unter den frühen Einwanderern gab es wenige Frauen. Es waren Männer, denen ein Messer im Gürtel steckte und die allzu schnell bereit waren, es bei verletzter Eitelkeit zu ziehen. Bald übernahmen Frauen den einen Part, Prostituierte, die man für eine Blechmarke mieten konnte. Noch heute verleiht die dominante Führungsrolle des Mannes dem Tanz seine maskuline Note. Diese Rolle übernimmt der Mann mit Zustimmung der Frau. Die Überlegenheit des Mannes wird sogar von ihr bewusst inszeniert. Die geheime Regie der Frau unter der Dominanz des Mannes verleiht dem Tango seine Doppeldeutigkeit, sein erotisches Raffinement.

Für die *porteños* ist der Tanz ein wichtiges Freizeitvergnügen, das sie am Wochenende nicht missen wollen, doch noch wichtiger ist für sie die Musik. Von früh bis spät erschallen aus den geöffneten Fenstern Tangolieder, und am Donnerstag spielt das städtische Orchester im *Teatro Alvear* Tangomelodien. Der Eintritt ist frei, und jede Woche sind Parkett und Ränge gefüllt bis auf den letzten Sitzplatz. Das Publikum lauscht mit verzückten Gesichtern. Viele haben die

Augen geschlossen und nehmen andächtig die geliebten Melodien in sich auf. Beifallsstürme branden durch den Theatersaal, wenn sich der Dirigent Raúl Garello verbeugt. In Buenos Aires ist er eine berühmte Persönlichkeit, der zahlreiche beliebte Tangos komponiert hat. Neben mir klatscht ein älterer Herr temperamentvoll in die Hände und ruft: »*Otra! Otra!* – Zugabe!«

Garello greift nun selbst zum Instrument, zum Bandoneon, und spielt seine Komposition »*Che Buenos Aires*« im Andenken an Anibal Troilo, dem wohl besten argentinischen Bandoneonspieler. Er starb 1975, wird aber von den Porteños noch immer hoch verehrt. Garello behandelt sein Instrument wie ein lebendiges Wesen. Er schwingt es auf sein Knie, das mit einem schwarzen Samttuch bedeckt ist, streicht sacht über den silberbeschlagenen Balg, schlüpft mit den Händen in die Schlaufen, als würde er einen Stier bei den Hörnern packen, zieht das Instrument auseinander und presst es wieder zusammen. In immer neuen schillernden Schattierungen wird das dunkelgrüne Innenfutter sichtbar. Mir vermittelt sich der Eindruck, als würde das Bandoneon atmen. Es seufzt und schluchzt, lässt die Töne erklingen, die unverzichtbar zum Tango gehören.

Das Instrument wurde 1840 in Krefeld vom Pfarrer Heinrich Band erfunden. Er wollte ein Musikinstrument schaffen, das armen Kirchengemeinden als Orgelersatz dienen konnte. Welche Ironie, dass ausgerechnet ein Bandoneon von einem deutschen Matrosen in einer Hafenkneipe am Rio de la Plata verschachert wurde, weil er die Zeche nicht zahlen konnte. So gelangte das Instrument aus Krefeld in die Bordelle und wurde bald zur »Seele des Tango«. Ohne Bandoneon mit seiner unverwechselbaren Klangfarbe, Modulation und Ausdruckskraft wäre der Tango niemals zu seiner Vollkommenheit herangereift.

Die Argentinier haben auf das lebhafte Interesse der Touristen reagiert und bieten Tango-Shows an. Samstagnacht herrscht im Tangolokal »Casa Blanca« im Stadtviertel San Telmo Hochbetrieb. Reisegruppen strömen herein. Auf der Bühne treten Juan Carlos Copes und Maria Nieves auf, zwei Altmeister des Tango Classico. Ihre Show ist perfekt. Fasziniert schaue ich zu. Kaum können meine Augen den rasanten Bewegungen ihrer Beine und den artistischen Figuren folgen. Doch ich sehe auch, dass jeder Schritt viele Tausend Male schon ausgeführt wurde und durch die Routine der Tanz schablonenhaft wirkt.

Ursprünglich geht es dagegen in der »Fueye« zu, einer winzigen Kneipe, in die sich selten ein Tourist verirrt. Sein Besitzer Fransisco Denaro ist Pizzabäcker. Er hat mir erzählt, dass seine Vorfahren von Sizilien stammen.

»Mit dem Lokal habe ich mir einen Traum erfüllt«, macht Denaro mich neugierig. Gern nehme ich seine Einladung an. Ich steige steile Stufen hinab in ein Kellergewölbe. Wie eine Höhle wirkt der vom Rauch geschwängerte Raum. Als sich meine Augen an das Dämmerlicht gewöhnt haben, sehe ich auf einem Bretterpodest drei Männer mit ergrauten Schläfen sitzen. Sie tragen dunkle Anzüge und dunkelrote Krawatten. Aus schwarzen Kästen holen sie eine Violine, einen Bass und ein Bandoneon hervor. Heute Nacht hat sich eine kleine Schar treuer Anhänger, echter *tangueros,* eingefunden. Die Musiker beginnen mit einer Komposition von Carlos Gardel. Von Emotionen bewegt, schließt einer die Augen, lauscht den Tangomelodien. Ein älteres Paar begibt sich aufs Parkett. Es ist wie eine Rückbesinnung an die Jugendjahre, an Vertrautes von damals, an das Viertel, in dem man aufwuchs, an die Straße, in der man wohnte, an den Laden um die Ecke, an die große Jugendliebe, die dann doch einen anderen heiratete.

Jeden Sonntag findet im alten Stadtviertel San Telmo auf der Plaza

Dorrego ein Flohmarkt statt. Auch hier hört man überall Tango. Schellackplatten mit Tangomelodien werden auf alten Grammofonen abgespielt. Carlos Camaño versäumt keinen dieser Sonntage. An einer Ecke des Marktes steht er zusammen mit seinen zwei Gitarristen. Er ist von Menschen umringt, sie applaudieren und singen die bekannten Melodien mit. Den einen oder anderen lockt Carlos in den Kreis, bittet ihn, ein Gesangssolo darzubieten, wieder anderen geht die Musik so in die Beine, dass sie spontan auf der Straße tanzen.

Der Tango berührt die Menschen in Buenos Aires vielleicht deshalb so sehr, weil er eine Verbindung zu ihrer Vergangenheit herstellt, zu einer Vergangenheit, die wie ein Traum verklärt erscheint, der ihnen aber hilft, die Gegenwart leichter zu ertragen. In einer Zehnmillionenstadt, die zu groß geworden ist, um noch Identität zu wahren, mag der Tango den Argentiniern den letzten Spielraum für Träumereien bedeuten und gleichzeitig eine Realität verkörpern, die einmal war.

Buenos Aires, diese riesige Stadt, ist eigentlich ein Konglomerat verschiedener europäischer Städte. Da finden sich Stadtviertel, die an Paris erinnern, an Berlin, Madrid oder Rom. Die Eigenheiten eines jeden Volkes wurden hierher verpflanzt. Und doch besitzt Buenos Aires etwas wirklich Unverwechselbares – den Tango.

Der berühmte argentinische Schriftsteller Jorge Luis Borges hat in seinem Gedicht über den Tango gesagt: »Buenos Aires wird dich nie vergessen – Tango, der du das Glück hattest, ein Mann und tapfer zu sein; Tango, der du glücklich warst, wie auch ich es gewesen bin. Wie viel haben wir seither, du und ich, im Leben erlebt: die Abschiede und die Angst, zu lieben und nicht wiedergeliebt zu werden. Mich wird es schon bald nicht mehr geben. Du aber wirst weiter ein Teil unseres Lebens sein. Buenos Aires wird dich nie vergessen, Tango, der du warst und ewig bist.«

SPUREN

Lebendige Vergangenheit

SPANIEN
JEMEN
PERU

SPANIEN
Bilder in der Finsternis

Im Jahr 1989 war ich in Spanien unterwegs auf den Spuren der Vergangenheit. Berühmt ist die Höhle von Altamira mit dem »Saal der Stiere«, Malereien von Steinzeitmenschen, deren künstlerische Qualität mich tief beeindruckte. Einmal neugierig geworden, machte ich mich auf die Suche nach den weniger bekannten, aber umso geheimnisvolleren Höhlen.

Nebel liegt über dem Wiesenhang, lastet schwer. Er verdeckt nicht nur die Sicht, er lässt auch keine Geräusche durchdringen. Eine unheimliche Stille umgibt mich. Selbst meine Schritte höre ich nicht; die wabernden Nebelschwaden schlucken jeden Ton. Spinnennetze hängen filigran gewebt wie Spitzenstoffe zwischen den Gräsern, die mit Wasserperlen geschmückt sind. Brombeeren wachsen über den Weg. Vorsichtig steige ich über die dornige Sperre, doch die Ranken, als wären sie lebendig, schnellen vor und verhaken sich in meiner Kleidung. Verborgen im Dickicht zwitschert ein Zaunkönig – die einzigen Laute in dieser verzaubert wirkenden Welt.

Wie die Säulen eines Tores stehen zwei mächtige Maronenkastanien beiderseits des Pfades. Es sind uralte Bäume. Ihre Borke ist schrundig aufgeplatzt und die Kronen sind ganz in Efeu gehüllt. Ich müsste schon längst am Ziel sein. Ob ich den Bauern auch richtig verstanden habe, der mir den Weg beschrieb? Gestern war ich ihm im Dorf begegnet. Als ich erzählte, dass ich Höhlenmalereien suche, lachte er und sagte: »Höhlen gibt es bei uns in Asturien übergenug – wenn wir von anderen Dingen nur auch so viel hätten!«

Fast senkrecht steigt der Pfad an. Ich rutsche auf der feuchten, lehmigen Erde, halte mich mühsam an Wurzeln fest. Da erblicke ich einen gewaltigen Stein, der den Pfad versperrt. Mitten im Stein befindet sich ein Durchschlupf. Das Loch ist kreisrund und gerade so groß, dass ich mich hindurchzwängen kann. Als ich mich wieder aufrichte – stehe ich vor der Höhle! Im ersten Moment bin ich erschrocken, so unvermittelt öffnet sich der Fels vor mir. Dumpfe, modrige Luft strömt heraus, und es drängt sich mir die Vorstellung auf, dieser Riss könnte der Eingang sein in den Bauch der Erde.

Ein rasselndes Lachen! Schaudernd zucke ich zusammen und sehe einen roten Schatten durch die Baumwipfel huschen. Dann wieder das freche Kichern. Da erkenne ich, wer mich genarrt hat. Ein Eichhörnchen schwingt sich von Ast zu Ast, beißt Zapfen ab und lässt sie zu Boden poltern. Wie konnte mich ein harmloses Eichhörnchen so erschrecken? Dennoch, das unheimliche Gefühl lässt sich nicht unterdrücken. Die mystische Umgebung hält mich gefangen.

Gebannt starre ich in das Dunkel. Farne und Winden hängen als grüner Vorhang vor der Schwärze. Die Höhle verlockt zum Eintreten, und gleichzeitig breitet sich Furcht in mir aus. Die beiden widerstreitenden Impulse wecken eine seltsame Empfindung, als würde ich in eine längst vergangene Zeit eintauchen. Die Menschen der Steinzeit mögen wie ich vor der Höhle gestanden haben, furchtsam und doch magisch angezogen von dem geheimnisvollen Eingang ins Erdinnere. Mehr als 15 000 Jahre sind seitdem vergangen, doch das archaische Gefühl lebt bis heute in uns fort.

Diese Höhle im kantabrischen Gebirge in der nördlichen Provinz Asturien muss ein heiliger Ort gewesen sein, ein Heiligtum der Steinzeitmenschen. Ihre Behausung war sie sicher nicht. Dazu fehlt ein vorgewölbtes Höhlendach, unter dessen Schutz die Menschen ihre Feuer hätten entzünden und ihr Lager aufschlagen können. Sie wohnten immer nur am Eingang einer Höhle, niemals in den finsteren Gängen und Hallen. In diesem Gebiet hatten sie ihre Unterkünfte vermutlich im Tal und stiegen nur zu besonderen Anlässen zur Höhle hinauf – vielleicht um bei Initiationszeremonien die Jungen zu weihen.

Ich stelle mir vor, wie der Initiant durch den engen Durchschlupf im versperrenden Stein kroch, gleichsam die Umkehrung des Geburtsvorgangs. Um die Kindheit zu verlassen, musste er in die Höhle, zurück in den Mutterleib der Erde. Trat er danach aus dem Dunklen wieder ans Tageslicht, war er geboren als Jäger, gewappnet für eine neue Phase seines Lebens, ein Erwachsener mit Verantwortung für die Gruppe.

Die Wände und Decken solcher Kulthöhlen bemalten die Steinzeitmenschen mit Tieren. Wenn diese Höhle, vor der ich jetzt stehe, für Initiationsriten genutzt wurde, müsste ich hier Malereien finden. Zögernd, aber von Neugier getrieben, mache ich den ersten Schritt hinein in die Dunkelheit. Vorsichtig taste ich mich vorwärts. Der Gang ist eng. Wenn ich die Arme seitwärts ausstrecke, kann ich beide Wände gleichzeitig berühren. Immer tiefer gehe ich hinein. Der Lichtstrahl meiner Taschenlampe durchbricht die Finsternis, und ich male mir aus, wie es war, als Menschen mit Harzfackeln und Fettlampen hier eingedrungen sind.

Wassertropfen fallen herab, und es klingt hohl, wenn sie aufschlagen. Der Gang mündet in einen Saal. Darauf gefasst, plötzlich vor einem Abgrund zu stehen, beleuchte ich sorgfältig den Boden. Dort stehen Stalagmiten wie erstarrte Wächter der Unterwelt. An den Wänden erkenne ich versteinerte Wasserfälle, Kaskaden aus Kalksinter. Schneeweiß schimmern sie im Licht meiner Lampe. Die Decke ist geschmückt mit Stalaktiten, hängende Zapfen aus Stein oder Klöppelschlegel, die auf eine gewaltige Kraft zu warten scheinen, um in Schwingung zu geraten. Eine bizarre, fremdartige Welt umgibt mich, gewachsen in ewiger Finsternis.

Meine Sinne sind aufs Äußerste angespannt. Ich bin auf Ungeheures gefasst. Durch meine Phantasie gaukeln Märchenbilder und Fabelwesen. Gleich könnte der feuerspeiende Drache aus seinem Versteck mit Donnergetöse hervorbrechen oder der Höllenhund mit seinen tellergroßen, rot glühenden Augen. Warum nicht auch der Minotaurus aus der griechischen Sagenwelt? Alle Geister und Dämonen, die unsere Phantasie erfindet, könnten hier ihren Ursprung haben.

Von dem großen Saal mit seiner Märchenwelt aus Tropfstein zweigt ein Schacht ab. Ich zögere. Soll ich noch tiefer in das Reich der Finsternis eindringen? Ich sehne mich nach Licht und Sonne und habe die zwanghafte Vorstellung, der Fels über mir könnte zusammenstürzen und mich zermalmen. Trotzdem gehe ich weiter, wie von einem Sog in die Dunkelheit gezogen. Der Schacht ist jetzt so eng, dass ich kriechen muss. Plötzlich ist er nicht mehr waagerecht ausgerichtet, sondern führt steil nach unten. Der Boden ist nass. Krampfhaft halte ich mich an Vorsprüngen fest, um nicht abzurutschen. Ich zweifle inzwischen am Sinn meines gefährlichen Unternehmens, denn ich kann mir kaum vorstellen, hier noch auf Spuren der Steinzeitmenschen zu treffen.

Endlich bin ich am Ende des röhrenartigen Ganges angelangt und betrete eine Kammer. Ich richte den Strahl meiner Stirnlampe auf die Wände. Wie elektrisiert zucke ich zusammen und kann einen Ausruf der Überraschung nicht unterdrücken. Da sind sie – die Bilder. Vor Aufregung bekomme ich eine Gänsehaut. Ich sehe eine rote Hirschkuh mit ihrem Kalb. Schwarze Linien umreißen prägnant die Körperformen. Zwischen den Beinen der Hirschkuh ist der Kopf eines Wildpferdes zu erkennen. An der Decke bemerke ich den schwarzen

Umriss eines Wisents, eine flüchtige Zeichnung, der Strich ist oft unterbrochen, und die Hinterbeine sind nur angedeutet. Und doch vermittelt diese stilisierte Darstellung die stiernackige Kraft des Büffels, der in gespannter Ruhe jeden Moment bereit ist, loszustürmen, um den Gegner niederzustoßen.

Warum haben Menschen diese Tiere in der Dunkelheit gemalt, weit im Erdinneren an den tiefsten Stellen der Höhlen? Was haben sie gedacht, gefühlt, beabsichtigt? Gern wüsste ich es, aber niemand kann uns Auskunft geben über ihre Motive.

Leichter fällt die Beantwortung der Frage, wie die Abbildungen geschaffen wurden und warum sie über Jahrtausende erhalten blieben. Für die Farbtönungen Gelb und Rot verwendeten die steinzeitlichen Künstler eisenoxidhaltige Mineralien. Mit Kalkspat, Kaolin und zerstoßenem Quarzsand mischten sie weißtönige Farben. Das Tiefschwarz gewannen sie aus Manganoxid, für dunkle Schattierungen benützten sie Holzkohle. Die Pigmente rührten sie lediglich mit Wasser an. Wären Blut, Tierfett oder Honig als Bindemittel verwendet worden, hätten sich die Malereien auf dem kalkhaltigen Gestein chemisch zersetzt. Denn Fette spalten sich im alkalischen Milieu auf und verseifen.

Die Farben wurden mit den Fingern oder zerfaserten Pflanzenstängeln aufgetragen, manchmal auch durch hohle Röhrenknochen gesprüht. Die Fixierung der Gemälde übernahm die Natur, denn im Wasser, das an den Höhlenwänden hinabrinnt, ist Kalk gelöst. Dieser fällt aus und lagert sich in feinen Schichten überall ab – auch auf den Bildern –, schließt sie ein und bindet sie ans Gestein. Er schützt somit nicht nur die Malereien, sondern ermöglicht auch ihre Altersbestimmung. Die ältesten sind vor 35 000 und die jüngsten vor 10 000 Jahren geschaffen worden. Niemals mehr gab es in der Menschheitsgeschichte eine so lange und einheitliche Phase künstlerischen Schaffens. Unsere Zeitrechnung ab Christi Geburt wirkt dagegen wie ein kurzes Ausatmen. Dabei wurden nicht nur in Spanien Felsbilder gestaltet, sondern überall dort, wo Menschen während der Eiszeit lebten und es geeignete Höhlen gab: in Europa, Afrika, Australien und sogar in Südamerika.

Begierig, noch mehr Spuren zu finden, gehe ich weiter in die Höhle hinein, leuchte in jeden Winkel, hinter jeden Vorsprung, und tatsächlich – versteckt in einer Nische entdecke ich Ritzungen, kaum sichtbar im zerfurchten Gestein und nur zu erkennen, wenn ich sie im richtigen Winkel anstrahle. Sorgfältig und kunstfertig ist die Figur eines Steinbockes in den harten Fels graviert. Die langen Hörner wölben sich über den Rücken. Das Tier wittert mit geblähten Nüstern, sogar die gesträubte Halsmähne wurde nicht vergessen, typisch für Steinböcke, die sich in Erregung befinden. Bevor sie angreifen oder flüchten, richten sie ihre Mähne auf. Der steinzeitliche Schöpfer dieser Tierfigur muss ein guter Beobachter gewesen sein.

Zerschrammt und lehmbeschmiert eile ich zurück, gelange wieder in die Kammer, lasse den Tierfries noch einmal im Licht der Taschenlampe leuchten, kämpfe mich mühsam den glitschigen Schacht nach oben, indem ich mich mit meinen Fingern festkralle und mit der Taschenlampe Steighilfen in den Boden grabe, und durchquere den Märchensaal der Tropfsteine. In der Ferne bemerke ich einen hellen Schimmer. Einen kurzen Augenblick lang bin ich verblüfft, dann begreife ich – das ist der Ausgang, dort liegt die Tageswelt, die Welt des Lichts! Ich hatte ganz vergessen, dass es sie gibt, und bin erstaunt, wie warm es draußen ist und wie geräuschvoll. Blätter rascheln im Wind, Vögel zwitschern, und Insekten zirpen. Im dunklen Bauch der Erde gab es nur den hohlen Hall tropfenden Wassers.

Ich weiß nicht, wie lange ich in der Höhle war. Es können Stunden gewesen sein, aber was, wenn es Tage waren? Wie im Märchen von Zwerg Nase, der dachte, er sei nur sieben Tage in der Behausung der alten Hexe gewesen, stattdessen waren es sieben Jahre. Die Zeit im Inneren der Erde scheint mit derjenigen draußen nicht übereinzustimmen. In der Schattenwelt herrschen andere Gesetze. Ein Gefühl seltsamer Zeitlosigkeit ergreift den Menschen. In der Welt ohne Licht verlieren die Kenntnisse und Erfahrungen seines Lebens ihre Gültigkeit. Deshalb eignen sich Höhlen für die Initiationsriten. Bis auf den Grund seines Wesens erschüttert, tritt der Prüfling wie neugeboren wieder ans Tageslicht.

Es muss Mittag sein nach dem Stand der Sonne. Von Nebel keine Spur mehr. Ich setze mich auf einen warmen Stein neben den Höhleneingang. Die Kronen der Kastanien breiten ihr üppiges Laub über langnadlige Kiefern, über Eschen und Kermeseichen. In der Strauchschicht kämpfen Buchsbaum, Hasel, Ilex und Mäusedorn, Farne und Moose um jeden Sonnenstrahl.

Wie mag die Gegend ausgesehen haben, als Menschen zum ersten Mal die Höhle betraten? Es war Eiszeit. Aber nicht überall herrschte arktisches Klima, viele Gebiete waren gletscherfrei. Hier am Atlantik gab es eine Vegetation, die der heutigen in Finnland ähnelt. Es wuchsen Gräser und Sträucher, auch Birken und Pappeln, in wärmeren Zwischenperioden sogar Eichen, Ulmen und Linden. Sähe ich mich plötzlich mit einer Zeitmaschine in die Steinzeit zurückversetzt, so käme mir die Landschaft gar nicht so fremd vor. Nur über die Tierwelt müsste ich mich wundern, über Rentierherden und die wilden Pferde, über Mammut und Wollnashorn – und vor Bären, Höhlenlöwen, Säbelzahntiger und Hyänen wurde ich mich fürchten. Es waren mächtige Raubtiere, größer als die heute existierenden Arten.

Und die Menschen? Wie würden sie mir begegnen? Sie waren *Homo sapiens* wie wir, biologisch gibt es keinen Unterschied. Sie sind unsere Vorfahren in direkter Linie. Jeder, der heute lebt, ist mit ihnen verwandt. Wenn sie uns so nahestehen, dann müsste ich mir vorstellen können, was sie bewegt hat, mich einfühlen in ihre Empfindungen und verstehen, warum sie sich in die Finsternis wagten und dort Kunstwerke schufen. Doch bereits das Wort »Kunst« entfernt mich von ihnen, zeigt, wie anders uns die Kultur geprägt und in Jahrtausenden verändert hat. Die Höhlenbilder sind zwar Kunst in unserem Sinne, aber sie waren nicht als Kunstwerke gedacht. Um sie zu ergründen, darf ich nicht von außen schauen. Ich muss nach innen sehen, in mir selbst auf die Suche gehen nach dem Erbe, das die Eiszeitmenschen hinterlassen haben. Das Erbe ist verschüttet vom Geröll tausender Jahre, und mit jeder Generation wurde es tiefer vergraben. Und doch ist es in uns, wir können es wachrütteln, jeder auf seine Weise. Mein Schlüssel, mich dem Vergangenen zu öffnen, ist mein Umgang mit der Natur. Wenn ich mich ihr ausliefere, mich ihrem Rhythmus einfüge, dann werden tiefere Bewusstseinsebenen angesprochen, archetypische Gefühle und Empfindungen geweckt.

Die Beziehung der steinzeitlichen Menschen zur Tierwelt war von unserer sehr verschieden. Wir empfinden uns über die Tiere erhaben. Im Bewusstsein der Steinzeitmenschen dagegen dürften Tiere dem Menschen gleichgestellt, ihm oft sogar überlegen gewesen sein. Es gab noch keine scharfe Trennlinie, Mensch und Tier waren wesensverwandt. Man glaubte vermutlich, dass Tiere sich in Menschen verwandeln können und umgekehrt. Menschliche und tierische Seinsformen ließen sich austauschen, und die Priester, Zauberer, Schamanen führten es vor. Wenn der Schamane sich die gehörnte Maske aufsetzte und das Büffelfell überzog, tanzte, sang und stampfte er, bis der Geist des Büffels in ihn eindrang. Der Schamane spielte seinen Gefährten nichts vor, er fühlte tatsächlich, wie er zum Tier wurde. Vielleicht bekam er Zugang zur Bewusstseinsebene der Tiere und konnte den Jägern seiner Gruppe weissagen, wo sich die Wisentherde aufhielt oder wohin sie wandern würde. Bei rituellen Festen verwandelten sich alle durch Masken und ekstatischen Tanz in Tiere, um sich mit ihnen zu versöhnen oder um sich deren Kräfte und Wissen anzueignen.

Steinzeitliche Erlebniswelten finden sich besonders anschaulich in den Märchen. Frösche und Bären bleiben nicht, was sie sind, sondern verwandeln sich in Prinzen und Prinzessinnen. Aus der dicken Kröte wird ein wunderschönes Mädchen, doch verbrennt man ihre abgelegte Krötenhaut, muss sie die Menschenwelt für immer verlassen.

Die Märchen entstanden aber lange nach der Eiszeit, deshalb gelten steinzeitliche Vorstellungen nicht mehr. Es gibt bereits eine Grenze zwischen Tier und Mensch, aber sie ist noch durchgängig. Es fällt auf, dass die verwunschenen Menschen nicht wirklich zu Tieren werden, sie nehmen nur deren äußere Gestalt an, denken und fühlen aber wie Menschen. Die Verwandlung in ein Tier wird als tragisches Schicksal beklagt, bewirkt durch böse Mächte, während es die guten Kräfte sind, die dem Verwunschenen seine Menschengestalt wiedergeben. In der Steinzeit war es anders. Wenn sich der Schamane in ein Tier verwandelte, wuchs er über das Menschsein hinaus, gewann Zugang zu Weisheiten der Schöpfung. Gespräche, die ich mit Schamanen in der Mongolei führte, legen mir diese Annahme nahe. Es gab damals auch keine eindeutig Trennung in Gut und Böse. Für Menschen, die täglich die Unberechenbarkeit ihrer Umwelt erlebten, war die Natur beides zugleich – gut und böse, hilfreich und zerstörerisch, Nahrungsspenderin und Verderberin. Erst später erfanden die Menschen Geister, Dämonen und Götter für die verschiedenen Aspekte der Natur.

Während ich weiterwandere, stelle ich mir vor, wie unsere steinzeitlichen Ahnen in den Tälern und Bergen jagten, wie sie dem Wild auflauerten, es in Fallen fingen oder in Engpässe trieben und mit Speerschleudern töteten.

Ich raste neben einem Bach und packe meinen Proviant aus. Der Platz ist windgeschützt und eben. Vielleicht stand damals ihr Lager hier, Hütten aus langen Stangen, von Tierhäuten umspannt. Sie mussten mobil sein, schnell zusammenpacken und aufbrechen können, um den wandernden Tierherden auf der Spur zu bleiben. Sie kamen aber immer wieder an ihre Stammplätze zurück, über viele Generationen, denn oben in den Felsen ist die Höhle, in der sie ihre Zeremonien feierten. Nichts hat hier im Tal überdauert, das ihre Anwesenheit beweisen würde. Doch mir ist, als könnte ich sie noch spüren.

JEMEN
Auf der Weihrauchstraße

Drei Mal besuchte ich den Jemen, in den Jahren 1994, 1999 und 2007.

Durch diese Besuche, die jeweils mehrere Monate bis zu einem Jahr dauerten, lernte ich das Land und seine Bewohner immer besser kennen und lieben. Es gelangen mir tiefere Einblicke in das Leben der jemenitischen Bevölkerung.

Erschöpft von der Geburt liegt Nasara auf der weichen Matte und hält ihr Baby im Arm. Sie hat die Augen geschlossen. Die Stille wird plötzlich gestört durch gewaltigen Lärm. Raue Stimmen ertönen im Vorraum, es poltert und trampelt. Die Tür wird aufgerissen, und eine Gruppe Männer drängt herein. Sie schleppen einen mächtigen Hammel mit sich. Das Tier wehrt sich heftig. Die Hörner des imposanten Widders sind schneckenförmig aufgerollt, das zottige, braun-weiß gefleckte Fell hängt herab wie eine Decke, und seine Spalthufe glänzen wie schwarz lackiert. Angstvoll quellen seine Augen heraus. Das Tier kann nicht begreifen, was mit ihm geschieht.

Die Männer, unter ihnen Nasaras Vater, ihr Bruder und ihr Ehemann, zerren den Hammel unter lautem Geschrei zum Lager, heben ihn hoch und legen ihn auf Nasara und das Neugeborene. Das ist der gefährlichste Teil des Rituals. Die Männer halten den Widder fest im Griff, damit das heftig strampelnde Tier weder Frau noch Kind mit seinen scharfkantigen Klauen verletzt. Nasara legt ihre Hand auf die Stirn des Widders zwischen die beiden Hörner, hastig werden Suren aus dem Koran gemurmelt, und schon wird der Hammel wieder hinausgeschleppt. Im Hof öffnet man ihm die Halsschlagader, das

Opfertier verblutet schnell. Mit seinem Fleisch werden später die Gäste bewirtet, die zur glücklichen Geburt gratulieren.

Dieses Ritual anlässlich der Geburt eines Kindes erlebte ich sowohl bei Beduinen in der Wüste, wie hier bei Nasaras Familie, aber auch in der Hauptstadt Sana'a. Traditionen bleiben über viele Generationen erhalten, selbst wenn sich Lebensbedingungen, Beruf und sozialer Status ändern. In Sana'a wohnte meine jemenitische Freundin Habiba in einem Hochhaus. Als sie ihre Tochter zur Welt brachte, musste der Hammel sechs Stockwerke hinaufgewuchtet werden. Männer und Hammel waren schrecklich erschöpft, als das Tier endlich im Bett der Wöchnerin lag. Der Vater des Babys, ein eher westlich orientierter Geschäftsmann, sah dem Spektakel, das seine Verwandten veranstalteten, verlegen zu. Zu mir meinte er entschuldigend: »Es gibt Traditionen, die sind nicht unbedingt erhaltenswert.«

Opferrituale sind entstanden, lange bevor der Islam allgemeingültige Religion wurde. Schon immer fühlten sich Menschen von bösen Mächten umlauert. In arabischen Ländern nennt man die Dämonen *djinn*. Mit Amuletten, Opfergaben und Gebeten wird versucht, unheilvolle Geister abzuwehren. Tieren wird das Böse aufgeladen, um sie dann in die Wüste zu jagen oder zu schlachten, Schafe und Ziegenböcke eignen sich dazu besonders.

Nachdem der Hammel hinausgebracht wurde, wird das Baby in einer Wanne gebadet. Der Schwiegermutter Nasaras obliegt diese Handlung. Sie hält das kleine Mädchen in ihren kräftigen Händen, die von harter Arbeit gezeichnet sind, trocknet es ab und reibt seinen Körper mit Sesamöl ein. Ohren, Nase und Mund werden besonders üppig bedacht. Dann flößt die Großmutter der Kleinen mit einem Löffel Öl in den Mund. Ich bin entsetzt, das Kind wird schlimmen

Durchfall bekommen, kann sogar sterben. Nasara beruhigt mich: »Das Öl ist wichtig, es löst das Darmpech.«

»Besser, du stillst dein Kind«, empfehle ich, »denn die erste Muttermilch ist besonders fetthaltig und entleert den Darm deiner Kleinen auf ungefährliche Weise.«

»Nein!«, ruft sie entsetzt. »Die erste Milch ist unrein. Ich muss drei Tage warten, bis ich mein Kind stillen darf.«

»Was meinst du mit unrein?«

Nasara zuckt die Schulter. »Ich weiß nicht. So ist es eben.«

»Gebt ihr jedem Baby Öl zu trinken?«, frage ich noch immer besorgt um Nasaras Kind.

»Ja, immer! So muss man es tun.«

Die Vielzahl der Kinder im Jemen beweist, dass sie die rabiate Ölkur überlebt haben. Dennoch sorge ich mich um das kleine Mädchen, zumal das Immunsystem Neugeborener noch nicht ausgebildet ist und sich erst allmählich entwickelt. Die nötigen Antikörper erhalten Neugeborene mit der Muttermilch.

Die Großmutter wickelt das Kind fest ein. Arme und Beine eng an den Körper gepresst, steckt es bewegungslos wie eine Mumie in den Wickeltüchern. Dem Baby scheint das zu behagen. Es hört auf zu weinen, vielleicht weil die Wickelung ihm ein Gefühl der Geborgenheit vermittelt, ähnlich wie im Mutterleib.

Als die Gäste eintreffen, möchte jeder das Kind im Arm halten. Von einem zum anderen wird es weitergereicht, auch die Kinder dürfen es halten. Viele Kinder sind erkältet, sie schniefen und husten, dabei wird das Baby mit Krankheitskeimen überhäuft.

Da Nasaras Milch während der ersten drei Tage als unrein gilt, nuckelt das Kleine an einer Flasche mit gezuckertem Tee. In der Stadt verwendet man Milchpulver, doch im abgelegenen Gebirgsdorf gibt es diesen »Luxus« nicht. Unentwegt wird Weihrauch verbrannt, um das Böse zu bannen. Nach wenigen Tagen sind die Augen des Kindes vom Rauch entzündet, die zudem mit Khol schwarz umrandet werden. Das Schminken der Neugeborenen ist ebenfalls eine uralte Tradition, um sie vor dem »bösen Blick« zu schützen. Die Angehörigen sind überzeugt, nur das Beste für das Kind zu tun. Niemand käme auf den Gedanken, etwas anzuzweifeln, was von Generation zu Generation weitergegeben wurde.

Warum ist die Muttermilch der ersten Tage unrein? Selbst der Koran, in dem viele Regeln festgehalten sind und der das Alltagsleben der Muslime bestimmt, gibt keine Auskunft. Ich könnte mir vorstellen, dass früher einer Fruchtbarkeitsgöttin einige Tropfen Milch gespendet wurden, um das Neugeborene unter ihren Schutz zu stellen. Doch dann kam der Islam, hat die alten Götter verteufelt und Fruchtbarkeitsriten verboten. Den Müttern aber war Leben und Gesundheit ihrer Kinder wichtig, sie wollten vom Milchopfer nicht lassen. Deshalb machten die neuen, religiösen Machthaber ihnen Angst und behaupteten, die Muttermilch wäre unrein.

Ich verabschiede mich von Nasara, ihrem Baby und ihrer Familie, die mir herzliche Gastfreundschaft gewährt haben, und wandere weiter. Mein nächstes Ziel ist Marib. Dieser historische Ort liegt nordöstlich von Sana'a in der Wüste Ramlat as Sabatayn. Ein unwirkliches Gefühl erfüllt mich, als ich inmitten der Ruinen einer jahrtausendealten Kultur stehe. Heißer Wüstensand bläst mir ins Gesicht. Wie mochte es früher hier ausgesehen haben, als Marib die mächtigste Stadt in Südarabien war und ein Stausee mitten in der Wüste das Land erblühen ließ? Sechs antike Königreiche entlang der Weihrauchstraße gab es auf dem Gebiet des heutigen Jemen: Ma'in, Aussan, Qataban, Hadramaut, Himjar und Saba. Die ersten Königreiche entstanden schon vor 5000 Jahren, und sie endeten mit Dhu Nawas, dem letzten König von Himjar im Jahr 525 n. Chr.

Marib war die Hauptstadt des Königreichs Saba, bekannt durch seine sagenumwobene Königin. Aber ob es die Königin von Saba wirklich gegeben hat? Bis heute ist sie die ideale Gestalt für Märchen und Sagen geblieben, eine Frau, an der sich die Phantasien der Menschen entzünden, deren Konturen sich aber im mystischen Dunkel verlieren. Beweise für ihre Existenz wurden bisher nicht entdeckt. Mündlich überlieferte Legenden halten die Erinnerung an eine Frau wach, die vor 3000 Jahren gelebt haben soll. Der erste schriftliche Bericht findet sich in der Bibel. Eine Königin aus dem Land des Weihrauchs besuchte Salomo, den König der Juden, brachte ihm kostbare Geschenke und prüfte seine Klugheit mit Rätseln.

Im Jahr 1951 schien es, als würde sich ein Fenster in die Vergangenheit öffnen. Damals hatten ausländische Forscher zum ersten Mal die Genehmigung erhalten, in der alten Königstadt Marib zu graben. Der Amerikaner Wendell Phillips legte mit seinem Team den vom Wüstensand verschütteten Tempel des Mondgottes Almaqah frei. Bald regte sich Argwohn bei den einheimischen Arbeitern, denn die Fundstücke widersprachen dem Glaubensbekenntnis der Muslime, wonach Allah der einzige Gott ist. Es kam zum Aufruhr. Stützpfeiler wurden eingerissen und mit der Ermordung der Ausländer gedroht. Phillips und seine Mitarbeiter flohen in Panik und ließen nicht nur ihre Ausrüstung zurück, sondern auch sämtliche Fundstücke: Bronzestatuen, Alabasterfiguren, Keramik und Abgüsse von Inschriften. Die damals ausgegrabenen Objekte besichtigte ich im Nationalmuseum in Sana'a. Eine neunzig Zentimeter hohe Bronzefigur beeindruckte mich besonders. Sie stellt König Ma'di Karib dar, der vor 2600 Jahren in Marib regierte. Würdevoll ist seine Haltung. Er trägt einen knielangen Rock, wie er noch heute im Jemen als Männerkleidung üblich ist. Über den Rücken hängt ein Tierfell, dessen Vorderpfoten sich auf der nackten Brust des Königs kreuzen.

Gelockte Haare und ein gekräuselter Bart umrahmen das Gesicht, an dem die großen Augen auffallen.

Vom damals ausgegrabenen Tempel ist heute kaum noch etwas zu sehen. Der Wüstenwind hat die Ausgrabung wieder mit Sand gefüllt. Phillips hatte festgestellt, dass die Außenmauern des Tempels neun Meter hoch und vier Meter dick waren und die Anlage einen ovalen Grundriss hatte. Nur acht Pfeiler am Eingang zum Tempel ragen noch aus dem Sand heraus. Sie sind sieben Meter hoch und wurden jeweils aus einem einzigen Stein gefertigt.

Rot glühend neigt sich die Sonne dem Abend zu. Die Schatten der Pfeiler werden immer länger. Die letzten Strahlen werfen einen warmen Schein auf den im Sand versunkenen Tempel. Wie viele Geheimnisse sich wohl unter der dicken Sandschicht verbergen? Welche Szenen mögen sich vor Jahrtausenden hier abgespielt haben? Die zauberhafte Stimmung regt meine Phantasie an. Ich stelle mir vor, wie sich Kamelkarawanen näherten und Scharen von Pilgern sich vor dem Eingangsportal versammelten. Geduldig warteten sie, bis ihnen Einlass gewährt wurde. Hoheitsvoll schritten die Priester die mit Kupferplatten belegten Stufen hinab, näherten sich andachtsvoll der Statue des Mondgotts Almaqah, in den Händen Schalen mit den Opferspenden. Sie schürten das Feuer, in dem sie Weihrauch für das Rauchopfer verbrannten, und bei besonderen Anlässen opferten sie auch Tiere. Orakel wurden befragt und die Zukunft gedeutet, die aber wurde für das sabäische Reich immer dunkler und unheilvoller. Benachbarte Reiche erstarkten und kämpften um die Zolleinkünfte der Weihrauchstraße. Im Jahr 260 n. Chr. verlor Saba seine letzte Schlacht gegen den König des Nachbarreiches Himjar, der das eroberte Gebiet seinem Reich einverleibte.

Der Dammbruch im Jahr 560 n. Chr., weil sich niemand mehr verantwortlich fühlte, den Damm instand zu halten, besiegelte dann endgültig den Niedergang des einst mächtigen Reiches von Saba und seiner Bevölkerung. Mehr als tausend Jahre hatte der Damm die Maribsenke in fruchtbares Land verwandelt. Die mächtigen Mauern der Schleusen sind noch erhalten. Ich bin beeindruckt. Die Steine wurden so genau bearbeitet, dass sie fast fugenlos zusammenpassen. Innen sollen die Quader mit Kupferstiften verbunden sein. Die beiden Schleusentore liegen 570 Meter auseinander, dazwischen spannte sich einst eine vierzig Meter hohe Staumauer. Ein System von Kanälen und Rinnen regulierte die Bewässerung der Felder, über die nur noch trockener Wind weht.

Scheich Zayed träumte, seine Ahnen hätten einst in Marib geherrscht. Die Vorfahren sprachen im Traum: »Ehre unser Andenken und baue einen neuen Damm.« Er nahm den Traum ernst und ließ im Jahr 1986 eine Staumauer wenige Kilometer hinter der antiken Schleusenanlage anlegen. Dort sammeln sich die Wasser des Flusses Dhana. Doch niemand bewässert die Felder. Längst schon haben die Menschen das verödete Land verlassen, denn die fruchtbare Bodenschicht ist verweht. Die Wüste hat über den Traum des Scheichs gesiegt.

Schon lange bevor sich Königreiche bildeten, war der Jemen besiedelt. Bei meiner Wanderung mit meinem Dromedar Al Wasim entdecke ich Felsgravuren im Audhali-Gebirge. Dargestellt sind Steinböcke, aber auch Menschen, die Jagd auf die Tiere machen. Die Umrisse sind tief ins Gestein geritzt. Mit Bedacht wurden glatte Felswände ausgesucht, die von überhängendem Gestein vor Witterungseinflüssen geschützt sind. Auch im Wadi Darr, in der Nähe der Hauptstadt, fand ich Gravuren und Felsmalereien. Diese Funde machten mich neugierig. Ich wollte mehr wissen über die Frühgeschichte des Jemen.

Pfeilspitzen und Steinwerkzeuge, das wusste ich von meinem

Museumsbesuch, beweisen, dass vor 8000 Jahren Menschen der Jungsteinzeit in den Jemen einwanderten. Sie jagten Tiere, bauten Feldfrüchte an und zogen mit ihren Herden als Nomaden durch das Land. Um eine beliebige Jagdszene darzustellen, hätten Menschen der Steinzeit, die sich tagtäglich um ihre Existenz sorgten, wohl kaum die Mühsal auf sich genommen, Figuren ins Gestein zu ritzen. Die Steinbockjagd muss für sie eine kultische Bedeutung gehabt haben. Es mögen die halbmondförmigen Hörner des Tieres gewesen sein, die sie zum Sinnbild des Mondes prädestinierten. Der seine Gestalt wandelnde Mond schenkte Fruchtbarkeit, konnte aber auch Verderben bringen. Er bestimmte, ob es regnete oder Dürre herrschte. Für die Menschen war es wichtig, den Mondgott, der für sie zugleich der Regengott war, durch Riten gütig zu stimmen.

Ein wichtiges Fest zu Ehren des Gottes war die Steinbockjagd. Tänze und Lieder, die von dieser Jagd handeln, sind bis heute überliefert. Im Süden des Jemen sah ich Hausfassaden mit Steinbockgehörnen geschmückt. Die Trophäen gelten als Glücksbringer und Schutz gegen böse Mächte. Die alten Götter sind nicht tot. In veränderter Gestalt herrschen sie weiter. Der Halbmond, heute ein Symbol des Islam, ist das Abbild des Mondgottes Almaqah, des mächtigsten Gottes in früheren Zeiten. Nur die Steinböcke haben nicht überlebt, im Jemen wurde der letzte um 1950 erlegt.

Erstaunt betrachte ich im Kreis angeordnete Menhire. Die übermannshohen Steinstelen stehen aufrecht und umschließen zwei Kreise von etwa fünf Metern. Die Anlage erinnert mich an das englische Stonehenge, obwohl die Anlage kleiner ist und die Stelen grob behauen sind. Es muss eine Kultstätte aus dem Megalithzeitalter sein, als an vielen Orten auf der Erde Menschen ihren Göttern zu Ehren gewaltige Werke aus Stein geschaffen haben. Bei meiner Wanderung habe ich den Steinkreis zufällig in einer einsamen Gegend entdeckt, weit entfernt von der Ortschaft Al Bayda im Audhali-Gebirge. Hin und wieder ziehen Beduinen mit ihren Ziegen vorbei. Sie erzählen mir die Sage von einem unglücklichen Liebespaar, das hier begraben sein soll.

Bei Bir Ali an der Küste des Indischen Ozeans ragt auf einer Landzunge ein Vulkanberg wie ein Monolith aus der flachen Küste heraus. Für Seefahrer früher das Zeichen, dass sie den berühmten Hafen von Qana erreicht hatten. Hier begann die Weihrauchstraße, die durch die arabische Halbinsel bis zum Mittelmeer führte. Auf dem Vulkan thronte eine Burg, die Rabenfestung Husn al Ghurab. Sie bewachte den Hafen und bot den ankommenden Schiffen und den abziehenden Karawanen Schutz. Der Blick von oben war zur Überwachung von Meer und Land strategisch hervorragend geeignet. Doch die Burg liegt in Trümmern, die Türme sind zerfallen, die Zisternen ausgetrocknet. Ich bin auf den Rabenfelsen hinaufgeklettert und betrachte die Ruine, die mich beeindruckt durch ihre sorgfältig behauenen Lavasteine, die fugendicht zusammengesetzt sind. Neugierig schaue ich hinab in die tief in das Felsplateau geschlagene Zisterne und folge zu Fuß den Zulaufrinnen, die das Plateau netzartig überziehen. Grundwasser gab es nicht, die Menschen mussten sich mit dem Regenwasser begnügen und es sorgsam sammeln.

Es ist fast windstill. Der Ozean glänzt wie ein Silberspiegel. Am Horizont fließen Himmel und Meer ineinander. Heutzutage fahren Schiffe achtlos an Husn al Ghurab vorbei. Kein einziges legt in der Bucht an, die einst der Hafen von Qana war. Mein Blick schweift über Meer und Küste. Ich stelle mir vor, wie *dhaus,* die malerischen Segelschiffe der Antike, beladen mit kostbaren Waren im Hafen von Qana ankerten. Seefahrer aus vieler Herren Länder streiften über den Markt. Lärm herrschte im Lager der Beduinen, die auf die Ankunft der Schiffe gewartet haben, zu Ballen verschnürt luden sie die Waren auf ihre Dromedare. Die Schätze Asiens wurden von hier durch ganz Arabien transportiert: Seide aus China, Perlen und Musselin aus Ceylon, Diamanten und Lapislazuli aus Indien, aber auch Zimt und Pfeffer, aus Afrika Elfenbein und Straußenfedern und Weihrauch aus dem Oman. Allmählich kam Ordnung in das Durcheinander, eine Karawane nach der anderen zog davon über Gebirgspässe und Hochsteppen, durch Wadis und Wüsten, 3000 Kilometer durch die arabische Halbinsel, bis zu den Märkten am Mittelmeer. Auf diesem Strom unzähliger Füße von Mensch und Tier erreichten die Schätze ferner Länder ihre Käufer. Das war die große Weihrauchstraße, deren Nachruhm der Jemen noch heute den Beinamen *felix arabia*, glückliches Arabien, verdankt.

Schon lange ziehen keine Karawanen mehr auf den antiken Handelswegen dahin. Vor 1500 Jahren erlosch der Fernhandel über Land. Auf dem Seeweg durch das Rote Meer konnte man Waren schneller und billiger transportieren, denn die Seefahrer hatten gelernt, die Monsunwinde zu nutzen. Der Jemen verlor schlagartig seinen Einfluss und sein Einkommen durch die Zolleinnahmen. Das war auch der Zeitpunkt, als der Damm von Marib brach und das Land verarmte. Die alten Königreiche in den Trockentälern und Wüsten konnten ohne die Weihrauchstraße nicht überleben.

PERU
Auf den Spuren der Inka

Im Jahr 1986 erhielt ich vom FWU, dem Institut für Film, Wissenschaft und Unterricht, den Auftrag, ein Drehbuch für einen Unterrichtsfilm über die Inka-Zeit zu schreiben. Danach wollte man mich mit einem Filmteam nach Peru schicken. Leider blieb aus Kostengründen vom versprochenen Viermannteam nur ein Kameramann übrig. Zu zweit versuchten wir, die Aufgabe zu meistern. Damals filmten wir noch auf Zelluloid und benutzten die schwere Arri-Filmkamera. Dank dieser Filmarbeit hatte ich die großartige Chance, die alten Kulturstätten in Peru kennenzulernen.

Keuchend hetzt er den Berg hinab. Sein Atem geht stoßweise. Blätter und Zweige schlagen dem Jungen ins Gesicht, peitschen seinen schmalen Körper. Er muss es schaffen. Atahualpa heißt er, nach dem letzten Herrscher der Inka. Der Junge will die Straße erreichen, noch vor dem Bus, der die Touristen von Machu Picchu wieder hinunter ins Tal bringt. Der verwachsene Urwaldpfad mündet in die sonnenüberflutete Teerstraße. Atahualpa springt hinaus – da schiebt sich langsam der Bus um die Kurve. Der Junge steckt zwei Finger in den Mund und pfeift gellend, sodass es selbst im Bus zu hören ist. Die Reisenden drücken ihre Gesichter an die Scheiben. Am Straßenrand steht ein Kind, klein und dünn, barfuß, mit zerrissenem Hemd. Atahualpa lacht und winkt. Dann verschluckt ihn der Urwald. An der nächsten Kurve steht er wieder da und pfeift. Bei der dritten haben die Leute begriffen: Das Kind macht einen Wettlauf mit dem Bus – 800 Höhenmeter im rasenden Lauf hinab, und immer steht er zuverlässig an jeder Biegung. Als die Touristen an der Talstation aussteigen, erhält Atahualpa von ihnen Münzen und kleine Scheine als Anerkennung für seine enorme Leistung. Manchmal hat er Glück und ein Busfahrer nimmt ihn wieder mit nach oben, aber meist muss er den steilen Hang zu Fuß hinaufsteigen nach Machu Picchu.

Ich bin unterwegs in Peru auf den Spuren der Inka, davon hatte ich schon lange geträumt. Eine grandiose Natur verbindet sich hier mit vergangener Kultur zu einem einzigartigen Schauspiel. Hinter einem schmalen Küstenstreifen, der zu den trockensten Gebieten der Erde gehört, der Atacama-Wüste, erhebt sich die Gebirgsmasse der Anden, eine gigantische Auffaltung, gekrönt von Vulkanen und Eisgipfeln. In dieser rauen Bergwelt entstanden die Hochkulturen des Alten Amerika. Am Ende einer mehr als 8000 Jahre langen Entwicklung liegt das Reich der Inka. Zuvor gab es frühere Hochkulturen, deren bekannteste die Chavin-Kultur 1700 v. Chr. ist, aber die Inka-Kultur, als letzte, hat die meisten Spuren hinterlassen.

Wer aber waren diese legendenumwobenen Inka? Woher kamen sie? Wie gelang es ihnen, das größte Reich auf dem südamerikanischen Kontinent zu gründen, das vom heutigen Chile bis Kolumbien reichte und eine Ausdehnung von über 4000 Kilometern hatte, so weit wie vom Nordkap nach Sizilien.

Vielleicht bekomme ich eine Antwort auf meine Fragen an dem Ort, wo der Legende nach alles angefangen hat. Mit dem Andenzug fahre ich zum Titicacasee hinauf auf 3800 Meter. Er ist der höchstgelegene und dennoch schiffbare See der Erde, dreizehn Mal größer als der Bodensee und 300 Meter tief. In dem trockenen Hochland bot der See, trotz Hochgebirgskälte, den Menschen günstige Lebensbedingungen.

Die Inka, zuerst ein kleines Volk unter vielen anderen, begannen

Anfang des 12. Jahrhunderts ihren Eroberungszug und damit ihren Eintritt in die Geschichte. Um ihre gottgewollte Herrschaft über die Völker des Andenhochlandes zu bekräftigen, erfanden sie einen Schöpfungsmythos, den sie wohlbedacht an den Titicacasee legten, den seit uralten Zeiten heiligen Ort. Es wird berichtet, dass der Sonnengott Inti einst auf die Erde blickte und sah, wie die Menschen in Armut und Unwissenheit lebten. Er erbarmte sich ihrer und sandte seinen Sohn Manco Capac und seine Tochter Mama Occlo hinab zur Erde. Die Geschwister entstiegen den Fluten des Sees und zogen durch das Land, um den Menschen den Weg zu weisen zu einem glücklichen Leben in Wohlstand und Frieden. Vater Sonne hatte ihnen einen goldenen Stab für die Reise mitgegeben. Am Abend eines jeden Tages stießen sie den Stab in den Boden ihres Lagerplatzes. Dort, wo er ganz versinken würde, sollten sie die Hauptstadt ihres Reiches gründen. Nach monatelanger Wanderschaft verschwand der Goldstab eines Abends tatsächlich in der Erde. Die Sonnenkinder blieben an dem geschützten und fruchtbaren Ort und nannten ihre Stadt Cusco – Nabel der Welt.

Meine Reise vom Titicacasee nach Cusco dauert einen ganzen Tag. Mit dem Zug fahre ich durch den Altiplano, so heißt das über 3500 Meter hohe Gebiet zwischen den beiden Gebirgsketten der Anden. Durch das Fenster sehe ich ein karges Land, sonnengebleichte Gräser, über die ein harter Wind streicht, selten ein Dorf, manchmal in der Weite der Ödnis eine einsame Lehmhütte, mit Steinmauern umfriedete Felder und Lamas, die von Kindern gehütet werden. Über diesem armen Land wölbt sich ein Himmel, der die Erde mit Licht überschüttet, als sei es die Entschädigung für alle Mühsal des Lebens.

Bei La Raya, am 4313 Meter hohen Pass, hält der Zug. Am Bahnsteig reihen sich improvisierte Verkaufsstände aneinander. Angeboten werden Strickwaren, Wandteppiche, Schmuck, Getränke und Esswaren. Auch während der Fahrt gleicht der Zug einem Basar. Händler ziehen durch die Gänge, bieten ihre Waren an. Die Bäuerin auf dem Sitzplatz mir gegenüber öffnet immer wieder ihren Kartoffelsack und verkauft Erdäpfel in kleinen Mengen. Bis Cusco ist der Sack leer und ihre Geldtasche gefüllt.

Erwartungsvoll betrete ich die auf 3400 Meter Höhe gelegene Hauptstadt des Inka-Reiches. Vom einstigen Glanz der Sonnenheiligtümer ist wenig geblieben, verschwunden sind die Meisterwerke der Goldschmiedekunst. Eingeschmolzen zu handlichen Barren wurde der goldene Garten des Inka-Herrschers und mit Schiffen nach Spanien gebracht. Einst war alles in diesem Garten aus purem Gold: Blätter und Bäume, Vögel, Lamas und Pumas. Die Mauern der Tempel und Paläste sind das Einzige, was erhalten geblieben ist. Ich bin sehr beeindruckt von der präzisen Steinbearbeitung. Lückenlos fügen sich tonnenschwere Quader zusammen, kein Mörtel befindet sich in den Fugen, und doch passt keine Messerklinge dazwischen.

Wie haben inkaische Steinmetze dieses Wunder einer millimetergenauen Arbeit vollbracht? Sie hatten weder Sprengstoff noch Maschinen und auch kein Eisen, mussten deshalb den Granit mit Werkzeugen aus Bronze, Stein und Holz bearbeiten. Dazu benutzten sie die Sprengkraft von Feuer, Frost, Holz und Essig und bearbeiteten das Gestein mit Quarzsand und Tiersehnen.

Eine schmale Gasse führt mich durch die alte Inkastadt. Ich komme ins Gespräch mit einer Händlerin, die mir Maiskolben verkauft. In einem Kessel kocht sie die Kolben am Straßenrand. Sie erzählt, dass kürzlich ein Erdbeben die Gegend erschüttert habe und sie sah, wie die Steine in der Mauer sich bewegten und heraustraten, als wären sie weich wie Wachs. Als das Erdbeben vorbei war, saßen die Steine jedoch wieder unverrückbar fest. Sie ist stolz auf die Leistung ihrer Vorfahren und betont, keine einzige der Inka-Mauern, jedoch fast alle neuen Gebäude seien bei dem Beben eingestürzt.

Ein blinder Bettler lehnt mit dem Rücken an den Fundamenten seiner Ahnen. Er zupft die Saiten einer Harfe und singt Lieder von vergangenen Zeiten, beschwört Märchen und Legenden einer alten Kultur. Der Untergang des einst so großen und starken Reiches geschah plötzlich. Das Verhängnis begann im Jahr 1532, als drei spanische Schiffe mit nur 168 Kriegern an der peruanischen Küste landeten. Den spanischen Eroberern unter Fransisco Pizarro gelang es, trotz ihrer geringen Anzahl das Riesenreich mit einem Schlag einzunehmen. Sie besiegten die in vielen Kämpfen erprobte Armee des Inka-Herrschers und unterwarfen ein Millionenvolk. Wie war das möglich?

Der Zeitpunkt ihrer Eroberung hätte für die Spanier nicht günstiger sein können. Zwischen dem Inka Atahualpa und seinem Bruder Huáscar tobte ein Machtstreit um die Herrschaft. Aus den Kämpfen ging Atahualpa als Sieger hervor, aber das Reich war geschwächt, viele waren bei den kriegerischen Auseinandersetzungen umgekommen, und noch immer hatte Huáscar Anhänger, die Atahualpa feindlich gesonnen waren. Er galt der adligen Oberschicht als nicht standesgemäß, weil ihn sein Vater mit einer Nebenfrau gezeugt hatte. Die Spanier, die zuvor an der Küste Ecuadors an Land gegangen waren, hatten die Pocken eingeschleppt. Die Seuche breitete sich rasend schnell aus, denn die Indianer besaßen keine Abwehrkräfte gegen die zuvor bei ihnen unbekannte Krankheit. Ein Großteil der Bevölkerung starb, andere flüchteten in Panik in unbesiedelte Gebiete und glaubte an eine Strafe der Götter. Als es Pizarro und seinen Männern gelang, in einem Handstreich Atahualpa gefangen zu nehmen, war das Schicksal des Reiches und seiner Bewohner besiegelt.

Nichts ist übrig geblieben vom Glanz der alten Hauptstadt. Die Konquistadoren raubten, was sie fanden, und zerstörten, was sie nicht mitnehmen konnten oder ihnen wertlos erschien. Allein die Fundamente der Sonnentempel ließen sie stehen, um darauf Kirchen und Klöster für den christlichen Gott zu errichten.

Ich besuche Dörfer in der Umgebung Cuscos und bin überrascht von der Ruhe – das Leben hat hier seinen eigenen, zeitlosen Gang. Immer noch werden die überlieferten Techniken des Webens und Spinnens, der Feldbestellung und der Bewässerungskunst aus der Inka-Zeit angewendet. Wenn ich einer Indianerin beim Weben zuschaue, ist es, als blickte ich über die Schulter der Geschichte in ein Geflecht von kaum entwirrbaren Fäden. Ich versuche, den Linien zu folgen und die Muster zu entschlüsseln, die unter ihren flinken Fingern entstehen. Die Wollfäden formen Zeichen, Bilder und Symbole, die ich nicht deuten kann. Die Frau weiß auf meine Fragen nur zu antworten: »Schon immer wurden die Stoffe so gewebt.«

Vor einer Hütte aus luftgetrockneten Lehmziegeln sitzt eine junge Indianerin und lässt die Spule kreisen. Sie dreht einen feinen Faden. Die Wolle liefert das Alpaka, das schon 6500 v. Chr. aus dem wilden Guanako gezüchtet worden ist. Schüchtern drückt sich eine Kinderschar an die Mutter. Den Kindern, die hier im Hochland aufwachsen, steht ein schwerer Weg bevor. Nur selten können sie eine Schule besuchen, und wenn, dann werden sie nicht in ihrer Sprache quechua unterrichtet, sondern in spanisch. Und nicht die Geschichte ihres Volkes wird ihnen gelehrt, sondern die der Eroberer. Schon frühzeitig wachsen die Kinder in die Erwachsenenwelt hinein und müssen schwere Arbeiten übernehmen, die sie mit ihren geringen Kräften kaum bewältigen können.

Die Gebirgslandschaft mit den tief eingeschnittenen Tälern und steilen Felswänden bot seit jeher wenig Raum für die Landwirtschaft. Einfallsreich verstanden es die Menschen, die Bergwelt ihren Bedürfnissen anzupassen, indem sie Terrassen bauten. Beim Dorf Pisac bewundere ich Terrassen, die von manchen Forschern schwärmerisch als »Wunder Südamerikas« bezeichnet werden. Felder wurden hier auf steilsten Berghängen angelegt und sogar in Felsen geschlagen und zugleich harmonisch in die Landschaft integriert. Ich beobachte Bauern, die mit dem Grabstock den Boden lockern. Damit der Holzstock in den harten Untergrund eindringt, springen sie hoch in die Luft und landen mit einem Fuß auf dem Grabgerät, wobei das Gewicht ihres Körpers die Erdscholle umbricht. In der dünnen Luft des Hochgebirges eine harte Arbeit.

Nach der Ernte wird das Getreide mit Holzknüppeln gedroschen. Ähren und Halme werden anschließend in die Luft geworfen, wobei die schweren Getreidekörner zu Boden fallen, während der Wind die leichte Spreu fortweht. Was sich mir als Beobachter wie ein munteres Schauspiel darbietet, ist in Wirklichkeit eine äußerst mühselige Art, ein paar Säcke Getreide zu gewinnen. Jede Familie ist froh, wenn der Vorrat bis zur nächsten Ernte reicht.

Die spanischen Konquistadoren brachten nicht nur den Weizen in die Neue Welt, sondern auch Hafer, Gerste, Reis, Zuckerrohr und vor allem Haustiere: Pferde, Rinder, Esel, Schafe, Schweine, Hühner, Hunde, Katzen. Die Kinder im Dorf Pisac wollen von mir wissen, welche Haustiere es in meiner Heimat gibt, und sind sehr enttäuscht, als ich die ihnen vertrauten Tiere aufzähle. Sie glauben mir nicht, dass es diese früher bei ihnen nicht gab. Zur Inka-Zeit waren nur Lamas, Alpakas, Meerschweinchen und Hunde domestiziert. Der südamerikanische Hund starb aus, bevor Wissenschaftler das Rätsel um diese seltsame Hunderasse und seine Herkunft lösen konnten.

Südamerika hat zwar von Europa seine Haustiere erhalten, als Gegenleistung aber hat es die Alte Welt mit zahlreichen Pflanzensorten bereichert: Mais, Kartoffeln, Tomaten, Paprika, Bohnen, Erbsen, Tabak und Kakao. Vor der Entdeckung Amerikas war unsere Ernährung sehr einseitig.

Beim Dorf Moray besichtige ich eigenartige Terrassen: vier kreisrunde Trichter, 150 Meter tief in den Erdboden gegraben, wurden terrassiert. Zwischen der obersten und der untersten Terrasse haben heutige Wissenschaftler einen Temperaturunterschied von fünfzehn Grad Celsius gemessen. Es wird vermutet, dass die Inka die Trichterterrassen zum Anbau und zur Züchtung neuer Sorten genützt haben.

Je länger ich den Spuren der Inka folge, umso mehr faszinieren mich die Geheimnisse, die sich um ihre Geschichte ranken. Die Festung Sacsaywaman beeindruckt mich besonders. Sie wurde zum Schutz der Hauptstadt Cusco hoch auf einem Berg gebaut. Kein Feind konnte die Stadt jemals einnehmen – bis Pizarro kam. Die Eroberer ließen die Festung zerstören und verwendeten die Steine zum Bau der Kirchen. Nur die Umfassungsmauer steht noch, denn die Steine sind so schwer, dass man sie nicht transportieren konnte. Der größte Block ist neun Meter hoch, fünf Meter breit und vier Meter dick. Sein errechnetes Gewicht beträgt 361 Tonnen. Unvorstellbar, wie diese Zyklopensteine aus dem Steinbruch gebrochen und transportiert wurden. Im alten Peru gab es keine Wagenräder und keine Zugtiere. Wie gelang es also, die steinernen Giganten so zu bearbeiten, dass sie fugenlos ineinanderpassten? Selbst mit heutigen Mitteln wäre es eine nahezu unlösbare Aufgabe.

Das Geheimnis der Inka-Baumeister beruht weder auf einer komplizierten Technik noch auf Zauberei, sondern auf einer tiefen Ehrfurcht vor der Natur. Steine waren für sie kein totes Material, sondern ein Teil der Mutter Erde, der Urgöttin Pachamama. Der Glaube befähigte sie zu einer endlosen Geduld bei der Bearbeitung und zu einem innigen Verständnis über Struktur und Aufbau des Gesteins.

Ähnlich wie ein Bildhauer sahen sie in dem noch unbearbeiteten Material die in ihm vorgebildete Gestalt. Nicht gewaltsam schlugen sie den Stein in seine neue Form, sondern legten sie frei. Mit diesen Überlegungen kann ich mir manches erklären, doch die Details über das Können der Inka-Steinmetze werden für immer verborgen bleiben.

Die inkaische Kultur ist auch deshalb so schwer zu enträtseln, weil Aufzeichnungen fehlen. Die Inka kannten keine Schrift. Ihr wichtigstes Hilfsmittel, Informationen über Raum und Zeit zu tragen, waren Knotenschnüre, *quipus*. Mit einer Kombination verschiedener Farben und Knoten ließen sich Zahlen und Gegenstände verschlüsseln. Die *quipus* waren für die Verwaltung des großen Reiches unentbehrlich. Die inkaischen Beamten zählten damit die Menge der Abgaben, aber auch das Bevölkerungswachstum und die Anzahl der Feinde und ihre Waffen. Die schnellsten Läufer trugen Knotenschnüre mit wichtigen Informationen nach Cusco zum Inka. Im Stafettenlauf wurden Eilbotschaften an einem Tag 300 Kilometer weit befördert. Jeder Läufer rannte nur fünf Kilometer bis zum nächsten Posten, in damaliger Zeit das schnellste Nachrichtensystem der Welt. Ein 16 000 Kilometer langes Wegenetz verband alle Provinzen des Reiches miteinander.

Einige Wege sind bis heute erhalten und bieten mir die Möglichkeit, von Cusco nach Machu Picchu zu wandern, die Landschaft zu erleben und unterwegs neue Eindrücke zu sammeln. Vom Dorf Pisac führt ein steiler Pfad an Terrassenfeldern vorbei den Berg hinauf. In der Ebene war der Weg breit gewesen und mit Steinplatten gepflastert, nun wird er schmal und windet sich an schwindelerregenden Abgründen entlang. Dort, wo es kein Weiterkommen gab, sind Treppen in den Fels geschlagen. Ganz oben auf dem Berg liegt eine Festung. Um sie zu erreichen, muss ich einen Torbogen durchschreiten, ein ehemaliger Kontrollpunkt. So war es unmöglich, ungesehen in die Festung zu gelangen. Wehranlagen und Kultstätten reihten sich entlang des Wegenetzes, damit niemand die Wege heimlich benutzen konnte. Damals gab es keine Reittiere, man musste zu Fuß gehen. Nur hochgestellte Persönlichkeiten wurden in Sänften getragen. Erst die Spanier brachten Pferde und Zugtiere ins Land.

Die Festung von Pisac war ein wichtiges religiöses Zentrum. Die perfekt gemeißelten Steine lassen noch heute den früheren Glanz der Tempel erahnen. Im Zentrum, umschlossen von einer runden Mauer, liegt ein gewaltiger Felsen, das magische Kraftfeld der Pachamama, der Mutter Erde.

Weiter folge ich dem Weg und gelange nach Ollantaytambo im Urubamba-Tal. Kunstvoll glatt geschliffene, drei Meter hohe Monolithen aus rötlichem Granit stehen aufrecht an diesem heiligen Ort, wo die Herzen der toten Inka-Herrscher aufbewahrt wurden.

Der Pfad wird immer beschwerlicher. Verschlungen und von wuchernder Vegetation überwachsen führt er mich durch steiles Gelände und über hohe Pässe. Tief unten rauscht der Urubamba-Fluss, der dem Amazonas zustrebt. Feuchte, schwere Luft steigt aus den Niederungen nach oben, als wäre der Dschungel schon ganz nah. Über mir erblicke ich die eisgepanzerte Andenkette, die *Cordillera blanca*. Je höher ich aufwärtssteige, umso karger wird die Vegetation. Schließlich wachsen nur noch Kakteen, die sowohl an Kälte wie auch an Trockenheit angepasst sind, und knorrige Bäume, an denen Bartflechten wehen. Einsam ist dieser Pfad, keinem Menschen begegne ich bei meiner mehrtägigen Wanderung. Plötzlich sehe ich in der Ferne einen Torbogen, der sich über den Weg wölbt. Als ich ihn durchschreite, stockt mir vor Überraschung der Atem. Unvermittelt und dramatisch öffnet sich der Blick hinab. Auf dem Bergplateau unter mir liegt Machu Picchu, die sagenumwobene Siedlung mit Häusern, Palästen, Tempeln, Gassen, Treppen, beinah unzerstört, nur die Dächer fehlen. Der Anblick ist atemberaubend. Lange bleibe ich stehen und staune. Überragt von den eisigen Gipfeln der Anden, inmitten der von tropischer Vegetation überwucherten, einsamen Bergwelt wirkt das Inka-Heiligtum fremd wie ein Trugbild. Die Anlage füllt das gesamte Plateau, von dem die Granitfelsen steil einen gewaltigen Abgrund hinabfallen zum Urubamba mit seinen wilden Stromschnellen.

Vom Aussichtspunkt steige ich hinab, wandere durch Machu Picchu und bin erstaunt, wie kunstvoll die Architektur in die Landschaft integriert wurde. Die Giebelreihen der Wohnhäuser folgen in ihrer Linie und Form der Andenkette. Fenster und Türen öffnen sich zu spektakulären Blicken in die Umgebung, die wie in einen Bilderrahmen gefasst erscheint. Die Treppen führen von einer Ebene in die nächste und wirken zugleich dekorativ. Kunstvoll angelegte, von Gras bewachsene Steinterrassen flankieren die Stadtanlage, und in gestaffelten Brunnenbecken plätschert kristallklares Wasser. Im Hintergrund wacht der zuckerhutförmige Berggipfel Huayna Picchu.

Was war Machu Picchu damals? Eine Stadt? Warum wurde sie dann in dieser Höhe angelegt auf einem Bergsporn, abseits und schwer zu erreichen? War es eine Festung, ein militärischer Außenposten, um das Reich vor kriegerischen Stämmen aus dem Amazonas-Tiefland zu schützen? War es vielleicht ein heiliger Ort für Sonnenjungfrauen? Lebten hier junge Mädchen, die dem Sonnengott Inti geweiht waren? Für alle diese Vermutungen gibt es keine Beweise. Fest steht aber, dass Menschen in Machu Picchu leben konnten, ohne den Ort verlassen zu müssen, denn es gab Terrassenfelder mit künstlicher Bewässerung, die auf eine autarke Landwirtschaft hindeuten.

Aber warum sind die Bewohner weggezogen? Noch bevor die

Spanier ins Land kamen, war Machu Picchu verlassen worden und in Vergessenheit geraten, konnte deshalb auch nicht an die Eroberer verraten werden. War eine Seuche ausgebrochen? Gab es unheilvolle Weissagungen oder ein Erdbeben? Die Phantasie mag uns viele Gründe vorspiegeln, nur eines ist sicher – Machu Picchu wurde weder von Spaniern noch von feindlichen Indianerstämmen erobert.

Mit fällt ein runder Tempel auf, der um einen Felsen herumgebaut wurde. Ein magischer Ort für die Erdgöttin, Pachamama, wie in der Festung von Pisac. Unweit dieses Tempels entdecke ich flache Steinplatten mit Mulden und Vertiefungen, am Boden das Relief eines Kondors. Vielleicht war es ein Opferplatz?

Hoch oben, der Sonne nahe, liegt der heiligste Ort: ein aus den Felsen herausgemeißelter Sporn. Sein Schatten markiert die Wanderung der Sonne vom Morgen bis zum Abend und lieferte den Inka-Astronomen wichtige Kalenderdaten für Aussaat und Ernte und für heilige Feste. Sie nannten das Gebilde *intihuatana* – Sonnenfessel.

Die Unversehrtheit von Machu Picchu hatte große Hoffnungen geweckt, doch letztlich verstärkte sie nur das Geheimnisvolle. Die Welt der Inka wird für immer eines der großen Rätsel der Geschichte bleiben. Für die sinnlose Zerstörung einer einstmals glanzvollen Kultur fand der französische Dichter Baudelaire ein treffendes Bild: »Das Inka-Reich ging zugrunde, als habe man einer Sonnenblume in ihrer höchsten Blüte den Kopf abgeschlagen.«

Doch die Legenden leben weiter und spinnen dichte Netze um den alten Traum der Sonnenkinder vom Titicacasee: die Menschen glücklich zu machen und ihnen den Weg zu einem Leben in Wohlstand und Frieden zu weisen.

Ich steige in den Bus, der mich die Serpentinen hinunter zum Fluss Urubamba und zum Bahnhof bringen wird. Der Junge Atahualpa wartet schon an der ersten Kurve, um ein neues Wettrennen zu beginnen.

Anhang

BERGE   Gipfel über den Wolken

NEPAL   Heimat des Schnees   ▸ Seite 11

Das Kloster Tengpoche brannte im Jahr 1989 bis auf die Grundmauern nieder. Für immer verloren sind die unschätzbar wertvollen Schriften in der Bibliothek. Schon zwei Jahre später wurde mit Spendengeldern das Kloster wiederaufgebaut, aber die Bücher sind nicht ersetzbar.

Seit unserer Reise im Jahr 1977 sind unzählige Trekkingreisende und Bergexpeditionen in Nepal unterwegs gewesen, und die Träger sind heute besser ausgerüstet und haben sich organisiert. Der Ama Dablam, der damals als heiliger Berg galt und nicht bestiegen werden durfte, ist inzwischen das Ziel von Expeditionen, so wie alle anderen Himalaja-Berge auch.

Die Bevölkerung Nepals hat zahlenmäßig stark zugenommen und ist zunehmend von Armut und Erwerbslosigkeit bedroht. Der Autoverkehr und die Luftverschmutzung im Kathmandu-Tal haben bedrohliche Ausmaße erreicht. Durch Brennholzeinschlag sind die Wälder an den Berghängen weitgehend vernichtet und der Erosion bei den gewaltigen Monsunregenfällen schutzlos ausgeliefert.

Von 1996 bis 2006 forderte ein Guerillakrieg Tausende Opfer. Die maoistischen Kommunisten brachten weite Teile Nepals unter ihre Herrschaft. 2006 wurde der König entmachtet. Nepal ist jetzt eine parlamentarische Republik. Die maoistischen Kommunisten erhielten bei den letzten Wahlen im Jahr 2008 über 30 Prozent der Stimmen und sind somit die größte Fraktion im Parlament. Sie kontrollieren 55 der 75 Distrikte, das sind rund 80 Prozent des Landes. Nach wie vor gibt es große Spannungen zwischen den Kommunisten und den anderen Interessengruppen.

GRIECHENLAND   Klöster, die im Himmel schweben

▸ Seite 24

Inzwischen sind die Felsen von Meteora kein Geheimtipp mehr. Hier trifft sich jedes Frühjahr die Kletterszene. Zahlreiche erschlossene »Wege«, also Kletterrouten, führen auf die Gipfel. Übernachten kann man auf Campingplätzen oder in Pensionen und Gästehäusern, und auch die Griechen haben begonnen, in ihren Felsen zu klettern.

Meteora zählt zum Weltkulturerbe der UNESCO.

MAROKKO   Toubkal, der höchste Berg Nordafrikas

▸ Seite 30

80 Prozent der Bevölkerung Marokkos sind Berber, die meisten sesshafte Bauern. Nur eine Minderheit lebt in abgelegenen Gebieten noch als Nomaden.

Das Land ist eine konstitutionelle Monarchie, der König herrscht als weltliches und geistiges Oberhaupt. Seit 1999 regiert König Mohammed VI. Im Februar 2011 kam es auch in Marokko, wie in den anderen islamischen Staaten, zu Demonstrationen und Aufruhr. Um Protesten gegen das autoritär herrschende Regime entgegenzuwirken, hat der König politische Reformen angekündigt. In einem Referendum wird unter anderem die Gleichberechtigung der Berbersprache mit dem Arabischen gefordert. Ob Mohammed VI. mit friedlichen Maßnahmen gesellschaftspolitische Änderungen anstrebt oder nur die Aufständischen besänftigen will, ist noch nicht entschieden.

SPANIEN   Und am Abend trinken die Männer Mosto

▸ Seite 38

Der Ort Lanjaron am Eingang ins Bergtal Alpujarras hat sich, dank seiner mineralhaltigen Quellen, zu einem berühmten Kurort entwickelt. Eine Mineralwasserfirma bedroht aber durch übermäßige Abfüllung inzwischen die Wasserversorgung der umliegenden Dörfer, und Windkraftanlagen beeinträchtigen das Landschaftsbild. Beim Gebirgsdorf Bubión wurde ein buddhistisches Zentrum errichtet. Die Eltern von Osel Hita Torres, der 1985 hier geboren wurde, sind überzeugt, ihr Kind sei die Wiedergeburt des tibetischen Lamas Yeshe. Der spanische Junge wurde vom 14. Dalai Lama anerkannt und jahrelang in einem Kloster in Indien erzogen und ausgebildet. Der inzwischen erwachsene Osel hat das Kloster verlassen und versucht, sich westlicher Lebensweise anzupassen.

Im Jahr 1986 wurden die Sierra Nevada und die Alpujarras von der UNESCO zum Biosphärenreservat erklärt.

PHILIPPINEN Gastfreundliche Kopfjäger ▸ Seite 45

Weltweit bekannt wurden die Reisterrassen der Ifugao im Norden der philippinischen Insel Luzon, als sie im Jahr 1995 zum Weltkulturerbe erklärt wurden. Bis in 1600 Meter Höhe erstreckt sich die einmalige Terrassenlandschaft. Doch inzwischen verliert der Reisanbau immer mehr an Bedeutung. Aufwand und Ertrag stehen im negativen Verhältnis. Die Bearbeitung der Terrassen ist nur in Handarbeit möglich. Die junge Generation will diese Mühsal nicht mehr auf sich nehmen, verlässt ihre Heimat und sucht in den Städten nach Arbeit. Aber wenn die Terrassen nicht mehr genutzt und instand gesetzt werden, zerfallen sie in Kürze.

SCHOTTLAND   Die Einsamkeit der Regenberge

▸ Seite 57

Der Name Ben MacDhui ist aus dem Gälischen von *Beinn Mhic Dhubh* abgeleitet, wobei *Beinn* »Berg« bedeutet. Lange wurde er für den höchsten Berg Großbritanniens gehalten. Als die British Ordnance Survey mit genauen Messungen feststellte, dass der Ben Nevis 35 Meter höher ist, wollte man auf dem Ben MacDhui eine vierzig Meter hohe Steinsäule errichten, damit er den Titel »höchster Berg« behalten könne, was dann aber doch unterlassen wurde.

Trotz der nördlichen Lage herrscht dank des Golfstroms in Schottland ein mildes Klima. Im Durchschnitt scheint die Sonne an etwa drei Stunden am Tag und die Temperaturen sind nur um zwei bis vier Grad niedriger als in Deutschland. Es gibt eine regenreiche westliche Zone mit 2600 Millimeter Niederschlag pro Jahr und eine »trockene« Zone, östlich der Linie Inverness-Perth-Edinburgh, mit 500–750 Millimeter – etwa so viel Regen wie bei uns.

Weite Gebiete Schottlands sind Nationalparks mit ausgezeichneten Wanderwegen und zahlreichen Möglichkeiten, unterwegs in Hütten zu übernachten.

Seit der Schotte William Wallace, besser bekannt als »Braveheart«, für die Freiheit seines Landes kämpfte und dafür im Jahr 1305 in London als Hochverräter hingerichtet wurde, gab es immer wieder Bestrebungen, Schottland in die Unabhängigkeit zu führen. Die »Free Scotland«-Parole scheint nun nicht länger ein Hirngespinst zu sein, denn im Herbst 2014 können die Schotten in einem Referendum abstimmen, ob sie ein unabhängiges Schottland wollen. Falls die Mehrheit dafür ist, könnte die Trennung schon im Jahr 2016 vollzogen werden. 309 Jahre Abhängigkeit wären dann beendet, doch Königin Elizabeth II. soll auch in einem unabhängigen Schottland Staatsoberhaupt bleiben, da sind sich die Schotten einig.

DEUTSCHLAND   Winterwanderung im Hunsrück
▶ Seite 65

Die Bedeutung des Namens »Hunsrück« ist ungeklärt. Vielleicht wurde der Name vom althochdeutschen *Hohun* abgeleitet, was Bergrücken bedeutet. Der Hunsrück ist Teil des Rheinischen Schiefergebirges, die höchste Erhebung ist der Erbeskopf mit 816 Metern. Bereits in der Jungsteinzeit war das Gebiet besiedelt, wie aufgefundene Steinbeile beweisen. Die Römer erschlossen die Region zwischen 50 v. Chr. bis 400 n. Chr. mit einem weitverzweigten Straßennetz. Der 84 Kilometer lange Fernwanderweg »Soonsteig« führt von Kirn an der Nahe bis Bingen am Rhein.

SPANIEN   Auf dem Jakobsweg[*]
▶ Seite 77

Fast war der alte Weg vergessen, da entstand vor einigen Jahren plötzlich eine Wiederbelebung. Die Rückbesinnung auf den Jakobsweg begann aber nicht erst in unserer Zeit, sondern bereits im 17. Jahrhundert, aber es waren doch immer nur wenige unterwegs. Als ich im Jahr 1982 zum ersten Mal pilgerte, kamen nur 299 Pilger in Santiago an. Inzwischen ist der Jakobsweg Mode geworden, bei diesem Massenandrang werden keinem Pilger mehr Münzen für den Opferstock mitgegeben, und auch Umarmungen halten sich in Grenzen. Dafür ist der Weg bestens beschildert und markiert, und für zahlreiche Übernachtungsmöglichkeiten ist gesorgt. Im Jahr 2010 besuchten mehr als 270 000 Menschen das Jakobsgrab. Es war die bisher höchste vom Domkapitel der Kathedrale registrierte Zahl, denn es war ein heiliges Jahr, das immer dann stattfindet, wenn der 25. Juli, Tag des heiligen Jakob, auf einen Sonntag fällt.

ARGENTINIEN Mit Tuco zur Lagune Lucatatao

▸ Seite 84

Die politischen, wirtschaftlichen und sozialen Strukturen in Argentinien haben sich seit meiner Reise stark verändert. Eine Wirtschaftskrise folgte auf die andere. Inflation, Geldentwertung, Rezession, Kollaps des Finanzsystems, Aufstände und chaotische Regierungswechsel brachen über das einst reiche Land herein, mit verheerenden sozialen Folgen. Die Existenzen von ungezählten Menschen vor allem aus der bürgerlichen Mittelschicht wurden vernichtet, und die Armutsrate stieg ungeheuer. Seit der Regierung von Nestor Kirchner, der 2010 starb, und seiner Ehefrau Cristina Kirchner, die 2007 gewählt wurde, scheint die Krise so weit bewältigt und sich die wirtschaftliche Lage zu normalisieren.

INSELN Welten für sich

GALAPAGOS Weihnachtsbaby ▸ Seite 99

Die Galapagosinseln liegen 1000 Kilometer vor der südamerikanischen Küste im Pazifischen Ozean und gehören zum Territorium Ecuadors. Auf den Inseln hat sich durch die Isolation eine einzigartige Tierwelt entwickelt, die es an keinem anderen Ort der Erde gibt. Hier bekam Darwin entscheidende Anregungen für seine Evolutionstheorie. Fünf der Inseln sind bewohnt, aber das sensible Ökosystem wird durch zu viele Siedler gefährdet. Die Bevölkerung nimmt ständig zu, vor allem durch illegale Einwanderungen vom Festland. Im Jahr 2009 waren es 20 000 Einwohner, im Jahr 2011 schon 30 000. Die wichtigste Einnahmequelle ist der Tourismus. Obwohl man die Anzahl der Gäste beschränken will, werden jedes Jahr mehr gezählt. In den letzten Jahren besuchten jeweils über 160 000 Menschen die Inseln.

SIZILIEN   Blumen blühen zwischen gestürzten Säulen ▶ Seite 103

Als ich im Jahr 1986 durch Sizilien wanderte, wunderte ich mich, als mir in Restaurants plötzlich kein Salat mehr serviert wurde, er sei vergiftet, hieß es. Erst nach meiner Rückkehr nach Deutschland erfuhr ich, was passiert war. Beim Atomunfall in Tschernobyl war am 26. April eine radioaktive Wolke freigesetzt worden, die sich über ganz Europa bis zum entfernten Sizilien ausgebreitet hatte. So sind für mich meine Erlebnisse auf Sizilien für immer mit Tschernobyl verbunden.

KAPVERDEN   Die Inseln vom grünen Kap ▶ Seite 111

Die Kapverdischen Inseln sind Teil der Sahelzone. Seit den Siebzigerjahren hat sich das Klima verändert, und die Niederschläge sind kontinuierlich gesunken. Aber auch in früheren Jahrhunderten gab es Dürrejahre und Hungerkatastrophen. Die Kolonialmacht Portugal unternahm nichts, um Menschen zu retten. Im Jahr 1950, während der letzten Hungersnot, starben 50 000 Einwohner, die Hälfte der Bevölkerung, ohne dass die Weltöffentlichkeit groß davon Notiz genommen hätte.

Heute leben etwa 500 000 Kapverder auf den neun Inseln und schätzungsweise 700 000 im Ausland. Problematisch ist, dass drei Viertel aller Bewohner jünger als fünfzehn Jahre sind und sie in ihrer Heimat kaum eine Perspektive haben. Auf den Inseln kann nicht genug produziert werden, um den Menschen Arbeit und Nahrung zu geben. Sie sind auf internationale Hilfslieferungen angewiesen.

Auf Kauai, nahe der Inselhauptstadt Linue, gibt es neben den geheimnisvollen Tunneln, die durch Felsen gebohrt wurden, auch einen Fischteich mit einer 274 Meter langen und fast zwei Meter hohen Mauer aus sorgsam bearbeiteten und aufgeschichteten Lavasteinen. Er wird Alekoko-Menehune-Fischteich genannt und soll lange vor der Ankunft der Tahitianer gebaut worden sein. Gab es sie also wirklich, die sagenhaften Menehune? Vielleicht lebte einst auf Hawaii eine Urbevölkerung kleiner Menschen. Im Jahr 2003 wurden in Indonesien auf der Insel Flores 18 000 Jahre alte Skelette zwergenkleiner Menschen entdeckt. Die Wissenschaftler sind sich bis heute nicht einig, wie sie diese Funde beurteilen sollen.

Durch den Alakai-Sumpf und zum Vulkan Waialeale führen inzwischen ausgebaute, einfach zu begehende Wanderwege.

FLÜSSE   Lebensadern

MEXIKO   Mit dem Kajak auf dem Aqua Azul
▸ Seite 135

Die Wasserfälle des Flusses Aqua Azul befinden sich im mexikanischen Bundesstaat Chiapas. Die Kaskaden erreichen Höhen von zwei bis dreißig Meter. Früher ein Geheimtipp, wird der Fluss bei Kajakfahrern und Extremsportlern immer beliebter. Die ungewöhnliche Wasserfarbe von strahlend Blau bis dunkel Violett entsteht durch im Wasser gelöste Mineralien und Reflexion des kalkhaltigen Gesteins im Flussbett.

Nur vierzig Kilometer vom Aqua Azul entfernt liegen die Pyramiden von Palenque. Im Maya-Reich spielte Palenque eine bedeutende Rolle. Es war nicht nur Hauptstadt, sondern auch eines der wichtigsten religiösen Zentren. Ab 600 n. Chr., lange vor Ankunft der Spanier, begann der Niedergang der Maya-Hochkultur. Ihr endgültiger Untergang im 9. Jahrhundert wird von Wissenschaftlern unterschiedlich erklärt, eine einheitliche Meinung hat sich noch nicht herauskristallisiert.

DEUTSCHLAND Am grünen Fluss* ▸ Seite 140

Elf Jahre lang wurde an der Befreiung der Isar aus dem Betonbett im Raum München gearbeitet. Auf acht Kilometer Länge sollte sie wieder in einen Wildfluss verwandelt werden. Das Großprojekt hat 35 Millionen Euro gekostet und wurde am 6. August 2011 eingeweiht. Optisch scheint es gelungen, vor allem, was den Freizeitwert für die Münchner betrifft, doch ob es sich für die Natur gelohnt hat, ist fraglich. Ein neuer Lebensraum für Tiere und Pflanzen ist nur bedingt entstanden. Gerade Vögel finden zur Brutzeit in diesem Gebiet zu wenig Ruhe, da die Ufer und Kiesbänke von den Spaziergängern mit ihren Hunden, den Sonnenhungrigen und den Badenden sowie den Leuten, die Grillfeste und Partys feiern, okkupiert sind.

ÄGYPTEN   Fluss des Lebens* ▸ Seite 144

Bei meiner Reise entlang des Nil im Jahr 2009 vermieden Ägypter mir gegenüber kritische Äußerungen über die politische Situation ihres Landes. Die Bevölkerung schien ganz damit beschäftigt, ihren Alltag zu bestreiten und wirtschaftlich zu überleben. Was niemand für möglich gehalten hatte – am 11. Februar 2011, nur 18 Tage seit Beginn der Proteste gegen das herrschende Regime, wurde Diktator Mubarak gestürzt und verhaftet. Er muss sich vor Gericht verantworten. Ein historisches Ereignis: Erstmals ist ein arabischer Potentat gezwungen, sich der Justiz seines Landes zu stellen.

Bedeutet Mubaraks Verurteilung, wie auch immer sie ausfallen wird, dass sich Ägypten auf einem demokratischen Weg befindet? Darüber kann man noch keine Aussagen machen. Die Opposition ist zerstritten, die gegensätzlichen Interessen der einzelnen Gruppen, die zuvor der Kampf gegen Mubarak geeint hatte, treten immer deutlicher hervor. Inzwischen haben sich die Muslimbrüder als einflussreichste Partei etabliert.

Was bedeutet diese Entwicklung für uns Reisende, die wir an der pharaonischen Hochkultur, den Tempeln und Pyramiden interessiert sind, im Roten Meer tauchen oder eine Nilfahrt machen wollen? Das Auswärtige Amt zog seine Reisewarnung bereits Ende Februar 2011 zurück. Seitdem gibt es keine Einschränkungen für touristische Ziele. Nie war die Chance, sich ungestört das Erbe des Alten Ägypten anzusehen, besser als jetzt.

WÜSTEN   Ozeane aus Sand

SPANIEN Lautlos reiten Dünen übers Land ▶ Seite 157

Im Jahr 1994 wurde die Coto Donaña von der UNESCO zum Weltnaturerbe erhoben und konnte 2004 auf 54 252 Hektar erweitert werden; dazu kommt eine Pufferzone, *preparque,* von 26 540 Hektar. Besuchern ist der Park nur nach Voranmeldung und in geführten Touren zugänglich. Bedroht wird das Naturschutzgebiet durch intensive Landwirtschaft, insbesondere der erhöhte Wasserbedarf der Erdbeerplantagen entzieht dem Feuchtgebiet das nötige Wasser. Im Jahr 1998 konnte eine Umweltkatastrophe gerade noch verhindert werden. Das Rückhaltebecken eines Bergwerks brach, und fünf Millionen Kubikmeter mit Quecksilber, Arsen, Kupfer und anderen Schwermetallen beladener Schlamm wälzte sich auf die Coto Donaña zu. In letzter Minute wurde der Giftcocktail mittels dreier

Dämme gestoppt. Die Minengesellschaft bezahlte 35 Millionen Euro an Bauern, deren Felder verseucht waren. Den größeren Anteil der Entschädigungssumme, nämlich 175 Millionen, musste die Regierung aufbringen. Dennoch erlaubte sie der Bergwerksgesellschaft den Weiterbetrieb der Mine.

NAMIBIA Die rote Wüste* ▸ Seite 163

Die Temperaturen in der Namib können extrem schwanken zwischen fünfzig Grad Celsius am Tag und unter null Grad in der Nacht. Da diese Bedingungen bereits über lange Zeiträume andauern, haben sich einige Pflanzen und Tiere an diese lebensfeindlichen Verhältnisse angepasst. Weil der Atlantik an der Westküste Afrikas von einer kalten Meeresströmung aus der Antarktis, dem Benguela-Strom, abgekühlt wird, bildet sich Küstennebel, der an 200 Tagen im Jahr die einzige Feuchtigkeitsquelle für die Namib und ihre Lebewesen ist.

VULKANE   Berge aus Feuer

KENIA Schneegipfel am Äquator ▸ Seite 171

Der Mount Kenya ist die zweithöchste Erhebung Afrikas und liegt rund fünfzehn Kilometer südlich des Äquators. Nachdem vor etwa 3,5 Millionen Jahren die vulkanische Aktivität begann, war der Mount Kenya zwei Millionen Jahre lang ein aktiver Feuerberg mit ursprünglich einer Höhe von 7000 Metern.

Im Jahr 1997 wurde er von der UNESCO in die Weltnaturerbe-Liste aufgenommen. Inzwischen ist die Gegend touristisch erschlossen. In der näheren Umgebung stehen Camps und Lodges zur Verfügung, und die Berghütten sind besser ausgebaut und erneuert.

TANSANIA Zelten auf dem Kilimandscharo ▶ Seite 180

Der Gipfelgletscher ist von 12 auf 1,8 Quadratkilometer geschmolzen, hat also 85 Prozent seiner ursprünglichen Ausdehnung verloren. Auch ist die Besteigung sehr teuer geworden. Am Parkeingang werden etwa 500 Euro Gebühren erhoben; wo das Geld bleibt, kann nur spekuliert werden. Jedenfalls wird rein gar nichts in Armutsbekämpfung oder in den Umweltschutz investiert. Träger erhalten als Tageslohn umgerechnet sieben Euro. Um die empfindliche Natur nicht zu stark zu belasten, wurde eine Tagesquote von sechzig Besuchern festgelegt. Aber diese Quote wird nicht eingehalten, denn in der Hochsaison sind täglich bis zu 500 Touristen und 1500 Träger unterwegs. Für diese gelten keinerlei Sozialstandards, es gibt keine Kranken- oder Rentenversicherung. Ihr Essen müssen sie sich selbst besorgen und es zusätzlich zum Gepäck der Touristen mittragen. Die meisten haben keine Bergsteigerausrüstung, gehen in Sandalen oder alten Straßenschuhen. Die Lasten der Träger sollen nicht schwerer sein als zwanzig Kilogramm, doch kontrolliert wird nicht. Werden die Afrikaner unterwegs krank, gibt es für sie weder Versorgung noch einen Transport ins Tal. Meist sind sie als Leiharbeiter tätig und werden anonym von Tourismusunternehmen angeheuert. Niemand kümmert sich um ihre Belange. Touristen sollten schon bei der Buchung dem Reiseunternehmer Fragen nach den Sozialstandards der Träger stellen und sich auch unterwegs um deren Einhaltung kümmern und gegen Missstände auftreten.

MAUI Wie auf einem fernen Planeten ▶ Seite 191

Heute ist es am Haleakala möglich, Maultiere oder Pferde zu mieten, mit denen man im Krater reiten kann. Es werden auch wilde Abfahrten mit Mountainbikes die Kraterwand hinab veranstaltet, genannt *downhill cruising.* Dagegen ist das Zelten im Krater nicht mehr erlaubt.

BIG ISLAND Im Reich der Feuergöttin Pele ▶ Seite 202

Nachdem die vulkanische Aktivität auf Big Island sich einige Jahre lang abgeschwächt hatte, ist sie seit 2011 wieder stärker geworden. Lava fließt in zwei sich verzweigenden Strömen zum Meer. Die Küstenstraße ist auf sechzehn Meter Länge unter einer zwanzig Meter dicken Lavaschicht begraben. Inzwischen ist es verboten, sich dem Glutstrom so weit zu nähern, wie ich es getan habe. Ein Tourist wurde tödlich, andere wurden schwer verletzt. Immer wieder brechen große Teile der Küste ab, stürzen ins Meer und bewirken eine gewaltige Flutwelle. Ranger haben im noch ungefährlichen Bereich eine Barriere errichtet, die bewacht wird. Vom Feuerstrom sieht man aus dieser Entfernung allerdings nur noch Dampfwolken. Zu empfehlen ist ein Hubschrauberflug. Wer Glück hat, kann sogar in den Puu'oo hineinblicken und den Glutsee sehen. Hawaiianische Piloten vergessen nie, ein Geschenk für Pele mitzunehmen und in den Krater zu werfen.

TIERE   Entdecken und Beobachten

GALAPAGOS Räuberische Klippenkrabben ▶ Seite 215

Auf den Galapagosinseln haben sich Tiere entwickelt, die es sonst an keinem anderen Ort der Erde gibt. Deshalb sind die Inseln für Biologen so interessant, denn dort können sie die Evolution besonders gut studieren. Mein Forschungsthema waren die Meerechsen, sie gehören zur Familie der Leguane. Auf Galapagos haben sich die Meerechsen zu einer eigenständigen Art entwickelt. Die Männchen werden fast zwei Meter lang, die Weibchen haben im Durchschnitt eine Länge von etwa sechzig Zentimetern. Die Männchen verteidigen ein möglichst großes Territorium, in dem sich viele Weibchen zur Paarungszeit einfinden. Hat ein Männchen ein Gebiet besetzt, vertreibt es alle anderen Männchen. Die Rivalen kämpfen Kopf an Kopf und messen durch Kopfdrücken ihre Kräfte. Man nennt es »ritualisierte Kämpfe«, weil die Tiere sich dabei nicht verletzen. Die Weibchen legen zwei Eier, die sie in einer etwa einen Meter tiefen Erdhöhle vergraben. Von der Sonnenwärme werden die Eier ausgebrütet. Die Jungen schlüpfen nach etwa zwei Monaten.

FEUERLAND Besucher aus der Kälte* ▸ Seite 222

Feuerland, *Tierra del Fuego,* ist eine Insel an der Südspitze Südamerikas. Vom Festland ist Feuerland durch eine Meerenge, die Magellanstraße, getrennt. Zwei Länder, Chile und Argentinien, teilen sich das 73 746 Quadratkilometer große Gebiet. Im kleineren chilenischen Teil leben 8000 Menschen, während es auf argentinischer Seite etwa 127 000 Einwohner sind. Die Teilung wurde im Jahr 1881 vollzogen, wobei man sich genau nach dem Meridian 68 Grad 36 Minuten richtete.

Als Fernando de Magellan, der portugiesische Kapitän in spanischen Diensten, im Jahr 1420 die nach ihm benannte Magellanstraße entdeckte, durch die er mit den von ihm befehligten Schiffen vom Atlantik in den Pazifik kreuzen konnte, sah er nachts die Lagerfeuer der Einheimischen leuchten. Nach diesen Feuern soll die Insel benannt sein. Damals lebten vier Indianervölker auf Feuerland. Yamana und Alacaluf waren auf dem Wasser in ihrem Element und ernährten sich hauptsächlich vom Fischfang. Die Haush und die Ona jagten Guanakos und Nandus. Als Feuerland von europäischen Einwanderern in Besitz genommen und Schaffarmen gegründet wurden, verfolgte man gnadenlos die Ureinwohner. Wer nicht erschossen oder vergiftet wurde, starb an eingeschleppten Krankheiten. In wenigen Jahrzehnten waren die Menschen, die seit etwa 8000 Jahren auf Feuerland gelebt hatten, für immer von unserer Erde verschwunden.

Trotz der Nähe zur Antarktis ist das Klima maritim ausgeglichen, das heißt, das ganze Jahr über ist es kalt und feucht, oft jagen starke Stürme über das Land, und es regnet viel.

Mit einem im Jahr 1960 gegründeten Nationalpark wird versucht, die subarktischen Wälder und ihre Tierwelt zu erhalten.

BEGEGNUNGEN   In fremden Kulturen

MAROKKO Hochzeitsmarkt der Aït Hadiddou

▸ Seite 235

Die Frauen der Berberstämme genießen seit alters her eine Freiheit, die im islamisch geprägten Marokko sonst undenkbar ist. Da geschiedene Frauen sich einen Ehepartner selbst wählen können, gibt es bei Berbern die höchste Scheidungsrate im Land. Doch frei in unserem Sinn sind Berberfrauen nicht; sie sind abhängig von Familien- und Stammestraditionen und müssen sich in das Gemeinschaftsleben einfügen. Nach der Heirat verlassen sie ihre Ursprungsfamilie und gehören dann zur Familie des Ehemannes. Es wird nicht immer möglich sein, nach einer Scheidung einen neuen Mann frei zu wählen, es hängt davon ab, ob die Frau einen starken Charakter hat und sich gegen ihre Familienmitglieder durchsetzen kann. Die jungen und unerfahrenen Mädchen, mit denen ich mich unterhielt, haben sich meiner Meinung nach ihre Zukunft zu rosig vorgestellt. Doch überrascht war ich stets, wie unbefangen die Frauen geflirtet haben und wie selbstbewusst sie auftraten.

Der *moussem* in Imilchil findet noch immer statt, doch die Eheschließungen dort werden weniger. Der Hochzeitsmarkt ähnelt inzwischen mehr einem Volksfest, wobei ein Musikfestival eine wichtige Rolle spielt.

PANAMA Arche Noah auf einer Bluse ▶ Seite 244

Die Cuna-Indianer verwalten ihr Gebiet autonom. Bei einem Aufstand im Jahr 1925 haben sie sich dieses Privileg erkämpft. Sie gründeten ihr Stammesgebiet »Republica de Tule«. Heute heißt das semiautonome Gebiet »Kuna Yala«. Wie kaum ein anderes indigenes Volk Mittel- und Südamerikas konnten die Cuna ihre Identität und Kultur bewahren. Ihre Form der Selbstverwaltung ist einzigartig. Seit 1983 vertreten Cuna-Abgeordnete die Interessen ihres Stammes in der Nationalversammlung Panamas.

Die Cuna besiedeln die östlichen Küsten Panamas und Kolumbiens und etwa fünfzig Inseln des San-Blas-Archipels. An dem fremden Weißen, der sie früher verfolgte und tötete, interessiert sie nur sein Geldbeutel. Es braucht sehr viel Geduld und Einfühlung, bis aus einem *huaga,* »Fremden«, ein *anai,* »Freund«, wird.

MONGOLEI Im Reich der Totenflüsterer* ▶ Seite 250

Der ursprüngliche Glaube aller zentralasiatischen Steppenbewohner war der Schamanismus. *Tenger*, der Himmelsgott, wurde als oberste Gottheit angesehen. Berge, Flüsse und Seen waren von Göttern bewohnt. Auch Tieren wohnten göttliche Kräfte inne, besondere Verehrung erfuhr der Maralhirsch. Sein Abbild wurde in Steine graviert und auf Gegenständen abgebildet. Die religiösen Repräsentanten waren die Schamamen. Mithilfe von bestimmten Praktiken fielen sie in Trance und stellten den Kontakt zu Geistern und Vorfahren her.

Ab 1575 führte der Herrscher Abu Khan den Buddhismus als

Staatsreligion ein. Der Schamanismus wurde verboten. Schamanische Utensilien sammelte man ein und verbrannte sie. Schamanen, die sich nicht an das Verbot hielten, wurden getötet. Elemente des Schamanismus lebten jedoch weiter, nicht nur im Bewusstsein der Menschen, sondern auch im Buddhismus, der noch heute von zahlreichen schamanischen Riten durchdrungen ist. Schamanische Vorstellungen repräsentieren die *owoo*, Steinhaufen auf Anhöhen und Wegkreuzungen. Kein Mongole, gleich welchen Glaubens, wird vorübergehen, ohne den *owoo* dreimal im Uhrzeigersinn zu umrunden und ein Geschenk für die Gottheit abzulegen.

Als die Mongolei unter den Einfluss der Sowjetunion geriet, hat man den Buddhismus verboten, die Klöster zerstört, die Mönche getötet und auch die heimlich praktizierenden Schamanen verfolgt. Nach dem Ende der kommunistischen Herrschaft gibt es Glaubensfreiheit, und die Schamanen können wieder ihre Praktiken ausüben.

BUENOS AIRES Musik, die süchtig macht ▸ Seite 256

Die Tonerzeugung des Bandoneon ist der des Akkordeon sehr ähnlich, unterscheidet sich aber von ihm, da es auf der linken Seite keine Akkordbindung hat, sondern beidseitig über eine Einzeltonlage verfügt. Insgesamt 142 Töne lassen sich dem Instrument über ein kompliziert wechselndes Zudruck- und Aufzugverfahren entlocken. Das Bandoneonspiel perfekt zu erlernen ist äußerst schwierig, und wer es beherrscht, gilt in Buenos Aires als großer Künstler.

Der Schriftsteller Borges scheint mit seinem Gedicht recht zu haben, denn der Tango lebt noch immer, aber er hat sich gewandelt. Nachdem Astor Piazzolla es ab 1955 gewagt hatte, dem Tango neue Impulse mit seinem *Tango Nuevo* zu geben, wobei er den Tango mit Jazz kombiniert und bereichert hat, haben sich junge Musiker von heute nicht gescheut, den Tango radikal zu erneuern und ihrem

Musikgeschmack anzupassen, indem sie Popmusik in den Tango integrierten und E-Gitarren benutzen. Diese neue Richtung wird als *Neotango* bezeichnet.

SPUREN   Lebendige Vergangenheit

SPANIEN Bilder in der Finsternis   ▸ Seite 265

In einer Höhle an der Costa de Sol östlich von Málaga wurden im Februar 2012 Felsmalereien entdeckt, die vielleicht die ältesten der Welt sind. Es handelt sich dabei um Abbildungen von Robben. Sie wurden auf etwa 43 000 Jahre datiert. Mit Messungen der Farbpigmente will man das Alter noch genauer bestimmen. Es gibt aber schon jetzt Hinweise, dass die Bilder vom Neandertaler, einem ausgestorbenen Verwandten des Menschen, der sich parallel, aber unabhängig vom *Homo sapiens* aus einem gemeinsamen Vorfahren entwickelt hat, stammen können. Vom Neandertaler kennt man bisher keine Felsbilder.

In Deutschland sind bislang keine steinzeitlichen Höhlenmalereien gefunden worden, wohl aber figürliche Darstellungen von Menschen und Tieren aus Elfenbein. In Höhlen der Schwäbischen Alb entdeckte man im herabgefallenen Gestein Bruchstücke mit Farbpigmenten. Ein Hinweis, dass die Höhlenwand vielleicht bemalt war, aber durch Verwitterung wurde die Malerei zerstört.

JEMEN Auf der Weihrauchstraße   ▸ Seite 275

Die Weihrauchstraße war eine der ältesten Handelsrouten der Welt. Nach antiken Berichten konnte die 3400 Kilometer weite Strecke vom Weihrauchhafen Qana bis zum Mittelmeer mit Kamelkarawanen in hundert Tagesmärschen bewältigt werden.

Umsturzbewegungen in der arabischen Welt haben auch den

Jemen ergriffen, die hier aber wieder ihre eigene Dynamik haben. Mitgerissen von den Aufständen und Demonstrationen in Tunesien, Marokko, Ägypten, Lybien und Syrien befreiten sich auch die Jemeniten von der drei Jahrzehnte dauernden Herrschaft Ali Abdullah Salihs. Vor allem in der Hauptstadt Sana'a gingen die Menschen auf die Straße. Salih ließ auf die Demonstranten schießen, und zahlreiche Menschen kamen ums Leben. Er selbst wurde bei einem Raketenangriff auf seine Residenz im Juli 2011 verletzt und flüchtete nach Saudi-Arabien. Nach monatelanger Hinhaltetaktik trat er schließlich zurück. Am 21. Februar 2012 wurde Abdurabbo Mansur Hadi als neuer Präsident gewählt.

Der Jemen war im Laufe seiner Geschichte noch nie ein einheitliches Land, somit ist die Einheit des Jemen, die 1990 stattfand, ein künstliches und damit labiles Gebilde. Der Nord- und der Südjemen haben nicht nur verschiedene politische und gesellschaftliche Wege zurückgelegt, auch herrschen im Süden und Norden zwei sich feindlich gesinnte islamische Richtungen, die Sunniten und die Schiiten. Zudem richten sich die einzelnen Stämme nach ihren eigenen Gesetzen und versuchen ihre Unabhängigkeit gegenüber der Zentralmacht zu bewahren.

Wegen seiner politisch instabilen Lage, der relativen Schwäche der Zentralregierung und der miteinander konkurrierenden Stämme haben terroristische Gruppierungen im Jemen ihre Operationsbasis errichten können. Terroristen finden in den dünn besiedelten Wüsten und Gebirgen gute Versteckmöglichkeiten und können bei Verfolgung über die wenig bewachte Grenze nach Saudi-Arabien ausweichen, wo sie ihre Unterstützer haben.

Hiram Bingham, ein amerikanischer Professor für lateinamerikanische Geschichte, suchte jahrelang nach Vilcabamba, dem letzten Zufluchtsort der Inka. Erst im Jahr 1911 fand der Wissenschaftler, durch Hinweise Einheimischer, vom tropischen Grün überwucherte Mauern in 2360 Meter Höhe – Machu Picchu. Hiram Bingham glaubte, es seien die Ruinen von Vilcabamba, und nannte die Stätte *The lost City of the Inca*. Die Entdeckung wurde als Schlüssel zum Geheimnis des Inka-Reiches gefeiert. Aber nach Jahren der Freilegung von Gebäuden, Treppen und Tempeln wurde deutlich, dass man der Wahrheit nicht nähergekommen war.

Ob der Entdecker seinen Irrtum schließlich bemerkte, aber nicht eingestand, weiß man nicht. Vilcabamba, die letzte Zuflucht der Inka, liegt einige Kilometer tiefer im Urwald und wurde erst 1960 durch Luftaufnahmen entdeckt. Nicht zu verwechseln mit Vilcabamba in Ecuador, die »Ortschaft der Hundertjährigen«.

Binghams Thesen sind durch neue Forschungen entkräftet worden. Es stimmte nicht, dass hundert weibliche Skelette gefunden wurden. Bei genauer Untersuchung zeigte sich, es befanden sich weibliche und männliche Tote im etwa gleichen Verhältnis in den Gräbern. Demnach war Machu Picchu kein Aufenthaltsort für Sonnenjungfrauen, wie der Forscher behauptet hatte. Auch kein letzter Zufluchtsort der von den Spaniern bedrängten Inka, sondern die Winterresidenz des 9. Inka-Herrschers Pachacutec Yupanqui (1438–1471), die er sich im 15. Jahrhundert hatte bauen lassen. Seine Nachfolger bevorzugten andere Orte, deshalb verlor Machu Picchu seine Bedeutung, etwa fünfzig Jahre bevor die Spanier ins Land kamen.

Bingham war nicht der Erst-Entdecker, vor ihm war die Stätte den einheimischen Grundbesitzern bekannt und seit dem 17. Jahrhundert auch ausländischen Besuchern, wie in Chroniken dokumentiert wurde. Aber dem Forscher gehört das Verdienst, Machu Picchu weltweit bekannt gemacht zu haben. Allerdings hat er die Peruaner belogen, indem er behauptete, er habe nur einige Keramikscherben gefunden. Inzwischen weiß man, dass er über 50 000 Fundstücke zu »wissenschaftlichen Zwecken« in die USA mitgenommen hat. Zum hundertjährigen Jahrestag der Entdeckung von Machu Picchu wurde 2011 beschlossen, die entführten Artefakte dem peruanischen Staat zurückzugeben. In Cusco soll eigens dafür ein Museum gebaut werden.

Inzwischen kann Machu Picchu längst nicht mehr so einsam erlebt werden wie im Jahr 1986. Täglich mehr als 2000 Touristen besuchen die zum Weltkulturerbe erklärte »Inka-Stadt in den Wolken«. Die UNESCO droht den Status als Weltkulturerbe abzuerkennen, wenn kein Besucherlimit beschlossen wird, dennoch konnte sich die Tourismusindustrie Perus bisher nicht dazu durchringen. Allein an Eintrittsgeldern erwirtschaftet sie jährlich etwa zwanzig Millionen Dollar. Der achtzig Kilometer lange Inka-Trail, wurde auf 45 Kilometer verkürzt, man muss sich vorher anmelden und darf ihn nur noch in geführten Gruppen gehen.

QUELLENNACHWEIS

Die im Anhang mit * versehenen Kapitel wurden bereits in den folgenden Büchern von Carmen Rohrbach veröffentlicht und von der Autorin eigens für diesen Band überarbeitet:

»Spanien – Auf dem Jakobsweg durch den Norden Spaniens«. Aus: »Jakobsweg. Wandern auf dem Himmelspfad«. © Piper Verlag GmbH, München 1991

»Deutschland – Am grünen Fluss«. Aus: »Am grünen Fluss. Isar – Abenteuer und Natur pur«. © Piper Verlag GmbH, München 2002

»Ägypten – Fluss des Lebens«. Aus: »Im Reich von Isis und Osiris. Eine Nilreise von Abu Simbel bis Alexandria«. © Piper Verlag GmbH, München 2010

»Namibia – Die rote Wüste«. Aus: »Namibia. Abenteuerliche Begegnungen mit Menschen, Landschaften und Tieren«. © Piper Verlag GmbH, München 2005

»Feuerland – Besucher aus der Kälte«. Aus: »Patagonien. Von Horizont zu Horizont«. © Piper Verlag GmbH, München 2008

»Mongolei – Im Reich der Totenflüsterer«. Aus: »Mongolei. Zu Pferd durch das Land der Winde«. © Piper Verlag GmbH, München 2006